불교경전 ❺

능엄경
(楞嚴經)

청정한 깨달음 • 김두재 譯

민족사

일러두기

1. 본 민족사판 능엄경은 반랄밀제 譯(般刺蜜帝, Paramiti) 大佛頂如來密因修證了義諸菩薩萬行首楞嚴經(전10권)의 온전한 번역이다.
2. 본 능엄경은 내용과 관계없이 10권으로 분류되어 있다. 그것은 원본의 권수를 그대로 따랐기 때문이다.
3. 번역은 경전의 장중한 가르침을 살리면서도 누구나 쉽게 이해할 수 있도록 가능한 평이한 문체와 한글을 전용하였다.
4. 본 경전에 삽입되어 있는 소제목과 역주, 해설은 내용과 구성에 따라 독자들의 편의를 위하여 역자가 붙인 것이다.

능엄경
차 례

일러두기 / 3

능엄경 제1권
이 경을 설한 장소와 청중들 ························ 11
경을 설하게 된 동기 ································· 12
허망한 마음이란 무엇인가 ·························· 14
참된 마음이란 무엇인가 ···························· 27
참된 견해란 무엇인가 ······························ 32

능엄경 제2권
참된 생각은 없어지지 않는다 ······················ 39
참된 성품은 없어지지 않는다 ······················ 43
참된 성품은 되돌아가는 곳이 없다 ················ 45
참된 성품은 물들지 않는다 ························ 47
참된 성품은 무량하다 ······························ 51
참된 성품은 차별이 없다 ··························· 53

참된 성품은 헤아려 알 수 없는 것 ·················· 58
참된 성품은 볼 수 없는 것 ························· 61
허망한 생각에서 참된 생각을 보이다 ·············· 63
오음·육입·십이처·십팔계가 모두 여래장이다 ······ 70
오음이 본래 진여 ································· 71

능엄경 제3권

육입이 본래 진여 ································· 76
십이처가 본래 진여 ······························· 83
눈으로 인식하는 세계 ····························· 88
귀로 인식하는 세계 ······························· 89
코로 인식하는 세계 ······························· 91
혀로 인식하는 세계 ······························· 93
몸으로 인식하는 세계 ····························· 94
뜻으로 인식하는 세계 ····························· 95
칠대(七大)에서 여래장을 보이시다 ················ 97
땅의 성품 ·· 98
불의 성품 ······································· 100
물의 성품 ······································· 101
바람의 성품 ····································· 103
허공의 성품 ····································· 105
보는 성품 ······································· 107
의식의 성품 ····································· 109

능엄경 제4권

불공여래장(不空如來藏) ·· 114
세계와 중생의 시초 ·· 117
공불공여래장(空不空如來藏) ·· 122
인연이란 무엇인가 ·· 129
참다운 수행의 기초 ·· 132
처음 발심할 때의 중요한 두 가지 생각 ······················ 133
업(業)의 근본 ·· 137
원만한 감각기관 ·· 140
원만한 성품 ·· 146

능엄경 제5권

맺힌 것을 푸는 요점 ·· 152
걸림이 없는 원통(圓通)을 얻다 ································· 161
육진(六塵)의 원통 ·· 163
육근(六根)의 원통 ·· 166
육식(六識)의 원통 ·· 170
칠대(七大)의 원통 ·· 174

능엄경 제6권

관세음보살의 원통력 ·· 182
문수보살의 관찰 ·· 193
번뇌를 없애는 세 가지 학문〔戒·定·慧〕 ············· 206

음욕을 갖지 말아라 ·· 208
살생할 생각을 갖지 말아라 ······························ 209
훔칠 생각을 갖지 말아라 ·································· 212
거짓을 말하지 말아라 ······································· 214

능엄경 제7권
지켜야 할 청정한 계율 ······································· 217
힘센 소의 비유 ·· 219
수행의 방법 ··· 220
다라니의 공덕〔楞嚴呪〕 ··································· 223
선신(善神)이 불법을 지킴 ································ 234
열두 가지 중생이 생긴 이유 ···························· 236

능엄경 제8권
점진적으로 닦아 가는 세 가지 법 ···················· 242
이 경의 이름에 대하여 ····································· 253
일곱 가지 세계 ·· 254
지옥의 세계 ··· 258
귀신의 세계 ··· 268
축생의 세계 ··· 269
인간의 세계 ··· 271
신선의 세계 ··· 273
천상의 세계 ··· 274

능엄경 제9권

아수라의 세계 ·· 282
오십 가지 마구니의 장난을 설하시다 ························· 284
색음(色陰)에서 생겨나는 열 가지 장애 ······················ 287
수음(受陰)에서 생겨나는 열 가지 장애 ······················ 292
상음(想陰)에서 생겨나는 열 가지 장애 ······················ 299

능엄경 제10권

행음(行陰)에서 생겨나는 열 가지 장애 ······················ 314
식음(識陰)에서 생겨나는 열 가지 장애 ······················ 326
오음의 근본 ··· 335
이 경을 아난에게 부촉하다 ·· 339

역 주 ·· 342
해 설 ·· 351

제1권

이 경을 설한 장소와 청중들

이와 같이 나는 들었다.

어느 때 부처님께서 시라벌성(室羅閥城)¹⁾의 기환정사(祇桓精舍)²⁾에서 덕 높은 비구들 일천이백오십 명과 함께 계셨다.

이들은 모두 번뇌를 여읜[無漏] 큰 아라한들이며 부처님의 제자로서 불법을 잘 보호해 나갈 뿐만 아니라, 모든 인과에서 벗어난 분들이었다. 또한 여러 국토에서 위의(威儀)를 갖추었으며 부처님을 따라 법륜(法輪)을 굴리어 부처님이 유촉하신 것을 충분히 감당할 만하였으니, 계율을 엄숙하고 깨끗하게 지켜서 삼계의 큰 모범이 되었고 한량없는 응신(應身)³⁾으로써 중생을 제도하여 해탈케 하며, 미래의 모든 중생까지도 고난에서 구제하여 속세에서 벗어나게 할 수 있는 분들이었다.

그 중에서도 큰 지혜를 지닌 사리불과 마하목건련과 마하구치라와 부루나미다라니자와 수보리와 우바니사타 등이 으뜸이었다.

또 한량없는 벽지불(辟支佛)[4]과 아라한[無學][5]과 아울러 처음 발심한 사람들까지 여름결제[夏安居]를 마치고 함께 부처님의 처소에 와서 그 동안에 잘못이 있는 사람은 모든 대중에게 알리고 참회하였으며, 시방의 보살들도 의심이 있으면 부처님께 여쭈어 의심을 풀고, 자비로우면서도 엄숙하신 부처님을 흠모하여 받들면서 비밀한 이치를 들으려고 하였다.

그때 부처님께서 자리를 펴고 편안히 앉으시어 그 곳에 모인 여러 대중을 위하여 깊고 오묘한 진리를 말씀해 주시니, 참석하고 있던 청정한 대중들은 아직까지 없었던 법문을 듣게 되었으며, 가릉빈가(迦陵頻伽)[6]의 소리와 같은 선음(仙音)이 시방세계에 가득하였다.

항하의 모래[恒河沙]와 같이 많은 보살들 또한 도량에 모여들었는데 그 중에서는 문수사리보살이 으뜸이었다.

경을 설하게 된 동기

그때 바사닉왕(波斯匿王)이 부왕을 위하여 그의 아버지가 돌아가신 날에 재(齋)를 열고, 가장 맛있는 음식을 성대하게 차린 후 부처님과 함께 여러 큰 보살들을 궁중으로 초청하여 극진히 대접하였다.

같은 때에 성중에는 또 장자(長者)와 거사(居士)들이 있어 스님들을 공양하려 하면서 부처님께서 오셔서 공양에 응해 주시기를 바라므로, 부처님께서는 문수보살에게 명하시어 여러 보살과 아라한들을 거느리고 가서 공양에 응하도록 하셨다.

오직 아난만은 이보다 앞서 따로 초청을 받고 멀리 갔다가 미처 돌아오지 못해서 스님들이 앉는 좌석의 차례[僧次]에 참여할 겨를이 없었다.

그때 아난은 상좌(上座)와 아사리(阿闍梨)도 없이 혼자 돌아오던 길이었다. 그날따라 공양거리가 없었으므로 아난은 바루를 들고 지나오던 성안에서 차례로 밥을 빌게 되었다. 마음 속으로는 한 번도 스님들께 공양한 일이 없는 시주에게 가서 밥을 얻으리라 생각하고 깨끗함과 더러움에 상관없이 찰제리(刹帝利)[7]와 전다라(旃陀羅)[8]에게도 평등한 자비를 베풀어 미천함을 가리지 않으려 하였다. 그 뜻은 모든 중생에게 한량없는 공덕을 원만히 이루게 하려 함이었다.

또 아난은 이미 세존께서 수보리와 대가섭을 꾸중하실 적에 '아라한이 되고서도 마음이 평등하지 못하다'고 하신 것을 알고 있었으며, 부처님께서는 일찍이 마음을 활짝 열어 놓으시고 거절함이 없으셨으므로 그 의심과 비방에서 벗어났음을 흠앙(欽仰)하던 터였다.

아난은 큰 성을 지나 작은 성문으로 천천히 걸어가면서 위의(威儀)를 엄숙하고 단정하게 하여 공양을 구하였다.

그때였다. 아난이 공양을 구하기 위하여 음란한 여인이 사는 집을 지나가다가 환술(幻術)을 하는 마등가(摩登伽)[9]라는 여자를 만났는데 그녀는 사비가라(娑毘迦羅)[10]의 선범천주(先梵天呪)[11]를 외우면서 아난을 끌어들여 음란한 몸으로 비비고 만지면서 아난의 계행을 깨뜨리려고 하였다.

부처님께서 아난이 마등가의 음란한 마술에 걸려든 것을 아시고 공양을 마치고는 즉시 돌아오시니, 왕과 대신 그리고 장자와 거사들도 모두 부처님을 따라와서 법문 듣기를 원하였다.

그때 세존께서 정수리로 온갖 보배롭고 두려움 없는 광명을 뿜어 내셨는데, 그 광명 속에는 다시 천 개의 잎새로 된 보배로운 연꽃이 생기면서 부처님의 화신(化身)이 가부좌하고 앉아 신주(神呪)를 설하셨다.

부처님께서는 문수사리에게 명하여 그 신주를 가지고 가서 아난을 구원하게 하시니 악주(惡呪)가 소멸하므로 아난과 마등가를 데리고 부처님 계시는 곳으로 돌아왔다.

아난이 부처님을 뵈옵고 이마를 땅에 대어 예를 올리고 슬피 울면서 한없이 오랜 과거로부터 한결같이 많이 듣기만 했을 뿐 아직 도력이 온전하지 못한 것을 한스러워하였다.

그리고는 은근하게 시방의 부처님께서 보리를 이루신 오묘한 사마타(奢摩他)[12]와 삼마바리(三摩鉢哩),[13] 그리고 선나(禪那)[14]의 최초 방편을 간절히 청하였다.

그때 항하의 모래와 같이 많은 보살과 시방의 큰 아라한과 벽지불 등도 모두 즐겨 듣기를 원하며 물러가 앉아서 묵묵히 거룩한 가르침을 기다렸다.

허망한 마음이란 무엇인가

부처님께서 아난에게 말씀하셨다.

능엄경

"너와 나는 동기(同氣)로서 정을 같이 나눈 천륜(天倫, 사촌형제)이다. 네가 처음 발심할 적에 나의 법 가운데에서 어떤 거룩한 모양을 보았기에 세상의 깊고 중한 은애를 미련 없이 버렸는가?"

아난이 부처님께 아뢰었다.

"저는 부처님의 서른두 가지 상(相)이 뛰어나게 미묘하고 아주 특이하며 형체가 마치 맑은 유리처럼 밝게 비침을 보고서 이러한 모양은 욕애로 생긴 것이 아니라고 생각했사옵니다.

왜냐하면 욕기(欲氣)는 더럽고 흐려서 비린내, 누린내가 풍겨나고 고름과 피가 뒤섞여서, 그와 같이 뛰어나게 깨끗하고 미묘하게 밝은 자금광(紫金光) 덩어리를 발생할 수 없을 것이라고 여겼습니다. 그래서 목마를 때 물을 찾듯이 우러러보며 부처님을 따라 머리를 깎았습니다."

부처님께서 말씀하셨다.

"훌륭하다. 아난아, 너희들은 마땅히 알아야 한다. 모든 중생들에게 한없이 오랜 과거로부터 나고 죽음이 계속되는 것은 항상 머무르는 참 마음의 맑고 밝은 본체에 대해서는 알지 못하고 허망한 생각이 작용한 탓이니, 이 허망한 생각은 참되지 못하므로 나고 죽는 세계를 윤회하느니라.

만약 네가 지금 가장 높은 보리(菩提)[15]의 참되고 밝은 성품을 알려거든 마땅히 정직한 마음으로 내가 묻는 말에 대답하라. 시방의 여래가 모두 같은 법으로써 생사(生死)를 벗어났으니 이는 모두 정직한 마음 때문이었느니라. 마음과 말이 바르기 때문에 처음부터 끝까지 어느 지위든 그 중간에 모든 왜곡된 현상이 없었느니라.

아난아, 내가 지금 너에게 묻겠다. 마땅히 네가 발심한 것은 여래의 서른두 가지 상호 때문이었다고 했는데 그것을 무엇으로 보았으며 누가 좋아하였느냐?"

아난이 부처님께 아뢰었다.

"세존이시여, 이렇게 사랑하고 좋아한 것은 제 마음과 눈으로 하였습니다. 눈으로 여래의 거룩한 모습을 뵈옵고 마음에 좋아함이 생겼기 때문에 제가 발심하여 나고 죽는 세계를 버리고자 하였습니다."

부처님께서 아난에게 말씀하셨다.

"네가 말한 것과 같이 참으로 사랑하고 좋아하는 것은, 마음과 눈으로 인한 것이니 만약 마음과 눈이 있는 곳을 알지 못하면 번뇌를 항복 받을 수 없을 것이다. 비유하면 마치 국왕이 적으로부터 침략을 받고서 군대를 동원하여 토벌(討伐)하려면 국왕의 군대가 적병이 있는 곳을 마땅히 알아야 할 필요가 있는 것과 같느니라. 너로 하여금 생사의 세계를 헤매게 하는 것은 마음과 눈의 허물이니라. 내가 지금 너에게 묻겠는데 마음과 눈은 어느 곳에 있느냐?"

아난이 부처님께 아뢰었다.

"세존이시여, 모든 세간에 열 가지 다른 중생[16]들도 다 같이 식별하는 마음을 지녔사온데 그것은 몸 속에 있습니다. 여래의 푸른 연꽃 같은 눈을 보아도 그것은 부처님의 얼굴에 있으며, 제가 지금 네 가지 요소[17]로 된 저의 육안을 살펴보아도 제 얼굴에 있으므로 이와 같이 인식하는 마음은 실로 몸 속에 있다고 생각합니다."

부처님께서 아난에게 말씀하셨다.

"네가 지금 부처님의 강당에 앉아서 기타림(祇陀林)을 보고 있는데 강당과 숲이 어디에 있느냐?"

"세존이시여, 이 여러 층으로 된 전각 중에 깨끗한 큰 강당은 급고독원(給孤獨園)에 있고 기타림은 강당 밖에 있습니다."

"아난아, 너는 이 강당 안에서 먼저 무엇이 보이느냐?"

"세존이시여, 저는 강당 안에 있으면서 먼저 부처님을 뵙고 다음에 대중을 보며, 이와 같이 밖을 바라보아야 비로소 숲과 동산이 보입니다."

"아난아, 네가 숲과 동산을 본다고 하니 무엇으로 인해서 보느냐?"

"세존이시여, 이 큰 강당의 문과 창이 활짝 열려 있기 때문에 제가 강당 안에 있으면서도 멀리 볼 수 있습니다."

그때 부처님은 대중 가운데서 황금빛 팔을 펴서 아난의 정수리를 만지시며 아난과 여러 대중에게 말씀하셨다.

"삼마제(三摩提)[18]가 있으니 그 이름이 대불정수능엄왕(大佛頂首楞嚴王)으로 만행(萬行)이 다 갖추어졌느니라. 시방의 여래가 이 유일한 문으로 초출(超出)하신 오묘하고 장엄(莊嚴)한 길이니 너는 명심하여 들어라."

아난이 이마를 땅에 대어 예를 올리고 땅에 엎드린 채 자비로운 가르침을 받았다.

부처님께서 아난에게 말씀하셨다.

"네 말과 같이 몸은 강당 안에 있으나 문과 창이 활짝 열렸기 때문에 멀리 수풀과 동산을 본다고 했다. 그렇다면 어떤 사람이 이 강당 안에 있으면서 여래는 보지 못하고 강당 바깥만 볼 수 있겠느냐?"

아난이 대답하였다.

"세존이시여, 강당 안에 있으면서 여래는 보지 못하고 숲과 동산만을 본다고 함은 있을 수가 없습니다."

"아난아, 너도 이와 같느니라. 너의 신령스런 마음이 모든 것을 분명하게 아나니, 만약 너의 그 분명하게 아는 마음이 몸 속에 있다면 그때에 마땅히 몸 속의 것부터 먼저 알아야 할 것이다. 그런데도 어느 중생이 먼저 몸 속을 보고 난 다음에 밖의 물건을 본다더냐?

비록 염통·간·지라·밥통은 볼 수 없으나 손톱이 자라고 털이 자라며 힘줄이 움직이고 맥박이 뛰는 것은 분명히 알아야 하는데 어찌하여 알지 못하느냐? 이렇듯 몸 속도 알지 못하면서 어떻게 밖을 안다고 하겠느냐?

그러므로 마땅히 알아야 한다. 네 말대로 깨닫고 알고 하는 마음이 몸 속에 있다고 하는 것은 이치에 맞지 않느니라."

아난이 머리를 조아리고 부처님께 아뢰었다.

"부처님의 이러한 법음(法音)을 듣고 보니 제 마음이 실로 몸 밖에 있다는 것을 알겠습니다. 왜냐하면 마치 방 안에 등불을 켜 놓으면 그 불빛이 반드시 방 안을 먼저 비추고 난 뒤에 방문을 통하여 뜰과 마당을 비추는 것과 같습니다. 모든 중생들이 몸 속은 보지 못하고 몸 밖만 보는 것은 마치 등불이 방 밖에 있어서 방 안을 비추지 못하는 것과 같습니다. 그 이치가 너무도 분명하여 조금도 의심할 여지가 없어서 부처님의 분명한 이치와 같으리니, 잘못된 생각은 아니겠는지요?"

부처님께서 아난에게 말씀하셨다.

"이 모든 비구들이 마침 나를 따라 시라벌성에서 음식을 얻어 가지고 기타숲(祇陀林)으로 돌아왔는데 나는 이미 공양을 마쳤지만, 너는 비구들을 보아라. 한 사람이 먹어서 여러 사람의 배를 부르게 할 수 있겠느냐?"

아난이 대답했다.

"아니옵니다. 세존이시여, 왜냐하면 이 모든 비구들이 비록 아라한이 되었으나 몸과 생명이 같지 않은데 어떻게 한 사람이 먹어서 여러 사람을 배부르게 할 수 있겠습니까?"

부처님께서 아난에게 말씀하셨다.

"만약 너의 깨닫고 알고 보고 하는 마음이 정말로 몸 밖에 있다면 몸과 마음이 서로 떨어져 있어서 자연히 너와는 아무 상관도 없을 것이다. 그렇다면 마음이 아는 것을 몸은 깨닫지 못할 것이며 깨달아야 할 것이 몸에 있다면 마음은 알 수 없을 것이다.

내가 지금 도라면(兜羅綿)[19] 같은 손을 너에게 보이노니 네 눈으로 볼 때에 마음이 분별하느냐?"

아난이 대답했다.

"그렇습니다. 분별합니다. 세존이시여."

부처님께서 아난에게 말씀하셨다.

"만약 서로 안다면 어떻게 몸 밖에 있다고 하겠느냐?

그러므로 마땅히 알아야 한다. 네가 말한 바 깨닫고 알고 하는 마음이 몸 밖에 있다는 것은 이치에 맞지 않느니라."

아난이 부처님께 아뢰었다.

"세존이시여, 부처님의 말씀처럼 안을 보지 못하기 때문에 몸 안에 있는 것이 아니옵고 몸과 마음이 서로 알아서 따로 떨어져 있지 않으므로 몸 밖에 있는 것도 아니니, 제가 지금 생각해 보건대 숨어 있는 한 곳을 알겠습니다."

부처님께서 말씀하셨다.

"그 한 곳이 어디냐?"

아난이 말하였다.

"이 또렷하게 아는 마음이 이미 몸 속은 알지 못하고 몸 밖만 잘 볼 수 있으니 제 생각 같아서는 눈 속에 숨어 있는 듯합니다. 마치 어떤 사람이 유리 그릇을 가져다가 두 눈에 댄 것과 같아서 비록 물건에 가려졌으나 장애가 되지 않고 그 눈이 보는 대로 따라서 곧 분별하나니, 그렇다면 저의 깨닫고 알고 하는 마음이 몸 속을 보지 못하는 것은 마음이 눈 속에 있기 때문이고 분명하게 밖을 보는데 장애가 없는 것은 눈이 맑기 때문입니다."

부처님께서 아난에게 말씀하셨다.

"네가 말한 것처럼 눈 속에 숨어 있는 것이 마치 유리를 댄 것과 같다면 저 유리를 눈에 댄 사람이 마땅히 유리로 눈을 가렸기 때문에 산과 강을 볼 적에 유리가 보이겠느냐, 안 보이겠느냐?"

"그렇습니다. 세존이시여, 그 사람은 유리로 눈을 가렸기 때문에 진실로 유리가 보일 것입니다."

부처님께서 아난에게 말씀하셨다.

"네 마음이 만약 눈에 유리를 댄 것과 같다면 마땅히 산과 강을 볼 적에 어찌하여 눈을 보지 못하느냐? 만일 눈을 본다면 눈이 곧 대상이 되는 물체와 같아서 눈이 보는 데를 따라서 분별한다는 말이 성립될 수 없고, 만약 눈을 보지 못한다면 어떻게 깨닫고 알고 하는 마음이 눈 속에 숨어 있는 것이 마치 유리를 댄 것과 같다고 말할 수 있겠느냐?

그러므로 마땅히 알아야 한다. 네가 말한 깨닫고 알고 하는 마음이 눈 속에 숨어 있음이 마치 유리를 댄 것과 같다고 함은 이치에 맞지 않느니라."

아난이 부처님께 아뢰었다.

"세존이시여, 저는 지금 또 이렇게 생각했습니다. 이 중생들의 몸이 장부(臟腑)는 속에 있고 구멍은 밖에 있으니 장부는 어둡고 구멍은 밝습니다. 지금 제가 부처님을 마주하여 눈을 뜨고 밝음을 보는 것은 밖을 본다고 하고, 눈을 감고 어둠을 보는 것은 안을 보는 것이라고 하고 싶은데 그 생각이 어떻겠습니까?"

부처님께서 아난에게 말씀하셨다.

"네가 눈을 감고 어두운 것을 볼 적에 그 어두운 경계가 눈과 서로 대하였느냐, 대하지 아니하였느냐? 만일 눈과 대하였다면 어두운 경계가 눈앞에 있는데 어떻게 몸 속이라 하겠느냐?

만약 몸 속이라고 한다면 어두운 방 안에 있을 적에 해나 달이나 등불이 없으면 저 어두운 방 안이 전부 너의 삼초(三焦)나 육부(六腑)[20]일 것이며, 만약 어두운 세계가 눈과 마주하지 않는다면 본다고 하는 말이 어떻게 성립되겠느냐?

만약 밖으로 보는 것을 떠나서 안으로 대하는 것이 성립된다 하여 눈을 감고 본 어둠을 몸 속이라고 한다면 눈을 뜨고 밝음을 볼 적엔 어째서 얼굴을 보지 못하느냐? 만약 얼굴을 보지 못한다면 안을 대하는 것도 성립되지 않을 것이다.

만약 얼굴을 보는 것이 성립된다면 이 깨닫고 알고 하는 마음과 눈이 곧 허공에 있어야 하리니, 어떻게 몸 속에 있다고 하겠느냐? 만약 허공에 있다면 그것은 너의 몸이 아니므로 그럴 경우 지금 너의 얼굴을 보고 있는 여래까지도 너의 몸이라고 하겠구나.

그러니 너의 눈은 이미 알고 있더라도 몸은 깨닫지 못할 것인데 너는 굳이 고집하여 몸과 눈이 다 같이 안다고 한다면 이는 마땅히 두 개의 알음알이가 있는 것이니 그렇다면 곧 네 한 몸이 마땅히 두 부처를 이루겠구나.

그러므로 마땅히 알아야 한다. 네가 말한 어두운 것을 보는 것이 몸 속을 보는 것이라고 함은 이치에 맞지 않느니라."

아난이 부처님께 아뢰었다.

"저는 일찍이 들었습니다. 부처님께서는 사부대중에게 말씀하시기를 '마음이 생김으로 인하여 갖가지 법이 생기며, 법이 생김으로 인하여 갖가지 마음이 생긴다'고 하셨습니다. 저는 지금 곧 생각하는 그 실체가 바로 저의 심성(心性)이라고 봅니다. 합하는 곳을 따라서 마음도 있는 것이니 역시 마음은 안과 밖과 중간 세 곳에 있는 것이 아닌가 여겨집니다."

부처님께서 아난에게 말씀하셨다.

능엄경

"네가 지금 말하기를 법이 생김으로 인하여 갖가지 마음이 생겨나므로 합하는 곳을 따라 마음도 있다고 하지만 이 마음은 본체가 없는 것이어서 합해질 곳도 없다. 만약 본체가 없는데도 합할 수 있다면 이는 십구계(十九界)[21]가 칠진(七塵)[22]으로 인하여 합하는 것이니 그런 이치는 있을 수 없느니라.

만약 마음의 본체가 있다면 가령 네 손으로 네 몸을 찌를 적에 네가 알고 있는 마음은 몸 속에서 나오느냐, 밖에서 들어오느냐? 만약 몸 속에서 나온다면 몸 속을 보아야 할 것이고 만약 밖에서 들어온다면 먼저 얼굴부터 보아야 할 것이니라."

아난이 부처님께 아뢰었다.

"눈은 보는 것이며, 마음은 아는 것으로, 마음은 눈이 아니거늘 본다고 하심은 옳지 않은 듯합니다."

부처님께서 말씀하셨다.

"만약 눈만이 볼 수 있다고 한다면 네가 방 안에 있을 적에 문이 사물을 볼 수 있느냐? 그리고 이미 죽은 사람도 아직 눈은 있으니 마땅히 물건을 본다고 해야 되겠구나. 만약 물건을 본다면 어찌 죽었다고 말할 수 있겠느냐?

아난아, 또 너의 깨닫고 알고 하는 마음이 만약 반드시 실체가 있는 것이라면 그 실체는 하나이냐, 여럿이냐? 지금 네 몸에 가득하게 퍼져 있느냐, 가득하게 퍼져 있지 아니하냐?

만약 몸이 하나라면 네가 손으로 한 팔을 찌를 적에 사지(四肢)가 다 깨달아야 할 것이며, 만약 모두가 함께 깨닫는다면 찌른 데가 따로 없어야 하거늘, 만약 찌른 데가 따로 있다면 네 몸이 하나라는 것은 자연 성립될 수 없느니라.

만약 몸이 여러 개라면 많은 사람이 되어야 하리니 어느 것이 네 몸이냐?

만약 온몸에 가득 펴져 있다면 앞에서 찌르는 경우와 같을 것이요, 온몸에 가득 펴져 있는 것이 아니라면 네 머리에 부딪치고 다시 발에 부딪쳤을 적에 머리에 느끼는 것이 있으면 발은 몰라야 할 것인데 지금 너는 그렇지 않을 것이다.

그러므로 마땅히 알아야 한다. 합하는 곳을 따라서 마음도 있다고 하는 것은 이치에 맞지 않느니라."

아난이 부처님께 아뢰었다.

"세존이시여, 저도 들었사온데 부처님께서 문수 등 여러 보살들과 함께 실상(實相)에 대해 말씀하실 적에 '마음은 몸 속에 있는 것도 아니며 밖에 있는 것도 아니다'라고 하셨습니다.

제 생각엔 몸 속에 있다고 하자니 안을 보지 못하고 밖에 있다고 하면 서로 알지 못해야 하는데, 안의 것을 알지 못하는 것으로 보아서는 안에 있다는 것이 성립되지 않고, 몸과 마음이 서로 아는 것으로 보아서는 밖에 있다는 것도 옳지 않으니 그렇다면 지금 서로 알면서도 안은 보지 못하니 마땅히 중간에 있는 것 같사옵니다."

부처님께서 말씀하셨다.

"너는 중간이라고 말하는데 그 중간은 반드시 막연한 것이 아니어서 있는 데가 없지 않을 것이다. 그렇다면 지금 그 중간을 찾아보아라. 중간이 어디냐? 따로 장소가 있느냐, 몸에 있느냐?

만약 몸에 있을 경우 변두리에 있다면 중간이 아니요, 중간에 있다면 몸 속과 같느니라.

만약 따로 장소가 있다면 표시할 곳이 있느냐, 없느냐? 표시할 곳이 없다면 이는 없는 것과 같고 표시할 곳이 있다면 이는 일정하지 아니하리니, 왜냐하면 어떤 사람이 표시할 수 있는 것을 가지고 중간이라고 표시했을 때 동쪽에서 보면 서쪽이 되고 남쪽에서 보면 북쪽이 된다. 표시한 그 자체가 이미 혼란스러우니 마음도 따라서 혼란해지리라."

아난이 부처님께 아뢰었다.

"제가 말씀드린 중간이란 것은 그러한 두 가지를 말한 것이 아닙니다. 세존께서 '눈과 물질[色塵]이 반연이 되어 안식(眼識)이 생긴다'고 말씀하신 것과 마찬가지로 눈은 분별이 있고 물질은 느낌이 없는 것인데 의식은 그 중간에서 생겨나니 바로 그곳이 마음이 있는 곳이라고 여겨집니다."

부처님께서 말씀하셨다.

"네 마음이 만약 눈과 물질의 중간에 있는 것이라면 이 마음 자체가 두 가지를 겸하였느냐, 겸하지 않았느냐?

만약 두 가지를 겸한 것이라면 눈과 물질이 섞여서 혼란하리니 물질은 눈처럼 알음알이[분별, 분석]가 없으므로 적이 되어 둘로 갈라설 것이니 어떻게 중간이라고 하겠느냐?

두 가지를 겸하지 아니하였다면 아는 것도 아니고 모르는 것도 아니다. 이는 곧 자체에 성품이 없는 것이리니 중간이란 어떤 모양이 되겠느냐?

그러므로 마땅히 알아야 한다. 중간에 있을 것이라고 한 것은 이치에 맞지 않느니라."

아난이 부처님께 아뢰었다.

"세존이시여, 제가 옛날에 보았는데 부처님께서 대목련·수보리·부루나·사리불, 이 네 분이 제자들과 함께 법륜(法輪)을 굴리실 적에 늘 말씀하시기를 '알고 느끼고 분별하는 마음은 안에 있는 것도 아니요, 밖에 있는 것도 아니며, 중간에 있는 것도 아니다. 어느 곳에도 있는 데가 없어서 모든 것에 집착함이 없는 것을 마음이라고 한다'고 하셨으니, 그렇다면 지금 제가 집착함이 없는 것을 마음이라고 하면 되지 않겠습니까?"

부처님께서 아난에게 말씀하셨다.

"너는 알고 느끼고 분별하는 마음이 어느 곳에도 없다고 말하는데 이 세상과 허공이나 물 속 또는 육지에서 날아다니거나 걸어다니는 모든 물상(物象)을 '일체(一切)'라고 하니, 네가 집착하지 않는다고 한 것은 그 모든 것들이 있다는 것이냐, 없다는 것이냐? 없다면 거북의 털이나 토끼의 뿔과 같으니 무엇에 집착하지 않는다는 것이냐? 모든 것이 있는데도 집착하지 않는다고 한다면 집착이 없다고 할 수 없을 것이다.

형상이 없으면 아무것도 없는 것이고, 없는 것이 아니라면 그것은 곧 형상이다. 형상이 있으면 존재하는 것인데 어떻게 집착이 없다고 하겠느냐?

그러므로 마땅히 알아야 한다. 일체의 집착이 없는 것을 깨닫고 알고 하는 마음이라고 하는 것은 이치에 맞지 않느니라."

참된 마음이란 무엇인가

그때 아난이 대중 속에 있다가 자리에서 일어나 오른편 어깨를 드러내고 오른 무릎을 땅에 대고 합장하여 공경을 다하며 부처님께 아뢰었다.

"저는 본래 부처님의 가장 어린 아우로서 부처님의 사랑을 받았습니다. 비록 지금 출가했으나 오히려 귀여워해 주시는 것만 믿고서 많이 듣기만 하였을 뿐 번뇌를 여의지 못하였기 때문에 사비가라의 주문을 꺾어 항복시키지 못하고 저들에게 홀려 음실에 빠지게 되었으니, 이는 참다운 마음이 있는 데를 알지 못했기 때문입니다.

바라옵건대 세존께서는 큰 자비로 가엾게 여기시어 저희들에게 사마타의 길을 열어 보이시어 모든 천제(闡提)[23]들로 하여금 추악한 소견을 깨뜨리게 하소서."

말을 마치고 난 아난은 몸을 땅에 던지듯이 엎드려서 여러 대중들과 함께 목마를 때 물을 찾듯이 정성을 다하여 가르침을 들으려고 하였다.

그때 세존께서 얼굴로부터 갖가지 광명을 발하시니 그 빛의 찬란하기가 마치 백천 개의 해와 같았다. 넓은 부처님의 세계가 여섯 가지로 진동[24]하고 이와 같이 시방의 티끌처럼 많은 국토가 일시에 나타나더니 부처님의 위신력(威神力)으로 여러 세계를 한 세계가 되게 하셨다.

그 세계 속에 있는 여러 큰 보살들은 모두 제 나라에 있으면서 합장하고 공경을 다하여 부처님의 말씀을 듣고 있었다.

부처님께서 아난에게 말씀하셨다.

"모든 중생이 시작이 없는 과거로부터 여러 가지로 뒤바뀌어서 그 업의 씨앗이 자연 악차(惡叉)[25]의 열매와 같이 한데 모여 있으며, 수행한 모든 사람들이 최상의 보리를 이루지 못하고 별도로 성문(聲聞)[26]이나 연각(緣覺)[27]을 이루며, 외도와 하늘과 마왕과 마구니의 권속이 되기도 하니, 이 모두가 두 가지 근본을 알지 못하고 뒤섞여 어지럽게 닦아 익혀왔기 때문인데, 이는 마치 모래를 삶아서 좋은 음식을 만들려는 것과 같아서 비록 티끌처럼 많은 겁(劫)의 세월을 지낸다 하더라도 마침내 이룰 수 없느니라.

그 두 가지 근본이란 무엇인가? 아난아, 하나는 시작이 없는 나고 죽음의 근본이니, 지금 너와 모든 중생들이 반연(攀緣)하는 마음을 가지고 자성이라고 생각하는 것이 그것이요, 둘째는 시작이 없는 보리와 열반의 원래 깨끗한 본체이니, 원래부터 밝은 너의 식정(識精)[28]이 모든 인연을 만드는데 바로 그 인연으로 인하여 본래의 참다운 마음을 잃어버리는 것이다.

여러 중생들은 이렇게 본래부터 밝았던 마음을 잃어버렸기 때문에, 비록 종일토록 행하여도 스스로 깨닫지 못하고 여러 갈래의 중생세계로 잘못 빠져들게 되느니라.

아난아, 네가 지금 사마타의 길을 알아서 생사에서 벗어나려고 하니, 지금 다시 너에게 묻겠노라."

그렇게 말씀하시고 난 후, 부처님께서는 황금빛 팔을 들어 다섯 손가락을 구부리고 아난에게 말씀하셨다.

"너는 지금 이것이 보이느냐, 안 보이느냐?"

아난이 대답하였다.

"보입니다."

"너는 무엇을 보느냐?"

"저는 부처님께서 팔을 들고 손가락을 구부려 빛나는 주먹을 만들어서 저의 마음과 눈에 비추는 것을 봅니다."

"너는 무엇으로 보느냐?"

"저와 대중들은 다 같이 눈으로 보옵니다."

"네가 지금 나에게 대답하기를 '부처님께서 손가락을 구부려 빛나는 주먹을 만들어서 제 마음과 눈에 비춘다'고 하였는데 네 눈은 본다고 하겠지만 무엇을 마음이라 하여 나의 주먹이 비추는 것을 받아들이느냐?"

"부처님께서 저에게 지금 마음이 있는 곳을 물으시므로 제가 마음을 미루어 찾아보았사온데, 이렇게 미루어 찾는 바로 그것을 저는 마음이라고 생각하옵니다."

부처님께서 말씀하셨다.

"아니다. 아난아, 그것은 네 마음이 아니니라."

아난이 흠칫 놀라면서 자리를 비켜서서 합장하고 일어나 부처님께 아뢰었다.

"이것이 저의 마음이 아니라면 무엇이라고 해야 하겠습니까?"

"그것은 앞에 나타난 대상 물질의 허망한 모양에 대한 생각이다. 너의 참다운 성품을 현혹시키는 것이니 이는 네가 시작이 없는 과거로부터 지금까지 도적을 아들로 잘못 인정하고 있어서 너의 본래 항상한 마음을 잃어버렸기 때문에 나고 죽는 세계를 윤회하고 있느니라."

"세존이시여, 저는 부처님의 사랑하는 아우입니다. 마음으로 부처님을 사모하였으므로 저를 출가하게 하였사오니 저의 마음이 어찌 부처님만을 공양하오리까?

나아가 항하의 모래와 같이 많은 국토를 두루 돌아다니면서 여러 부처님과 훌륭하신 스승님을 섬기는 것과 큰 용맹을 발해서 행하기 어려운 모든 일들을 행하는 것도 모두가 이 마음으로 하는 것이며, 비록 법을 비방하고 훌륭한 근기에서 영원히 물러난다 하더라도 오직 이 마음일 따름인데, 만약 이렇게 발생하는 분명한 것을 마음이 아니라고 말씀하신다면 저는 마음이 없는 것이 마치 토목(土木)과 같을 것이라 여겨집니다.

이 깨닫고 알고 하는 것을 여의면 다른 것이 있을 수 없으리니 어찌하여 부처님께서는 마음이 아니라고 말씀하십니까? 저는 참으로 놀랐사오며 아울러 여기 모인 대중들도 의혹하지 않을 수 없사오니, 바라옵건대 큰 자비를 베푸시어 깨닫지 못한 저희들을 깨우쳐 주시옵소서."

그때 세존께서는 아난과 여러 대중에게 가르침을 열어 보임으로써 그들로 하여금 나지도 죽지도 않는 법을 아는 지혜를 증득하게 하려고 사자좌(獅子座)에서 아난의 정수리를 만지며 말씀하셨다.

"여래께서는 항상 '모든 법이 생기는 것은 오직 마음이 나타내는 것이며, 모든 원인과 결과와 세계의 작은 티끌까지도 마음으로 인하여 실체를 이룬다'고 말씀하셨다.

아난아, 만약 모든 세계의 온갖 것 가운데 풀잎이나 실오라기까지라도 그 근원을 따져 보면 모두 본체의 성질이 있으며,

비록 허공까지도 이름과 모양이 있거늘 더구나 깨끗하고 오묘하고 밝은 마음은 모든 마음의 본성(本性)이 되는 것이니 어찌 실체가 없겠느냐?

만약 네가 분별하고 깨닫고 관찰하여 분명하게 아는 그 성품을 '마음'이라고 고집한다면 이 마음은 마땅히 온갖 빛과 소리와 향기와 맛과 접촉과 법 등 상대되는 모든 대상을 여의고서도 따로 온전한 성품이 있겠느냐?

즉, 다시 말하면 네가 지금 나의 법문을 듣는 것 역시 소리로 인하여 분별함이 있는 것과 같으니 비록 보고 듣고 깨닫고 아는 모든 것을 없애고 안으로 그윽이 한가함을 지킨다 하더라도 그 또한 법진(法塵)을 분별하는 그림자에 지나지 않느니라.

나는 네게 명령하여 마음이 아닌 것으로 고집하라는 것은 아니다. 다만 네가 마음에 대하여 세밀하고 자세하게 생각해 보라는 것이다. 만약 앞에 나타나는 대상을 여의고도 분별하는 심성이 있다면 그것은 참으로 너의 마음이겠지만, 만약 분별하는 심성이 앞에 나타난 대상을 여읜 후에 실체가 없어지는 것이라면 이는 앞에 나타나는 대상을 분별하는 그림자일 뿐이다.

그런데 앞에 나타나는 대상은 항상 그대로 있는 것이 아니므로 만약 변하여 없어질 때에는 이 마음이 곧 거북의 털이나 토끼의 뿔과 같을 것이니, 그렇다면 너의 법신도 함께 끊어져 없어질 것이니라. 그러면 그 무엇이 나지도 죽지도 않는 법을 닦아서 증득하겠느냐?"

그때 아난과 대중들은 묵묵히 넋이 나간 듯하였다.

계속해서 부처님께서는 아난에게 말씀하셨다.

"세간에서 수학(修學)하는 모든 사람들이 지금 비록 차례로 이어서 닦는 아홉 가지 선정을 이루었다 하더라도 번뇌를 다 끊어 아라한이 되지 못한 것은 모두 저 나고 죽고 하는 허망한 생각에 집착해서 진실한 것인 양 오인하기 때문이다. 그러므로 네가 지금 비록 많이 듣기는 하였으나 성인의 과업을 성취하진 못했느니라."

참된 견해란 무엇인가

아난이 그 말을 다 듣고 난 후 슬피 눈물을 흘리면서 엎드려 꿇어앉아서 합장하고 부처님께 아뢰었다.

"제가 부처님을 따라 발심하여 출가하였사오나 부처님의 위엄과 신령스러움만 믿고서 늘 스스로 생각하기를 '내가 애써 닦지 아니하여도 부처님께서 나에게 삼매(三昧)를 얻게 해 주실 것이다'라고 여겼습니다.

몸과 마음은 본래 서로 대신하지 못한다는 것을 알지 못한 채 저의 본심을 잃었으니 몸은 비록 출가하였으나 마음은 도에 들어가지 못함이 마치 가난한 아이가 아버지를 버리고 도망간 것과 같습니다.

오늘에야 비로소 제 아무리 많이 들었다 하더라도 수행하지 않으면 듣지 아니한 것과 같음을 알았사오니 이는 마치 사람이 말로만 음식을 말하고 먹지 않으면 결코 배부르지 않는 것과 같습니다.

세존이시여, 저희들이 지금 두 가지 장애[二障]²⁹⁾에 얽매인 것은 진실로 고요하고 항상한 심성(心性)을 알지 못했기 때문이니, 바라옵건대 여래께서는 궁하고 외로운 것을 불쌍하게 여기셔서 오묘하고 밝은 마음을 발하여 저의 도안(道眼)을 열어 주소서."

그때 부처님께서 가슴의 만(卍)자로부터 보배의 빛을 뿜어내시니 그 찬란하고 밝은 빛은 백천 가지 색으로 어울렸다. 부처님께서는 그 빛을 시방의 티끌처럼 많고 넓은 부처님의 세계에 일시에 두루 퍼지게 하여 시방에 있는 보배로운 사찰과 모든 부처님의 정수리에 닿게 하셨다가 다시 되돌려서 아난과 여러 대중에게 이르게 하셨다.

그런 후에 다시 아난에게 말씀하셨다.

"내가 이제 너를 위하여 큰 법 깃발³⁰⁾을 세우고, 시방의 모든 중생들로 하여금 오묘하고 은밀하며 비밀스럽고도 깨끗한 밝은 성품을 깨우쳐 깨끗한 눈을 뜨게 하리라.

아난아, 네가 아까 내게 대답하기를 '빛나는 주먹을 봅니다'라고 하였는데 이 주먹의 광명은 무엇으로 인하여 생긴 것이며 어떻게 주먹이 되었으며 너는 무엇으로 보았느냐?"

아난이 대답했다.

"부처님의 온몸은 염부단금(閻浮檀金)³¹⁾이므로 보배의 산처럼 빛나옵니다. 때문에 광명이 있는 것이고 저는 그것을 눈으로 보았습니다. 또 수레바퀴 같은 무늬가 있는 다섯 손가락을 구부려 쥐고서 사람들에게 보여 주셨으므로 주먹이 되었나이다."

부처님께서 아난에게 말씀하셨다.

"오늘 진실한 말로써 네게 말하나니, 지혜 있는 모든 사람들을 비유로써 깨닫게 하리라.

아난아, 내 손이 없으면 내 주먹을 만들 수 없는 것과 같이 만약 네 눈이 없으면 네가 보는 것도 이루어질 수 없으리니 네 눈을 내 주먹과 같은 이치로 비유하면 그 의미가 서로 통하겠느냐?"

아난이 대답했다.

"그렇습니다. 세존이시여, 만약 저의 눈이 없으면 제가 보는 것은 이미 이루어질 수 없으리니, 여래의 주먹에 비유하면 사실과 이치가 서로 통할 듯하옵니다."

부처님께서 아난에게 말씀하셨다.

"네가 서로 통한다고 말하였으나 그 이치는 그렇지 않느니라. 왜냐하면 만약 내 손이 없으면 주먹은 반드시 없겠지만 저 눈이 없는 사람에게는 보이는 것이 전혀 없지는 않으리니, 그 까닭이 무엇인가 하면 네가 시험삼아 길에 나아가서 소경에게 '무엇이 보이느냐'고 물으면 그 소경은 '지금 내 눈에는 오직 까맣게 어두운 것만 보이고 다른 것은 아무것도 보이지 않는다'고 대답할 것이다.

이 이치로 보건대 앞의 대상이 어두울지언정 보는 것이야 어찌 없다고 하겠느냐?"

"모든 소경들이 눈앞에 오직 까맣게 어두운 것만 보이는 것을 어떻게 보는 것이라고 하겠습니까?"

"아난아, 모든 소경들은 눈이 멀어서 오직 까맣게 어두운 것만 보는 것과 저 눈을 가진 사람이 깜깜한 방에 있는 그 두 가지 깜깜한 현상이 다르냐, 다르지 않느냐?"

"그렇습니다. 세존이시여, 저 깜깜한 방에 있는 사람과 저 소경들의 캄캄함을 비교해 보면 조금도 다름이 없습니다."

"아난아, 만일 눈 먼 사람이 대상이 캄캄한 것만 보다가 홀연히 눈의 광명을 되찾게 되면 반대로 그 대상의 갖가지 빛깔을 보게 되리니 이것을 '눈이 보는 것'이라고 한다면, 저 어두운 방 안에 있던 사람이 대상이 캄캄한 것만 보다가 홀연히 등불을 켜면 역시 대상의 갖가지 빛깔을 볼 것이니 이것은 마땅히 등불이 보는 것이라고 해야겠구나.

만약 등불이 보는 것이라면 이는 등불이 능히 보는 것이므로 등불이라고 이름하지 못할 것이며, 또 등불이 보는 것이라면 너와 무슨 상관이 있겠느냐?

그러므로 마땅히 알아야 한다. 등불은 빛을 나타낼 수 있을지언정 이렇게 보는 것은 눈이지 등불이 아니며, 눈은 빛깔을 나타낼 수 있을지언정 이렇게 보는 성품은 마음이지 눈이 아니니라."

아난은 다시 이 말을 듣고서도 여러 대중들과 함께 아무 말 없이 잠자코 있었으나 마음은 아직 깨닫지 못하고, 오히려 여래께서 자비하신 음성으로 말씀해 주시기를 바라면서 합장하고 깨끗한 마음으로 부처님의 자비하신 가르침을 기다렸다.

그때 세존께서는 도라면(兜羅綿)처럼 부드러운 그물 모양의 빛나는 손을 들어 수레바퀴 같은 무늬가 있는 다섯 손가락을 편 채로 아난과 여러 대중들에게 말씀하셨다.

"내가 처음 도를 이루고 녹야원(鹿野園)에서 교진여 등 다섯 비구와 너희 사부대중을 위하여 말하기를, '모든 중생이 보리와 아라한을 이루지 못하는 것은 모두 객진번뇌(客塵煩惱)[32]로 인하여 그르치는 것이다'라고 하였는데 너희들은 그때 무엇을 깨달아서 지금 성인의 과업을 이루었느냐?"

그때 교진여가 일어나서 부처님께 아뢰었다.

"제가 지금 장로(長老)로서 대중 가운데에서 유독 저만이 '알았다'는 이름을 얻은 것은 '객진(客塵)'이란 두 글자를 깨닫고 성인의 과업을 이룩했기 때문입니다.

세존이시여, 비유하면 마치 길 가는 사람이 객주집에 들어가 잠을 자거나 밥을 먹다가 밥 먹고 잠자는 일을 마치고는 행장을 꾸려서 머물 여가도 없이 다시 길을 떠나지만 객주집 주인은 떠나지 않는 것과 같습니다.

이렇게 생각하면 머물지 못하는 사람은 나그네이고 머무는 사람은 주인이니 머물러 있지 못하는 이를 '나그네'라고 할 것입니다.

또 비유하면 비가 개이고 밝은 태양이 떠오르면 햇빛이 문틈으로 들어와 밝게 비치는데 그때 허공에는 떠다니는 작은 먼지가 있어 이리저리 날아다니지만 허공은 고요한 것과 같습니다.

이것을 미루어 생각해 보면 맑고 고요한 것은 허공이요, 움직이는 것은 티끌이므로 저는 움직이는 것을 '먼지'라고 정의를 내리겠나이다."

부처님께서 말씀하셨다.

"그러하니라."

그때 부처님께서 대중 앞에서 다섯 손가락을 구부렸다가 펴고 폈다가 다시 구부리시며 아난에게 말씀하셨다.

"너는 지금 무엇을 보느냐?"

아난이 대답하였다.

"저는 여래께서 온갖 보배로운 수레바퀴 같은 손바닥을 대중 앞에서 폈다 쥐었다 하시는 것을 봅니다."

"네가 내 손이 대중 앞에서 폈다 쥐었다 함을 본다고 했는데, 그것은 내 손이 폈다 쥐었다 하는 것이냐, 아니면 네가 보는 것이 펴졌다 쥐어졌다 하는 것이냐?"

"세존께서 대중 앞에서 보배의 손을 폈다 쥐었다 하시므로 제가 여래의 손이 스스로 폈다 쥐었다 하심을 본 것이지 저의 보는 것이 펴졌다 쥐어졌다 하는 것은 아닙니다."

"어느 것이 움직였고 어느 것이 가만히 있었느냐?"

"부처님의 손도 가만히 있지 아니하였습니다만, 저의 보는 것도 오히려 고요하다고 할 것이 없는데 어느 것을 가만히 있지 않았다고 고집하여 말할 수 있겠습니까?"

"그러하니라."

이때 부처님께서 손바닥으로부터 한 줄기의 보배광명을 뿜어 아난의 오른쪽에 있게 하니, 아난이 머리를 돌려 오른쪽을 보았다. 또 한 줄기 빛을 뿜어 아난의 왼쪽에 있게 하니 아난이 또 머리를 돌려 왼쪽을 보거늘 부처님께서 아난에게 말씀하셨다.

"네 머리가 지금 무엇 때문에 움직였느냐?"

"여래께서 보배의 빛을 내시어 저의 왼쪽, 오른쪽에 보내셨기 때문에 왼쪽과 오른쪽을 보느라고 머리가 저절로 움직였습니다."

"아난아, 네가 부처님의 보배의 빛을 보느라고 머리가 왼쪽 오른쪽으로 움직였다고 하니, 그것은 네 머리가 움직인 것이냐, 아니면 보는 것이 움직인 것이냐?"

"세존이시여, 저의 머리가 저절로 움직인 것이지 저의 보는 성품은 오히려 가만히 있는 것조차 없으니 어찌 움직였다고 하겠습니까?"

부처님께서 말씀하셨다.

"그러하니라."

그때 부처님께서 널리 대중에게 다시 말씀하셨다.

"만약 중생들이 동요하는 것을 대상 물질[塵]이라 하고 머물러 있지 않는 것을 나그네라 한다면, 너희들은 아난의 머리가 스스로 움직였을 뿐 보는 것은 움직이지 않았음을 관찰하고, 또 너희가 나의 손은 스스로 폈다 쥐었다 하였으되 보는 것은 펴졌다 쥐어졌다 함이 없는 것임을 깨달아라.

어찌하여 지금 너희는 동요하는 것을 몸으로 여기고 또한 대상인 물질이라고 생각하여 처음부터 끝까지 생각마다 생겼다 없어졌다 하면서 참다운 성품을 잃어버리고 뒤바뀐 짓을 하느냐? 더욱이 성품의 참마음은 잃어버리고 물체를 몸인 줄 알고 있으면서 그 속을 돌고 돌아 스스로 끌려 다니느냐?"

제2권

참된 생각은 없어지지 않는다

그때 아난과 모든 대중들이 부처님의 가르침을 듣고 몸과 마음이 평안해져서 가만히 생각했다.

'시작이 없는 과거로부터 본심은 잃어버리고 눈앞에 나타나는 물질만을 분별하는 그림자 같은 일만을 부질없이 인정해 오다가 오늘에야 비로소 깨달은 것이, 마치 어머니를 잃었던 젖먹이가 홀연히 어머니를 찾은 것과 같구나.'

그리하여 대중들은 모두 합장하여 부처님께 예를 올리고, 부처님께서 몸과 마음의 진실하고 거짓된 것과 허망하고 진실한 것을 나타내 보이신 지금, 눈앞에서 일어나는 생기고 없어지는 것과, 생기지도 없어지지도 않는 두 가지 성품에 대하여 분명하게 들려주기를 원하였다.

그때 바사닉왕이 일어서서 부처님께 아뢰었다.

"제가 지난날 부처님의 가르침을 받지 못하였을 때에 가전연과 비라지자(毘羅胝子)를 만났었는데, 그들이 말하기를 '이 몸이 죽은 뒤에 아주 끊겨 없어지는 것[斷滅]을 열반이라 한다'고 하였습니다.

그래서 제가 비록 부처님을 만났사오나 아직도 의심을 떨쳐 버릴 수 없사오니, 어떻게 설명해야 나고 멸함이 없는 마음의 경지를 깨달을 수 있겠습니까?

지금 이 대중들 속에는 번뇌를 채 여의지 못한 이가 있으니 그들도 모두 듣기를 원합니다."

부처님께서 대왕에게 말씀하셨다.

"그대의 몸이 현존하므로 지금 그대에게 묻겠는데, 그대의 육신이 금강(金剛)과 같아서 항상 머물러 있고 없어지지 않으리라고 여깁니까? 아니면 언젠가는 변하여 없어지리라고 여깁니까?"

"세존이시여, 저의 이 육신은 언젠가는 변하여 없어질 것입니다."

"그대가 아직 죽지 않았거늘 어떻게 죽을 것을 아십니까?"

"세존이시여, 이 무상하게 변하는 제 몸이 비록 아직은 죽은 것이 아니오나 지금 저의 눈앞에 나타나는 것이 생각마다 변해가고 새록새록 달라져서 마치 불에 타버린 재처럼 끊임없이 점점 늙어가고 있으므로 기필코 이 몸이 언젠가는 죽을 것임을 아나이다."

"그렇습니다. 대왕이여, 그대는 지금 이미 늙었으나 얼굴 모습이 동자 때와 비교하여 어떠합니까?"

"세존이시여, 제가 옛날 어렸을 적에는 피부와 살결이 윤택하였고, 점점 성장함에 따라 혈기가 충만하더니 이제는 나이가 들어 쇠모(衰耄)함에 임박해지니 형색은 초췌하고 정신은 혼미하여 머리털은 희어지고 얼굴은 쭈글쭈글 해져서 오래 가지 못할 지경에 이르렀습니다. 어떻게 한창 젊었을 때와 비교할 수 있겠습니까?"

"대왕이여, 그대의 얼굴은 갑자기 늙은 것이 아닙니다."

"세존이시여, 느끼지 못하는 사이에 변하므로 제가 진실로 깨닫지 못했습니다만 추위와 더위가 흘러감에 따라 점점 이 지경에 이르렀나이다. 어째서 그런가 하오면 제 나이 스무 살 때에는 비록 젊었다고는 하나 얼굴은 이미 열살 때보다는 늙었고, 서른 살 때에는 또 스무 살 때보다 더 늙었으며, 지금 예순에 또 둘을 더하고 보니 쉰 살 때가 지금보다 훨씬 강장(强壯) 하였었습니다.

세존이시여, 제가 자주자주 변해 가는 것을 보고서 비록 이렇게 쇠락하는 세월을 십 년씩 한정하여 말하였습니다만 다시 자세히 생각해 보면 어찌 그 변해 가는 것이 일기(一紀)[33]·이기(二紀)뿐이겠습니까? 실은 해마다 변한 것입니다. 또 어찌 해마다 변하였을 뿐이겠습니까? 역시 또 달마다 변한 것이며 어찌 달마다 변하였을 뿐이겠습니까? 또한 날마다 변한 것이니, 곰곰이 생각해 보면 찰나(刹那)마다 생각하는 사이조차에도 머물러 있지 않았습니다. 그러므로 이 몸이 마침내 변화해 없어질 줄을 아는 것입니다."

"대왕이여, 그대가 변천하여 머물지 않는 변화를 보고 죽어 없어질 것을 알았노라고 했는데, 역시 죽어 없어질 때에 그대의 몸 속에는 없어지지 않는 것이 있음을 아십니까?"

"저는 진실로 그것을 알지 못합니다."

"내가 지금 그대에게 나고 죽음이 없는 성품을 보여 주겠습니다. 대왕이여, 그대의 나이 몇 살 때에 항하강 물을 보았습니까?"

"제 나이 세 살 되던 해, 어머니가 저를 데리고 기바천(耆婆天)[34]에 참배하러 갔을 때 그 강을 건넜었는데 그때 항하강임을 알았습니다."

"대왕이여, 그대의 말과 같아서 스무 살 때엔 열 살 때보다 늙었으며, 예순이 되도록 해마다, 달마다, 날마다, 시간마다, 한 생각마다 변천했다고 하였는데, 그렇다면 그대가 세 살 때에 보던 그 강물과 열세 살 때 보던 그 강물은 어떻게 다르더이까?"

"세 살 때와 완전히 같아서 강물은 조금도 달라짐이 없었으며, 지금 예순두 살이 되었사오나 역시 강물은 달라짐이 없습니다."

"그대는 지금 머리털이 희어지고 얼굴이 쭈그러짐을 애달파하나니, 그 얼굴은 틀림없이 어렸을 적보다 쭈그러졌겠지만, 그대가 지금 항하강 물을 보는 것과 지난날 어렸을 적에 항하강 물을 보던 것에는 어리고 늙음의 차이가 있습니까, 없습니까?"

"없습니다. 세존이시여."

"대왕이여, 그대의 얼굴은 비록 쭈그러졌으나 그대의 보는 정기만은 본래의 성품 그대로이며 쭈그러진 것이 아닙니다. 쭈그러지는 것은 변하는 것이겠지만 쭈그러지지 않는 것은 변하는 것이 아닙니다. 변하는 것은 없어지게 되겠지만 저 변하지 않는 것은 본래 나고 멸함이 없거늘 어떻게 그 가운데에서 그

대가 나고 죽음을 받았겠습니까? 그런데도 오히려 저 말가리(末伽梨)[35] 등의 말을 인용하여 이 몸이 죽은 뒤에는 아주 없어진다고 합니까?"

대왕이 그 말을 듣고는 진실로 이 몸이 죽은 뒤에 이 생을 버리고 다른 생에 태어난다는 것을 깨닫고 여러 대중들과 함께 아직까지 없었던 법문을 들었다고 기뻐하였다.

참된 성품은 없어지지 않는다

아난이 자리에서 일어나 부처님께 합장하여 예를 올리고 꿇어앉아 아뢰었다.

"세존이시여, 만일 이 보고 듣는 것이 정말로 나고 죽음이 없는 것이라면 어찌하여 세존께서는 저희들에게 참성품을 잃어버리고 뒤바뀐 행동을 한다고 하셨습니까? 원컨대 자비하신 마음을 일으키시어 우리의 찌든 때를 씻어주시옵소서."

그때 부처님께서 금빛의 팔을 드리우시고 손가락으로 아래를 가리켜 보이시며 아난에게 말씀하셨다.

"너는 지금 나의 모다라(母陀羅)[36] 손을 보아라. 바로 되었느냐, 거꾸로 되었느냐?"

"세상의 중생들은 이것을 거꾸로라고 하겠지만 저는 어느 것이 바로이고 어느 것이 거꾸로인지 잘 모르겠습니다."

"아난아, 만일 세상 사람들이 이것을 거꾸로라고 한다면, 세상 사람들은 또 어떤 것을 바른 것이라고 하겠느냐?"

제2권

"부처님께서 팔을 세우시고 도라면(兜羅綿) 같은 손으로 위로 허공을 가리키시면 바른 것이라고 할 것입니다."

부처님께서 곧 팔을 세우시고 아난에게 말씀하셨다.

"아난아, 이렇게 뒤바뀜은 머리와 꼬리가 서로 바뀌었을 뿐인데 세상 사람들은 한 배(倍)나 더 거꾸로 보는구나.

그러니 알아야 한다. 너의 몸을 모든 부처님의 깨끗한 법신과 비교해서 밝혀 본다면, 여래의 몸은 '바르게 두루 앎[正遍知]'이라 이름하고 너희들의 몸은 '뒤바뀐 성품[性顚倒]'이라 부른다.

그러니 너는 자세히 살펴보아라. 네 몸을 부처님의 몸과 비교하여 뒤바뀌었다고 한다면 어느 곳을 이름하여 '뒤바뀌었다'고 하는 것이냐?"

그때 아난과 모든 대중들이 눈을 크게 뜨고 깜박거리지도 않은 채 부처님을 보았으나 몸과 마음의 뒤바뀐 곳을 알지 못하였다.

부처님께서 자비하신 마음으로 아난과 모든 대중들을 가엾게 여기시어 어김없이 찾아드는 조수와 같은 음성[海潮音][37]으로 같은 회상에 모인 대중들에게 널리 말씀하셨다.

"선남자들아, 내가 늘 말하기를 '물질과 마음의 모든 인연과 마음에 끌려다니는 것과 반연되는 모든 현상들은 오직 마음에 의해 나타나는 것'이라고 하였느니라. 너의 몸과 마음이 모두 오묘하게 밝고 참되며 정밀한 마음 속에서 나타난 것이거늘, 너희들은 어찌하여 본래부터 오묘하고 원만하고 밝은 마음과 보배롭고 밝고 오묘한 성품을 잃어버린 채 혼미해진 것만을 인정하는가?

밝은 성품을 잘못 아는 어두움 때문에 허공이 되고 그 허공과 어두움 속에서 어두움이 뭉쳐져 물질이 되었나니, 그 물질의 부질없는 생각과 뒤섞여서 생각과 모양을 지닌 것을 몸이라 하고, 연(緣)을 쌓아 안에서 흔들리며 밖으로 달려나가려는 혼미하고 어지러운 모양을 심성(心性)이라고 한다.

한 번 잘못 알아 마음이라 인정하고는 이 마음이 결코 내 몸 속에 있는 줄로 착각하여 이 몸이나 밖에 있는 산과 강, 허공과 대지(大地)에 이르기까지 모두 오묘하게 밝고 참된 마음 속의 물건임을 알지 못하나니, 비유하면 맑고 깨끗한 백천의 큰 바다는 버리고, 오직 하나의 들뜬 물거품만을 바다 전체인 양 잘못 인식하여 눈앞의 조수를 보고 바다 전체를 다 알았다고 하는 것과 같다. 그러므로 너희들은 곧 미혹한 가운데서도 배나 더 미혹한 사람이니 마치 내가 손을 드리운 것과 다름이 없다. 그래서 가엾은 사람이라고 하였느니라."

참된 성품은 되돌아가는 곳이 없다

아난이 부처님께서 자비로 구원해 주시는 깊은 가르침을 받자옵고 눈물을 흘리며 합장하고 부처님께 아뢰었다.

"제가 비록 부처님의 이와 같이 오묘한 음성을 듣자옵고, 오묘하고 밝은 마음이 본래 원만하게 항상 머무는 자리를 깨달았으나 제가 지금 부처님께서 설법하시는 음성을 깨달은 것도 곧 반연하는 마음이며, 진실로 우러러보는 것도 다만 이 마음에서 생긴 것이기에 감히 본래의 마음자리라고 인정하지 못하겠사옵니다.

 원컨대 부처님께서 가엾게 여기시어 원만한 법음(法音)을 베풀어 저의 의혹의 뿌리를 뽑아서 최상의 도에 들어가게 하여 주시옵소서."

 부처님께서 아난에게 말씀하셨다.

 "너희들은 아직까지도 반연으로 생긴 마음으로 법을 듣고 있으니 그 법도 반연일 뿐이라서 법성(法性)을 얻은 것이 아니니라.

 가령 어떤 사람이 손으로 달을 가리키며 다른 사람에게 보일 경우, 그 사람은 손가락으로 인하여 달을 보아야 마땅할 것인데, 만약 손가락을 보고 달이라고 한다면 그 사람은 다만 달을 잃어버렸을 뿐만 아니라, 손가락까지 잃어버릴 것이다. 왜냐하면 이는 가리키는 손가락을 가지고 밝은 달이라고 할 것이기 때문이다.

 그러니 어찌 손가락만 잃을 뿐이겠는가? 밝고 어두운 것도 알지 못하리니, 왜냐하면 곧 손가락을 달의 밝은 성품이라고 생각하여 밝고 어두운 두 성품을 알지 못할 것이기 때문이다. 너 또한 그러하니라.

 만약 나의 설법하는 음성을 분별하는 것으로 네 마음이라고 생각한다면 그 마음이 마땅히 음성을 분별하는 일을 여의고서도 따로 분별하는 성품이 있어야 할 것이다.

 비유하면 마치 어떤 나그네가 객사에 기숙하기 위하여 잠시 머물렀다가 문득 떠나버리면 이는 항상 머무는 것이 아니지만, 객사의 주인은 떠나지 않으므로 주인이라고 하는 것과 같으니, 이 또한 그와 같아서 만약 진실한 너의 마음이라면 갈 곳이 없을 터이니 어찌 소리를 여의었다고 해서 분별하는 성품이 없겠느냐?

그러니 어찌 소리로 분별하는 마음뿐이겠는가? 내 얼굴을 분별하는 것도 모든 물질의 모양을 여의고서는 분별하는 성품이 없으리니, 이와 같이 분별함이 전혀 없는 데에까지 이르러서는 물질도 아니고 '공'도 아니므로[38] 구사리(拘舍離)[39] 등이 이 진리에 어두워서 명제(冥諦)[40]라고 주장하느니라.

모든 법의 반연을 여의었으므로 분별하는 성품이 없다면 곧 너의 심성(心性)이 각각 돌아갈 곳이 있을 터이니 어찌 주인이라고 하겠느냐?"

참된 성품은 물들지 않는다

아난이 부처님께 아뢰었다.

"만약 저의 심성이 각각 돌아갈 곳이 있다고 한다면 부처님께서 말씀하시는 오묘하고 밝은 본래의 마음은 어찌하여 돌아갈 곳이 없습니까? 바라옵건대 가엾게 여기셔서 저희들을 위하여 말씀해 주십시오."

그러자 부처님께서 아난에게 말씀하셨다.

"네가 나를 볼 적에 그 정기의 밝은 근원이 비록 오묘하고 정밀하게 밝은 마음은 아니라고 하더라도 이는 마치 제2의 달 〔第二月〕인지라 달 그림자가 아닌 것과 같으니 너는 마땅히 자세히 들으라. 지금 너에게 돌아갈 곳이 없음을 보여주리라.

아난아, 이 큰 강당의 동쪽이 환하게 트여서 둥근 해가 떠오르면 곧 밝게 빛나고, 달도 없는 한밤중에 구름과 안개마저 자욱하면 더욱 어두우며, 문틈으로는 다시 통함을 보고 담장을 대해서는 막힘을 보며, 분별하는 곳에서는 반연함을 보고 완벽한 허공 속은 모두가 비었으며, 흙비의 현상은 티끌이 얽힌 것이고 맑게 개여 안개가 걷히면 또다시 맑음을 보게 되느니라.

아난아, 너는 이 여러 가지 변화하는 모양들을 살펴보아라. 내가 지금 각각 본래의 원인이 있는 곳으로 돌아가게 하리라. 무엇을 '본래의 원인이 있는 곳'이라 하는가?

아난아, 이 모든 변화 중에서 밝은 것은 둥근 해로 돌아가나니, 이는 해가 없으면 밝지 못하기 때문이다. 그러므로 밝은 것의 원인은 해에 속하게 된다. 이렇듯 밝음은 해로 돌아가는 것이고 어두움은 달이 없는 데로 돌아가고, 막힘은 담장으로 돌아가며, 통함은 문으로 돌아가고, 반연은 분별로 돌아가며, 완벽한 허공은 허공으로 돌아가고, 흙비는 티끌로 돌아가며, 맑음은 개인 데로 돌아가나니, 이 세상 모든 것들이 이러한 종류에 지나지 않느니라.

그런데 너는 이 여덟 가지를 보는 정기의 밝은 성품을 어디로 돌아가게 하려느냐? 왜냐하면 만약 밝은 데로 돌아간다면 밝지 아니할 적에는 어두움을 보지 못하리니, 비록 밝은 것과 어두운 것들이야 여러 가지로 차별한다 하더라도 보는 주체는 차별이 없기 때문이니라.

돌아갈 수 있는 모든 것은 자연 네가 아니겠지만 네게서 돌려보낼 수 없는 것은 네가 아니고 무엇이겠느냐?

그러니 깨닫도록 하여라. 너의 마음이 본래 오묘하고 밝고 깨끗한 것인데, 네가 스스로 혼미하여 근본을 잃고 윤회하면서 생사 속에서 항상 표류하기 때문에 부처님께서 가련하다고 말씀하신 것이다."

아난이 부처님께 아뢰었다.

"제가 비록 보는 성품이 돌아갈 데가 없음은 알았습니다만 어떻게 그것이 저의 참 성품이라는 것을 알 수 있겠습니까?"

부처님께서 아난에게 말씀하셨다.

"내가 지금 너에게 묻겠다. 지금 네가 일체 번뇌를 여읜 깨끗한 경지에는 이르지 못하였으나 부처님의 신비한 힘을 받들어 저 초선천(初禪天)[41]을 보는 데 장애가 없었으며, 아나율은 염부제(閻浮提)[42] 보기를 마치 손바닥에 있는 암마라 열매를 보듯 하였으며, 모든 보살들은 백천의 세계를 보며, 시방의 부처님께서는 티끌처럼 많은 깨끗한 국토를 통틀어서 보지 못하는 곳이 없지만, 중생들이 보는 것은 푼촌〔分寸〕에 지나지 않느니라.

아난아, 장차 내가 너와 함께 사천왕이 거주하는 궁전을 볼 것이니라. 그 중간에 물과 육지와 허공에 다니는 것을 두루 볼 텐데 비록 어둡고 밝은 갖가지 형상들이 있으나 모두가 앞에 나타난 물질을 분별하는 마음이 있으리니 너는 마땅히 여기에서 나와 남을 분별해 보아라.

지금 내가 너를 데리고 보는 것 가운데에서 어느 것이 너의 몸이고 어느 것이 다른 물체인지를 가려주리라.

아난아, 네가 보는 주체의 근원을 끝까지 추구하여 보아라. 해와 달의 궁전까지도 모두가 물상이지 네가 아니며, 칠금산(七金山)에 이르도록 두루두루 자세히 관찰하여 보아라. 비록 갖가지 빛이 있어도 그것은 역시 물상이지 네가 아니며, 그 밖의 것도 잘 관찰해 보아라. 구름이 뜨고 새가 날고 바람이 불고 먼지가 날리는 것과 나무와 산, 냇물과 풀, 사람과 축생이 모두 물상이지 너는 아니니라.

아난아, 이 가깝고 먼 데 있는 모든 물질의 성질이 비록 여러 가지로 다르지만 이 모두가 너의 깨끗하게 보는 주체의 정기 때문에 볼 수 있는 것이니, 여러 가지 물상은 자연 차별이 있을지언정 보는 주체의 성품은 다름이 없다. 이 보는 정기의 오묘하고 밝은 것이 진실로 너의 보는 주체의 성품이니라.

만약 보는 주체 그 자체가 물상이라면 너는 또한 나의 보는 주체의 성품을 보아야 할 것이다. 만일 함께 보는 것을 가지고 나의 보는 성품을 본다고 한다면, 내가 보지 않을 때에는 어찌하여 내가 보지 못하는 곳을 너도 보지 못하느냐?

만약 내가 보지 못하는 곳을 본다면 자연 저것은 볼 수 없는 모양이 아니니라. 만약 내가 보지 못하는 곳을 보지 못한다면 이는 자연 물질이 아닌데 어찌 네가 아니라고 하겠느냐?

또한 네가 지금 물질을 볼 적에 네가 이미 물질을 보았거든 물질도 또한 너를 볼 것이므로 실체와 그 성품이 어지럽게 섞여 너와 나, 그리고 모든 세간이 편안하게 정립하지 못할 것이다.

능엄경

아난아, 만약 네가 볼 때엔, 이것은 너의 보는 주체이지 내가 아니거늘 보는 주체의 성품이 두루 있는데 네가 아니고 누구이겠느냐? 어찌하여 너의 참다운 성품을 너에게서는 참되지 못한 성품인 양 스스로 의심해서 나에게 물어 진실을 구하려고 하느냐?"

참된 성품은 무량하다

아난이 부처님께 아뢰었다.

"세존이시여, 만약 이 보는 주체의 성품이 반드시 제 자신이지 남이 아니라면 제가 부처님과 함께 사천왕의 뛰어나고 장엄한 보배의 궁전과 일월궁(日月宮)을 볼 때에는, 그 보는 주체가 두루 원만해서 사바국(娑婆國)에 골고루 퍼졌다가 정사에 돌아오면 다만 가람(伽藍)[43]만 보이고 도량[清心戶堂]에서는 오직 처마만 보입니다.

세존이시여, 저 보는 주체가 이와 같아서 그 본체가 본래는 온 세계에 고루 퍼졌다가 지금 방 안에 있을 적에는 오직 온 방 안에만 가득하게 되는데, 그럴 적에 저 보는 주체는 큰 것이 축소되어 작아진 것입니까? 아니면 담과 지붕에 막혀서 좁아지고 끊어진 것입니까? 지금 저는 그 이치가 어디에 있는지를 알지 못합니다. 원컨대 큰 자비를 베푸셔서 저를 위해 설명하여 주소서."

부처님께서 아난에게 말씀하셨다.

"온 세상의 크고 작은 것과 안이나 밖, 그리고 여러 가지 일들이 각각 앞에 나타나는 물질에 속하는 것이니, 보는 주체가 퍼지거나 움츠러드는 것이라고 말할 수는 없느니라.

비유하면 그것은 모난 그릇 속에서 모난 빈 공간을 보는 것과 같느니라. 내가 다시 너에게 묻겠는데 이 모난 그릇 속에서 보인 모난 빈 공간이 모나게 정해진 것이냐, 아니면 모나게 정해진 것이 아니냐?

만약 모나게 정해진 것이라면 따로 둥근 그릇 속에서도 그 빈 공간은 둥글게 보이지 않아야 할 것이며, 만약 정해진 것이 아니라면 모난 그릇 속에서도 모난 빈 공간이 아니어야 할 것이니, 네가 '그 이유가 어디에 있는지를 알지 못하겠다'고 한 그 이치가 이와 같거늘 어떻게 따질 수 있겠느냐?

아난아, 만약 모나고 둥근 것이 없는 데에 이르고자 한다면 다만 모난 그릇을 없앨지언정 빈 공간 그 자체는 모난 것이 아니니 또다시 빈 공간의 모난 것을 제거해야 한다는 말은 할 필요가 없을 것이다.

만약 네가 물은 것처럼 방에 들어갔을 적에 보는 주체가 축소되어 작아진 것이라면 해를 쳐다볼 적에는 네가 어떻게 보는 주체를 늘려서 해에 닿게 하였으며, 만약 담과 지붕이 막혀서 보는 주체가 끊어진 것이라면 작은 구멍을 뚫었을 적에는 왜 이은 흔적이 없느냐? 그 이치는 그런 게 아니니라.

모든 중생이 시작이 없는 아득한 옛적부터 지금까지 혼미한 자신을 물질이라 생각해서 본래의 마음을 잃어버리고 물질에 지배를 받게 되었기 때문에 그 가운데에 크고 작은 것을 보지만, 만약 물질을 지배할 수 있다면 부처님과 같이 곧 마음이 원만하게 밝아져서 도량을 움직이지 않고도 한 개의 털끝에 시방의 국토를 받아들일 수 있을 것이다."

참된 성품은 차별이 없다

아난이 부처님께 아뢰었다.

"세존이시여, 만약 이 보는 주체의 정기가 반드시 나의 오묘한 성품이라면, 지금 이 오묘한 성품이 제 앞에 있어야 하리니, 보는 주체가 반드시 저의 참다운 마음이라면 지금 저의 몸과 마음은 또다시 어떤 물건입니까? 지금 이 몸과 마음은 분별하는 실제가 있거니와 저 보는 주체는 분별함이 없어서 저의 몸과 나뉘어져 있습니다.

만일 그것이 참으로 내 마음이어서 나로 하여금 지금 보게 한다면 보는 주체의 성품은 진정한 나이겠지만 몸은 내가 아닐 것이니, 부처님께서 앞에서 힐난하여 말씀하신 '물질이 나를 보리라'고 하신 것과 무엇이 다르겠습니까? 바라옵건대 큰 자비심을 베푸시어 깨닫지 못한 부분을 깨우쳐 주소서."

부처님께서 아난에게 말씀하셨다.

"지금 네가 '보는 주체가 내 앞에 있습니다'라고 말한 것은 그 이치가 옳지 않느니라.

만약 참으로 네 앞에 있기 때문에 네가 진정 보는 것이라면 이 보는 주체의 정기가 있어야 할 장소가 있을 것이니 가리켜 보이지 못할 것이 없으리라. 또 지금 너와 함께 기타림(祇陀林)에 앉아서 숲과 냇물과 전당(殿堂)을 두루 보고, 위로는 해와 달까지 보며 앞에는 항하를 대하였으니, 지금 네가 나의 사자좌 앞에서 손을 들어 가리켜 보아라.

이 갖가지 모양들이 그늘진 것은 숲이고 밝은 것은 태양이며, 막힌 것은 벽이고 통한 것은 허공이니, 이렇게 풀과 나무, 그리고 실오라기와 터럭에 이르기까지 크고 작은 것은 비록 다르지만 다만 형상이 있는 것들은 가리키지 못할 것이 없다.

만일 그 보이는 대상이 반드시 현재 네 앞에 있다면 네가 마땅히 손으로 확실하게 가리켜 보아라. 어느 것이 보는 주체이냐?

아난아, 마땅히 알아야 한다. 만약 허공이 보는 주체라면 이미 보는 주체가 되어 버렸으니 어느 것이 허공이며, 만약 물체가 보는 주체라면 이미 보는 주체가 되어 버렸으니 어느 것이 물체이겠느냐?

너는 세밀하게 온갖 물상을 분석하여 정밀하고 밝으며, 맑고 오묘하게 보는 주체의 근원을 지적하고 가려내어 나에게 보여주되 저 물질과 같이 분명하여 의혹이 없게 하라."

아난이 부처님께 아뢰었다.

"제가 지금 이곳의 여러 층으로 된 강당에서 멀리는 항하강까지, 위로는 해와 달까지 보지만 손을 들어 가리키는 것과 눈으로 보는 것들은 모두가 물질이라서 '보는 주체'라고 할 것이 없습니다.

세존이시여, 부처님께서 말씀하신 것처럼 저는 아직 번뇌를 여의지 못한, 처음으로 배움의 길에 들어선 성문(聲聞)이거니와 나아가 보살이라 하더라도 온갖 물상 앞에서 정밀하게 보는 주체를 가려낼 수는 없습니다. 그러니 일체의 물상에서 벗어나야만 별도로 자성이 있음을 알게 될 것입니다."

"그렇다. 그렇다."

부처님께서 다시 아난에게 말씀하셨다.

"네가 말한 것처럼 보는 주체를 가려낼 수 없고 일체의 물상에서 벗어나야만 별도로 정밀하게 보는 주체가 있다고 한다면, 네가 가리키는 이 물상 속에는 보는 주체가 없겠구나.

지금 다시 너에게 말하겠는데 너는 여래와 함께 기타림에 앉아서 저 숲과 동산, 나아가 해와 달에 이르기까지 모든 물질을 보아라. 갖가지 물상이 각기 다르지만 반드시 네가 지적한 보는 주체의 정기가 없을진댄, 너는 다시 밝혀 보아라. 이 모든 물상 중에 어느 것이 보는 주체가 아니더냐?"

아난이 대답히였다.

"제가 사실 이 기타림을 두루 보았으나 이 가운데 어느 것이 보는 주체인지 아닌지를 모르겠습니다. 왜냐하면 만약 나무가 보는 주체가 아니라면 어떻게 나무를 본다고 하겠으며, 만약 나무가 보는 주체라면 어떻게 나무라고 하겠습니까?

이와 같이 만약 허공까지도 보는 주체가 아니라면 어떻게 허공을 보며, 만약 허공이 보는 주체라면 어떻게 허공이라고 하겠습니까? 또 제가 생각해 보니 이 온갖 물상 중에서 정밀하고 자세하게 밝혀 보건대 보는 주체가 아닌 것이 없습니다."

부처님께서 말씀하셨다.

"그렇다. 그러하니라."

그때 대중 가운데에서 아라한이 되지 못한 사람들은 부처님의 이 말씀을 듣고 그 이치의 처음과 끝을 알지 못한 채 멍하니 한동안 어리둥절해 하는 모습이 마치 간직하고 있던 물건을 잃은 듯하였다.

부처님께서 그들이 어리둥절해 함을 아시고는 가엾은 마음을 내시어 아난과 여러 대중을 위안하며 말씀하셨다.

"모든 선남자들아, 이는 가장 높으신 법왕의 진실한 말씀이며 여여(如如)[44]한 말씀이기에 속이는 것도 아니고 거짓말도 아니니라.

저 말가리(末伽梨)들이 죽지 않는다고 하는 네 가지 거짓으로 혼란하게 하는 논리와는 결코 같지 않으니 너희들은 자세히 생각하고 애모(愛慕)하여 욕되게 하지 말라."

그때 법왕자이신 문수사리보살이 여러 사부대중을 가엾게 여기어 대중 가운데 계시다가 곧 자리에서 일어나서는 부처님의 발에 이마를 대어 예를 올리고 공손히 합장하며 부처님께 아뢰었다.

"세존이시여, 여기 모인 모든 대중들은 부처님께서 밝혀 주신 두 가지의 것, 즉 정밀하게 보는 것과 물질이나 허공에 대하여 어느 것이 보는 주체이고 보는 주체가 아닌지 그 이치를 깨닫지 못하고 있나이다.

세존이시여, 만약 이 앞에 나타나 있는 대상인 물질과 허공의 형상이 보는 주체라면 마땅히 가리킬 것이 있어야 하며, 만약 보는 주체가 아니라면 마땅히 보지 못해야 할 터이니, 지금

능엄경

그 이치의 본뜻을 알지 못하여 놀랍고 두렵기는 할지언정, 그렇다고 옛날보다 선근(善根)이 적어진 것은 아닙니다.

바라옵건대 부처님께서는 큰 자비를 베푸시어 이를 밝혀 주시옵소서. 이 모든 물상과 보는 주체의 정기가 본래 무엇이기에 그 중간에 '이것이다, 이것이 아니다'라고 할 수 없습니까?"

부처님께서 문수와 여러 대중들에게 말씀하셨다.

"시방의 여래와 큰 보살들이 그 스스로 머무는 삼마지에서 보는 주체와 보이는 대상 물질, 그리고 생각하는 모양은 마치 허공의 꽃과 같아서 본래 있는 것이 아니니, 이 보는 주체와 그 대상 물질은 본래가 보리의 오묘하고 깨끗하고 밝은 실체인데 어찌 그 가운데 '이것이다, 이것이 아니다'라고 할 것이 있겠느냐?

문수야, 내가 지금 너에게 묻겠다. 네가 진정한 문수인데 또 달리 문수라고 할 다른 문수가 있느냐, 없느냐?"

문수가 대답하였다.

"그렇습니다. 세존이시여, 제가 진실한 문수이므로 또 다른 문수는 없습니다.

왜냐하면 만약 그런 일이 성립된다면 이것은 두 문수가 되기 때문입니다. 그러나 오늘 바로 저 문수가 없는 것이 아니기 때문에 그 가운데 실제로 '이것이다. 이것이 아니다'라고 할 두 가지 모양이 없습니다."

부처님께서 말씀하셨다.

"오묘하고 밝게 보는 성품과 허공과 물질도 이와 같아서 본래 오묘하고 밝으며 가장 높은 보리의 깨끗하고 원만한 참마음이거늘, 이것을 허망하게 허공과 물질과 듣고 보는 주체라고 여기는 것이 마치 제2의 달과 같으니 어느 것이 달이고 어느 것이 달이 아니라고 하겠느냐?

문수야, 하나의 달만이 참된 것이라면 그 중간에는 자연 '달이다, 달이 아니다'라고 할 것이 없느니라.

그러므로 지금 네가 보는 주체와 그 대상 물질을 보고서 여러 가지로 밝혀냄을 허망한 분별이라고 하나니, 그 가운데서는 '이것이다, 이것이 아니다'라고 하는 것을 벗어날 수 없겠지만, 참되고 순수하고 오묘한 깨달음의 밝은 성품으로 말미암았기 때문에 너로 하여금 가리키고 가리키지 않고 하는 것에서 벗어날 수 있게 하는 것이니라."

참된 성품은 헤아려 알 수 없는 것

아난이 부처님께 아뢰었다.

"세존이시여, 진실로 법왕께서 말씀하신 것과 같이 각연(覺緣)[45]이 시방세계에 가득하고 맑고 고요하게 늘 머물러서, 그 성품이 생기고 없어지는 것이 아닐진대 전에 범지(梵志)[46]인 사비가라가 말한 '명제(冥諦)'와 투회(投灰)[47] 등 여러 외도종자가 말한 '참다운 내가 시방세계에 고루 가득히 있다'는 것과 어떤 차이가 있습니까?

세존께서도 일찍이 능가산에서 대혜보살(大慧菩薩) 등을 위하여 이 이치에 대하여 말씀하실 적에 '저 외도들은 항상 자연이라고 말하였는데 제가 말한 인연은 저들이 말하는 경계와는 다르다'고 하셨습니다.

　제가 지금 관찰해 보건대 깨닫는 성품은 자연 그대로여서 생기는 것도 아니고 없어지는 것도 아닙니다. 허망하게 뒤바뀐 모든 것을 멀리 벗어나니 아마도 인연이 아닌 것 같아 마치 저들이 주장하는 자연과 같사옵니다. 그런데 이를 어떻게 설명해야만 우리들이 모든 삿된 소견에 빠지지 않고 진실한 마음의 오묘하게 깨닫는 밝은 성품을 얻을 수 있겠습니까?"

　부처님께서 아난에게 말씀하셨다.

　"내가 지금 이렇게 방편을 열어 보여서 진실하게 말하였는데도 너는 아직 깨닫지 못하고 자연인가 하고 의혹을 품느냐?

　아난아, 만약 반드시 자연이라고 한다면 그 자연을 분명히 밝힐 수 있는 자연의 본체가 따로 있어야 할 것이다.

　너는 또 이를 관찰해 보아라. 오묘하고 밝게 보는 주체 가운데 무엇을 '자연[自]'이라고 하겠느냐? 밝음을 '자연[自]'이라고 하겠느냐, 어두움을 '자연[自]'이라고 하겠느냐, 아니면 허공을 '자연[自]'이라고 하겠느냐, 막힌 것을 '자연[自]'이라고 하겠느냐?

　아난아, 만약 밝은 것을 '자연[自]'이라고 한다면 마땅히 어두운 것은 보지 못해야 할 것이며, 만약 허공을 자연의 본체라 한다면 마땅히 막힌 것은 보지 못해야 할 것이며, 이와 같이 다른 어두운 현상에 이르는 것을 자연이라 한다면 밝을 때에는 보는 성품이 아주 없어져야 할 것인데 어떻게 밝음을 보겠느냐?"

아난이 부처님께 아뢰었다.

"반드시 이 오묘하게 보는 주체의 성품이 자연이 아니라면, 저는 지금 이것은 인연으로 생긴 것이라고 말하고 싶습니다만 마음에는 아직까지 분명하지 못하여 부처님께 묻습니다. 이 이치가 어찌하여야 인연의 성품에 맞겠습니까?"

부처님께서 말씀하셨다.

"네가 인연이라고 말하기 때문에 내가 지금 너에게 묻겠다. 네가 지금 보이는 대상으로 인하여 보는 주체의 성품이 앞에 나타나나니 이렇게 보는 주체는 밝음으로 인하여 보는 것이 있느냐, 어두움으로 인하여 보는 것이 있느냐, 허공으로 인하여 보는 것이 있느냐, 막힘으로 인하여 보는 것이 있느냐?

아난아, 만약 밝음으로 인하여 보는 것이라면 마땅히 어두운 것은 보지 못해야 할 것이고, 어두움으로 인하여 보는 것이라면 밝은 것은 보지 못해야 할 것이며, 허공과 막힘에 이르기까지도 이와 같느니라.

아난아, 이 보는 주체가 밝은 것을 따라서 보는 것이 있느냐, 어두운 것을 따라서 보는 것이 있느냐, 허공을 따라서 보는 것이 있느냐, 막힘을 따라서 보는 것이 있느냐?

만약 허공을 따라서 보는 것이 있다면 막힌 것은 보지 못해야 할 것이요, 만약 막힘을 따라서 보는 것이 있다면 허공은 보지 못해야 할 것이며, 밝음과 어두움으로 인한 것도 이와 같느니라.

마땅히 알아야 한다. 이렇게 정밀한 깨달음의 오묘하고 밝은 것은 인(因)도 아니고 연(緣)도 아니며, 자연도 아니고 자연이 아닌 것도 아니며, 아닌 것과 아님이 아닌 것도 없고 이것과 이것이 아닌 것도 없어서 일체의 모양에서 벗어나 일체의 법에 나아가느니라.

네가 지금 그 가운데서 어떤 마음을 가지기에 모든 세간에서 부질없는 다른 논리[戲論]와 명상(名相)으로 분별하려 하느냐? 이는 마치 손으로 허공을 만지려는 것과 같아서 다만 애만 쓸 뿐이지 허공이 어떻게 네게 잡히겠느냐?"

참된 성품은 볼 수 없는 것

아난이 부처님께 아뢰었다.

"세존이시여, 기필코 이 오묘한 깨닫는 성품이 인(因)도 아니고 연(緣)도 아니라면 세존께서 어찌하여 늘 비구에게 말씀하시기를 '보는 성품이 네 가지 연을 갖추어야 하니, 이른바 허공을 원인으로 삼고 밝음을 원인으로 삼으며, 마음을 원인으로 삼고 눈을 원인으로 삼는다'고 하셨으며 그것은 무엇을 뜻하는 것입니까?"

부처님께서 말씀하셨다.

"아난아, 그것은 내가 세간에 있는 인연의 모양을 말한 것이지 제일의(第一義)[48]를 말한 것은 아니니라.

아난아, 내가 또 네게 묻겠는데, 모든 세상 사람들은 '내가 본다'고 말하나니 어떤 것을 본다고 하며, 어떤 것을 보지 못한다고 하느냐?"

아난이 부처님께 아뢰었다.

"세상 사람들은 해나 달이나 등불의 빛으로 인하여 갖가지 모양을 보면 본다고 하고, 만약 이 세 가지 빛이 없으면 곧 보지 못한다고 합니다."

"아난아, 만약 밝지 못한 때에 보지 못한다고 한다면, 당연히 어두운 것도 보지 못해야 할 것이며, 만약 반드시 어두운 것을 본다고 한다면, 이는 다만 밝지 않을 뿐이지 어떻게 보는 것이 없다고 하겠느냐?

아난아, 만약 어두울 때에는 밝은 것을 보지 못하기 때문에 보지 못한다고 한다면, 지금 밝을 때에 어두운 모양을 보지 못하는 것도 보지 못한다고 해야겠구나. 그렇다면 두 모양을 모두 보지 못한다고 해야 할 것이다.

만약 두 모양이 서로 빼앗는다고 할지언정 너의 보는 주체의 성품은 그 가운데 잠시라도 없어진 것이 아니니, 그렇다면 두 가지 경우를 모두 본다고 해야지 어찌하여 보지 못한다고 하겠느냐?

그러므로 아난아, 너는 지금 마땅히 알아야 한다. 밝은 것을 볼 때에도 보는 것이 밝은 것은 아니며, 어두운 것을 볼 때에도 보는 것이 어두운 것은 아니며, 허공을 볼 때에도 보는 것이 허공은 아니며, 막힌 것을 볼 때에도 보는 것이 막힌 것이 아니니라.

네 가지 이치가 성립되었으니 너는 마땅히 알아야 한다. 보는 주체를 볼 때에 보는 것은 보는 주체가 아니니라.

보는 주체의 성품은 오묘하여 그것이 오히려 보는 주체를 벗어났으니 보는 주체로도 미칠 수가 없는데 어떻게 다시 '인연이다, 자연이다, 어울려 조화된 모양이다'라고 말하겠는가? 너희 성문(聲聞)들은 용렬하고 지식이 없어서 깨끗한 실상(實相)을 통달하지 못하였으니, 내가 지금 너희들에게 가르쳐 주겠노라. 마땅히 잘 생각해서 오묘한 보리의 길에서 고민하거나 게을리 하지 말아라."

허망한 생각에서 참된 생각을 보이다

아난이 부처님께 아뢰었다.

"세존이시여, 부처님께서는 오직 저희들을 위하여 인연과 자연과 서로 합하여 조화된 현상과 합하여 조화되지 못한 것을 설명해 주셨으나 마음은 아직 열리지 못하였습니다.

그런데 이번에 다시 '보는 주체를 보는 것은 보는 주체가 아니다'라고 하심을 듣고서는 더욱 의혹이 짙어집니다. 간절히 바라옵건대 큰 자비로써 지혜의 눈을 베푸시어 저희들의 깨닫는 마음이 밝고 맑다는 것을 열어 보여 주소서."

아난이 말을 마치고는 슬피 울며 이마가 땅에 닿도록 예를 올리고 성인의 가르침을 받으려 하였다.

그때 세존께서 아난과 여러 대중들을 가엾게 여기시어 큰 다라니(陀羅尼)와 모든 삼마제(三摩提)의 오묘한 수행 방법을 다시 설명하시기 위하여 아난에게 말씀하셨다.

"네가 비록 기억력은 강하나 다만 많이 듣는 것에만 힘썼고,

사마타(奢摩陀)를 미묘하고 정밀하게 비추어 보는 것에 대해서는 마음에 아직까지 확실하게 깨달은 것이 없으니 너는 지금 자세히 들으라. 내가 너를 위하여 이를 분별하여 보여줄 것이며, 또한 장래에 번뇌를 끊지 못한 여러 사람들에게도 보리의 과업을 얻게 하리라.

아난아, 모든 중생이 세간을 윤회하는 것은 두 가지 뒤바뀐 분별하는 망견(妄見)으로 말미암은 것으로 그것이 장소에 따라 발생하며 업보에 따라 흘러 전전하기 때문이다.

무엇을 일러 두 가지 망견이라 하는가? 첫째는 중생의 서로 다른 업인[別業]으로 인하여 허망하게 보는 것이고, 둘째는 중생의 동분(同分)[49]으로 인하여 허망하게 보는 것이니라.

어떤 것을 '서로 다른 업인에 의하여 허망하게 보는 것'이라고 하는가? 아난아, 세상 사람들이 눈병이 생겨 눈이 붉어지면 밤에 등불을 볼 적에 또 다른 둥근 그림자가 생겨서 다섯 가지 색깔이 중첩으로 나타나 보이느니라.

어떻게 생각하느냐? 이 밤에 등불을 밝힘에 따라 나타나는 둥근 그림자는 이것이 등불의 빛이냐, 아니면 보는 사람의 빛이냐?

아난아, 이것이 만약 등불의 빛이라면 눈병이 없는 사람은 어째서 그와 같은 현상을 보지 못하고, 그 둥근 그림자는 오직 눈병이 있는 사람에게만 보이느냐? 만약 그것이 보는 주체의 빛이라면 보는 주체는 이미 빛을 이루었으니 저 눈병 걸린 사람만이 둥근 그림자를 보는 것은 무엇이라고 말하겠느냐?

또 아난아, 만약 이 둥근 그림자가 등불을 여의고서 따로 있다면 마땅히 곁에 있는 병풍과 휘장과 의자와 자리를 볼 적에도 둥근 그림자가 생겨야 하며, 보는 주체를 떠나서 또 따로 있는 것이라면 마땅히 눈으로 보는 것이 아닌데 어째서 눈병 걸린 사람에게만 둥근 그림자가 보이느냐?

그러므로 마땅히 알아야 한다. 빛깔은 사실 등불에 있는 것인데, 보는 주체가 병으로 인하여 둥근 그림자가 생긴 것이니라.

그림자와 보는 주체가 모두가 눈병으로 생긴 것이지만 눈병을 보는 것은 병들지 아니했느니라. 그러니 이것은 '등불의 탓이다, 보는 주체의 탓이다'라고 할 것이 못 되며, 또 그 가운데에서 '등불의 탓이 아니다, 보는 주체의 탓이 아니다'라고도 할 것이 없으니, 이는 마치 '제2의 달'은 본체도 아니요, 그림자도 아닌 것과 같다.

왜냐하면 '제2의 달'을 보는 것은 눈을 비벼서 생긴 것이기 때문이다. 그러므로 지혜가 있는 이는 눈을 비벼서 생긴 것을 가리켜 '달의 형체다, 달의 형체가 아니다'라고 한다거나, '보는 주체이니, 보는 주체가 아니니' 하는 등의 말을 하지 않느니라.

이것도 그와 같아서 눈병으로 생긴 것이니 지금 무엇을 이름하여 '등불의 탓이다, 보는 주체의 탓이다'라고 하려느냐? 더구나 '등불의 탓이 아니다, 보는 주체의 탓이다'라고 분별하는 것이겠느냐?

어떤 것을 '같은 분수에 의하여 허망하게 보는 것'이라고 하느냐 하면, 아난아, 이 염부제에서 큰 바닷물을 제외하고 그 중간에 삼천 개의 섬이 있으니 그 한복판에 있는 큰 섬을 동쪽과 서쪽으로 헤아려 보면 큰 나라가 이천삼백 개가 있고, 그 나머지 작은 섬이 바다 가운데 있는데 그 가운데에 혹은 삼백 개의 나라가 있기도 하고 혹은 이백 개의 나라가 있기도 하며, 혹은 한두 나라에서 삼십, 사십, 오십 개의 나라가 있기도 하느니라.

아난아, 그 가운데에 있는 작은 섬에 두 나라가 있으니 오직 한 나라 사람만이 악한 인연을 함께 만나게 되어 그 작은 섬에 사는 중생들은 상서롭지 못한 모든 세계를 보는데 있어 더러는 두 개의 해를 보기도 하고 혹은 두 개의 달을 보기도 하며, 그 가운데 달무리나 해무리[暈適]·해의 귀걸이[佩玦]·혜성[彗]·패성[孛]·흐르는 별똥[飛流]·부이(負珥)·무지개[虹霓]에 이르기까지 여러 가지 나쁜 모양을 오직 이 나라 사람들만 볼 뿐, 저쪽 나라 중생들은 본래 보지도 못하고 또한 듣지도 못하느니라.

아난아, 내가 지금 너를 위하여 이 두 가지 일을 가지고 앞뒤로 맞춰가면서 밝혀 주리라.

아난아, 저 중생들이 따로 지은 업장의 허망하게 보는 것 때문에 등불 주위에 둥근 그림자가 비록 대상의 물체처럼 나타나지만 마침내 보는 이의 눈병으로 생긴 것이니, 눈병은 곧 보는 주체의 피로 때문에 생긴 것이지 물질에서 만들어진 것은 아니다. 그러나 그 눈병을 보는 것도 마침내 보는 주체의 허물은 없느니라.

예컨대 네가 지금 눈으로 산과 강, 그리고 국토와 여러 중생들을 보는 것이 모두가 시작이 없는 과거로부터 보는 주체가 병듦으로 인하여 생긴 것이다. 보는 주체와 보이는 대상은 마치 눈앞의 경계로 나타나지만 본래는 나의 깨닫는 것이 대상인 물체를 보다가 생긴 병이다. 그러니 깨닫는 것과 보는 주체가 병든 것이지 본래부터 있어온 깨달음의 밝은 마음으로 대상인 물체를 깨닫는 것은 병들지 않았느니라.

분별할 대상을 분별하는 것은 눈병이고, 분별하는 본체는 눈병 속에서 생긴 것이 아니니라. 이는 사실 보는 주체를 보는 것인데 어찌하여 또다시 '깨닫는다, 듣는다, 안다, 본다'고 하겠느냐?

그러므로 네가 지금 나와 너와 그리고 모든 세간과 열 가지 중생을 보는데 그것은 모두 보는 주체가 눈병을 앓고 있는 것이지 눈병을 보는 것은 아니다. 저 보는 주체의 정밀하고 참된 성품은 병들지 않았기 때문이니 보는 주체라고 이름하지 않느니라.

아난아, 저 중생의 같은 분수로서 허망하게 보는 것과 따로 지은 업장으로써 허망하게 보는 한 사람을 예를 들어 말하면, 눈병이 생긴 한 사람은 한 나라와 같고 그가 보는 둥근 그림자는 눈병으로 생긴 것과 같아서, 상서롭지 못하게 보는 것은 같은 업장 가운데 장악(瘴惡)[50]으로 생긴 것이니 모두가 시작이 없는 과거로부터 보는 것의 허망으로 인하여 생긴 것이다.

염부제(閻浮提) 삼천 개의 섬과 사방의 큰 바다와 사바세계와 그리고 시방의 번뇌가 있는 모든 나라들[有漏國]과 모든 중생들을 예로 들면 이 모두가 알고 분별하는 번뇌가 끊어진 오묘한 마음이 보고 듣고 깨닫고 알고 하는 허망한 인연과 서로 어울려 조화를 이루어서 허망하게 나고 죽느니라.

만약 화합하는 것과 화합하지 않는 모든 인연을 멀리 여의면 곧 나고 죽는 여러 가지 원인을 없앨 수 있어서 나고 죽지 아니하는 보리의 성품을 원만하게 이루어 깨끗한 본래 마음의 본각(本覺)에 늘 머무르게 되리라.

아난아, 네가 비록 본각의 오묘하고 밝은 성품은 인연도 아니고 자연도 아닌 성품이라는 것을 먼저 깨달았다 하더라도 오히려 이러한 깨달음의 근원은 서로 어울려 조화되어 생긴 것도 아니며 서로 어울려 조화되지 않는 것으로 생긴 것도 아님을 알지 못하는구나.

아난아, 내가 지금 다시 앞에 나타나는 경계로써 너에게 묻겠는데, 너는 지금 오히려 모든 세간의 허망한 생각으로, 화합하는 인연의 성품을 스스로 의혹하여 보리를 증득하는 마음도 화합으로 생긴다고 여기는구나.

너의 지금 오묘하고 깨끗하게 보는 주체의 정기는 밝은 것과 화합된 것이냐, 어두운 것과 화합된 것이냐, 통한 것과 화합된 것이냐, 막힌 것과 화합된 것이냐?

만약 밝은 것과 화합하여 이루어진 것이라면 네가 밝은 것을 볼 적에는 마땅히 밝은 것이 앞에 나타날 것인데 어느 곳에 보는 주체가 섞여 있느냐? 보이는 대상과 물질은 분별할 수 있지만 섞인 것은 어떠한 형상이냐?

만약 보는 주체가 아니라면 어떻게 밝은 것을 보며, 만약 보는 주체라면 어떻게 보는 주체를 본다고 하겠느냐?

반드시 보는 주체가 원만하다면 어느 곳에서 밝은 것과 화합할 것이며, 만약 밝은 것이 원만하다면 보는 주체가 화합을 이루지 못하였을 것이다.

보는 주체는 반드시 밝은 것과는 다르므로 섞였다면, 저 성품이 밝다는 명분을 잃으리니 섞임으로 해서 밝은 성품을 잃어버린 것이라서 밝음과 화합을 이루었다는 것은 이치에 맞지 않느니라. 그 밖에 어두움과 통하는 것과 여러 가지 막힘에 대해서도 이와 같느니라.

또 아난아, 너의 오묘하고 깨끗한 보는 주체의 정기는 밝은 것과 합해진 것이냐, 어두운 것과 합해진 것이냐, 통한 것과 합해진 것이냐, 막힌 것과 합해진 것이냐?

만약 밝음과 합해진 것이라면 어두울 때에는 밝은 모양이 이미 없어졌을 것이니, 저 보는 주체가 어두움과는 합하지 못할 터인데 어떻게 어두움을 본다고 하겠느냐?

만약 어두움을 볼 때에 어두움과 합하지 아니하였다면 밝음과 합했을 적에도 밝음을 보지 못할 것이다. 이미 밝음을 보지 못한다면 어떻게 밝음과 합하였다고 할 것이며 밝은 것은 어두움이 아니라는 것을 알겠느냐? 그 밖에 어두움과 통한, 그리고 여러 가지 막힌 것에 대해서도 또한 이와 같느니라."

아난이 부처님께 아뢰었다.

"세존이시여, 저의 생각 같아서는 이 오묘한 깨달음의 근본은 상대되는 모든 물질과 그리고 마음과 생각이 더불어 화합한 것이 아닌가 하나이다."

부처님께서 말씀하셨다.

"네가 지금 또 말하기를 깨달음은 화합이 아니라고 하니, 내가 다시 네게 묻겠다. 이 오묘한 보는 주체의 정기가 화합이 아니라면 밝은 것과 화합한 것이 아니냐, 어두운 것과 화합한 것이 아니냐, 통한 것과 화합한 것이 아니냐, 막힌 것과 화합한 것이 아니냐?

만약 밝은 것과 화합한 것이라면 보는 주체와 밝은 것이 반드시 경계선이 있어야 하리니 너는 자세히 보아라. 어디까지가 밝은 것이며 어디까지가 보는 주체이냐? 보는 주체와 밝은 것 사이에 어떤 것이 경계가 되느냐?

아난아, 만일 밝은 것 중에 반드시 보는 주체가 없다면 서로 미칠 수가 없으므로 스스로 밝은 모양이 있는 데를 알지 못할 것인데 경계가 어떻게 이루어지겠느냐? 그 밖에 어두움과 통함, 그리고 여러 가지 막힘에 대해서도 또한 이와 같으니라.

또 오묘한 보는 주체의 정기가 합한 것이 아니라면 밝은 것과 합한 것이 아니냐, 어두운 것과 합한 것이 아니냐, 통한 것과 합한 것이 아니냐, 막힌 것과 합한 것이 아니냐?

만약 밝은 것과 합해진 것이 아니라면 곧 보는 주체와 밝음의 성격이 서로 어긋남이 마치 귀와 눈이 서로 접촉하지 못하는 것과 같아서 보아도 밝은 모양이 있는 곳을 알지 못할 것인데 어떻게 합하는 것과 합하지 않는 것의 이치를 밝게 분별하겠느냐? 그 밖에 어두움과 통함, 그리고 여러 가지 막힘에 대해서도 또한 이와 같으니라.

오음·육입·십이처·십팔계가 모두 여래장이다

아난아, 너는 아직도 모든 허망한 물질인 허깨비같이 변화하는 모양이, 장소를 따라 생기며 장소를 따라 없어짐을 알지 못하는구나. 허깨비같이 허망한 것을 물질이라고 하지만 그 성품은 참으로 오묘한 깨달음의 밝은 본체이다.

이와 같이 오음(五陰)·육입(六入)·십이처(十二處)·십팔계(十八界)도 인연이 화합하여 허망하게 생기며, 인연이 흩어져서 허망하게 없어지나니, 진실로 생기고 없어지고 가고 오고 하는 것, 그 자체가 본래 여래장(如來藏)[51]이어서 항상 머무르는 것이며 오묘하고 밝은 것이며 흔들리지 않으며 두루 원만하고 오묘하고 참답고 변함없는 성품이라는 것을 알지 못하는구나. 성품의 참되고 항상한 가운데에서는 가고 옴과 미혹되고 깨달음과 나고 죽음을 찾아도 찾을 수가 없느니라.

오음이 본래 진여

아난아, 어찌하여 오음(五陰)[52]이 본래 여래장인 오묘한 진여의 성품이라고 하느냐?

아난아, 비유하면 마치 어떤 사람이 깨끗한 눈으로 맑게 개인 하늘을 볼 적엔 오직 맑은 하늘만 보일 뿐, 멀리 아무것도 없거늘 그 사람이 까닭 없이 눈동자를 움직이지 않고서 오래도록 똑바로 보다가 피로해지면 곧 허공에서 또 다른 헛꽃[狂華]이 보이며 또다시 몹시 어지러워 아무 모양도 없는 듯하니 색음(色陰)[53]도 그러한 것임을 마땅히 알아야 하느니라.

아난아, 이 헛보이는 꽃은 허공에서 생긴 것도 아니며 눈에서 나온 것도 아니니라.

그러하다. 아난아, 만약 허공에서 생긴 것이라면 이미 허공에서 생겼으니 다시 허공으로 들어가야 할 것인데, 가령 나오고 들어감이 있다면 그것은 곧 허공이 아니며, 허공이 비어 있는 것이 아니라면 자연 그 꽃 모양이 생겼다 없어졌다 하는 것을 용납하지 못하리니 마치 아난의 몸에 다른 아난을 용납하지 못하는 것과 같느니라.

만약 눈에서 나온 것이라면 이미 눈을 좇아 나왔으므로 다시 눈으로 들어가야 할 것이니 이 헛꽃의 성품이 눈으로부터 나왔으므로 마땅히 보는 것이 있었어야 할 것인데, 만약 보는 주체가 있다면 나갈 적에 이미 허공에 꽃이 있으므로 돌아올 적에는 마땅히 눈을 보아야 할 것이며, 만약 보는 주체가 없다면 나갈 때에 이미 허공을 가렸으므로 돌아올 적에도 마땅히 눈을 가려야 할 것이다. 또 헛꽃을 볼 적에 눈에는 마땅히 가리는 것이 없을 것인데 어찌하여 맑은 허공을 볼 적에만 깨끗하고 밝은 눈이라고 하겠느냐?

그러므로 색음은 허망한 것이어서 본래 인연도 아니며 자연도 아닌 성품이라는 것을 마땅히 알아야 한다.

아난아, 비유하면 어떤 사람이 손발이 편안하고 모든 뼈마디가 적절히 조화되었을 때는 홀연히 살아 있음을 잊은 듯하여 성품이 어긋나거나 순함이 없다가 그 사람이 까닭 없이 두 손바닥을 허공에서 서로 비비면 두 손바닥에서 허망하게 껄끄럽거나 미끄럽거나 차거나 뜨거운 여러 가지 현상이 생기는 것과 같으니, 수음(受陰)[54]도 역시 이와 같음을 마땅히 알아야 할 것이니라.

 아난아, 이 여러 가지 허깨비같이 허망한 접촉은 허공에서 온 것도 아니며 손바닥에서 나온 것도 아니니라.

 그러하다. 아난아, 만약 허공에서 왔다면 이미 손바닥과 접촉하였는데 어찌 몸에는 접촉하지 않느냐? 마땅히 허공이 이를 선택하여 와서 접촉하지는 않은 것이다. 만약 손바닥으로부터 나왔다면 손바닥이 합해야만 비로소 나타나는 그런 현상은 없어야만 할 것이다.

 또 손바닥에서 나왔으므로 합할 적에 손바닥이 느낀다면 뗄 적에는 접촉이 들어가서 팔과 손목과 골수들이 마땅히 들어갈 때 어떤 느낌이 있어야 할 것이니라. 반드시 느끼는 마음이 있어서 들어가고 나감을 안다면 자연 한 물건이 몸 가운데 오갈 것인데 어찌 손바닥과 합해져야만 느끼는 것을 접촉이라고 하느냐?

 그러므로 수음은 허망한 것이어서 본래 인연도 아니며 자연도 아닌 성품임을 마땅히 알아야 할지니라.

 아난아, 비유하면 어떤 사람이 신 매화 열매를 말하면 입 안에서 침이 생기고, 까마득한 벼랑에 있는 것을 상상하면 발바닥이 저려오는 듯하니, 상음(想陰)[55]도 역시 이와 같다는 것을 마땅히 알아야 할지니라.

 아난아, 이러한 매실 이야기는 매실에서 생긴 것도 아니며 입을 좇아 들어가는 것도 아니니라.

 그러하다. 아난아, 만약 매실에서 생긴 것이라면 매실이 마땅히 스스로 말을 해야 할 것이거늘 어찌 사람이 말하기를 기다리며, 만약 입을 좇아 들어갔다면 마땅히 입으로 들어야 하리니 어찌 귀를 통해서만 듣느냐? 만약 유독 귀만이 듣는다면, 침은 어째서 귓속에서 나오지 않느냐?

높은 언덕에 서 있는 것을 생각하는 것도 매실을 이야기하는 것과 같느니라.

그러므로 상음은 허망한 것이어서 본래 인연도 아니며 자연도 아닌 성품임을 마땅히 알아야 할지니라.

아난아, 비유하면 마치 급히 흐르는 물결이 서로 연속되어 앞과 뒤가 차례를 뛰어넘지 않는 것과 같으니 행음(行陰)[56]도 역시 이와 같음을 마땅히 알아야 하느니라.

아난아, 이와 같이 흐르는 성품이 허공으로 인하여 생긴 것이 아니며, 물로 인하여 있는 것도 아니며, 또한 물의 성품도 아니며, 허공과 물을 떠나서 있는 것도 아니다.

그러하다. 아난아, 만약 허공으로 인하여 생긴 것이라면 곧 시방의 끝없는 허공에 끝없는 흐름이 생겨서 세계가 자연히 모두 물에 잠겨야 할 것이며, 만약 물로 인해 있는 것이라면 이 급히 흐르는 물의 성품은 마땅히 물이 아니어야 할 것이다. 능유(能有, 물)와 소유(所有, 급히 흐름)의 모양이 지금 당연히 앞에 나타나야 할 것이며, 만약 곧 물의 성품이라면 맑을 때에는 마땅히 물의 본체가 아닐 것이며, 만약 허공과 물을 떠나서 있는 것이라면 허공은 밖이 있어서는 안 될 것이며, 물 밖에는 흐름이 없어야 할 것이니라.

그러므로 행음은 허망한 것이어서 본래 인연도 아니며 자연도 아닌 성품임을 마땅히 알아야 하느니라.

아난아, 비유하면 마치 어떤 사람이 빈가병(頻伽甁)[57]의 두 구멍을 막고 가운데는 허공을 가득히 채워 가지고 천 리나 되는 먼 다른 나라에 가서 사용하는 것과 같으니, 식음(識陰)[58]도 역시 이와 같음을 마땅히 알아야 하느니라.

아난아, 이러한 허공은 저쪽에서 온 것도 아니며 이쪽에서 들어간 것도 아니니라.

그러하니라. 아난아, 만약 저쪽에서 온 것이라면 본래 병 가운데에 이미 허공을 담아 가지고 갔으므로 본래의 병이 있던 곳에는 마땅히 허공이 조금 줄었어야 할 것이며, 만약 이곳으로 들어갔다면 구멍을 열고 병을 기울일 적에는 마땅히 허공이 나오는 것을 보아야 할 것이다.

그러므로 식음은 허망한 것이어서 본래 인연도 아니며 자연도 아닌 성품이라는 것을 마땅히 알아야 하느니라."

제3권

육입이 본래 진여

"또 아난아, 어찌하여 육입(六入)[59]이 본래 여래장인 오묘한 진여의 성품이라고 하느냐?

아난아, 앞에서 이야기한 것처럼 눈동자를 움직이지 않고 오래도록 똑바로 보다가 피로해졌을 때, 눈과 피로는 다 같이 보리가 똑바로 보다가 피로해져서 생긴 현상이니라.

밝음과 어두움의 두 가지 허망한 경계를 반연하여 보는 주체가 생겨 그 중간에 있으면서 이 물질의 현상[塵象]을 흡수하여 들이는 것을 '보고 깨닫는 성품[見覺性]'이라고 하나니, 이 보는 주체가 밝음과 어두움의 두 가지 대상을 벗어나면 마침내 본다는 그 자체도 없어질 것이다.

이와 같나니 아난아, 저 보아 깨닫는 성품은 밝고 어두운 데서 온 것이 아니고 눈에서 생긴 것도 아니며 허공에서 나온 것도 아님을 마땅히 알아야 하느니라.

왜냐하면 만약 밝은 데서 왔다면 어두워질 때 곧 따라 없어져야 하리니 마땅히 어두움을 보지 못해야 할 것이고, 만약 어두운 데에서 왔다면 밝아질 때 곧 따라 없어져야 하리니 마땅히 밝음을 보지 못해야 할 것이며, 만약 눈에서 생긴 것이라면 반드시 밝음과 어두움이 없으리니 이렇게 보는 주체의 정기는 본래 자성도 없어야 할 것이요, 만약 허공에서 나온 것이라면 앞에 나타난 물질의 현상을 보았으니 돌아갈 때에 눈을 보아야 할 것이며, 또 허공이 스스로 볼 것이니 너의 입(入)과 무슨 상관이 있겠느냐?

그러므로 '눈으로 보아 받아들이는 것[眼入]'은 허망한 것이어서 본래 인연도 아니며 자연도 아닌 성품이라는 것을 마땅히 알아야 하느니라.

아난아, 마치 어떤 사람이 두 손가락으로 갑자기 귀를 막아서 그것이 오래되어 피로해지면 머리 속에서 또 다른 허망한 소리가 들릴 것이니 귀와 피로는 다 같이 보리가 똑바로 보다가 피로해져서 생긴 현상이니라.

움직이는 것과 고요한 것, 이 두 가지 허망한 대상으로 인하여 듣는 주체가 생겨 중간에 있으면서 이 소리를 흡수하여 들이는 것을 '들어 깨닫는 성품'이라고 하니, 이 듣는 주체가 움직임과 고요함의 두 가지 허망한 대상을 벗어나면 마침내 듣는다는 그 자체도 없어질 것이다.

아난아, 이 들어 깨닫는 성품은 움직임과 고요함에서 온 것이 아니고 귀에서 생긴 것도 아니며 허공에서 나온 것도 아니라는 것을 마땅히 알아야 하느니라.

왜냐하면 만약 고요한 데서 왔다면 움직일 때엔 곧 따라 없어져야 하리니 마땅히 움직임을 듣지 못해야 할 것이고, 만약 움직임에서 왔다면 고요해질 때엔 곧 따라 없어져야 하리니 마땅히 고요함을 듣지 못해야 할 것이요, 만약 귀에서 생긴 것이라면 반드시 움직임과 고요함이 없으면 이와 같이 듣는 주체의 본래 자성은 없어야 할 것이고, 만약 허공을 좇아 나온 것이라면 들음이 있어 자성을 이룰 것이니 곧 허공도 아닐 것이며 또한 허공이 스스로 들을 것이니 너의 입(入)과 무슨 상관이 있겠느냐?

그러므로 '귀로 들어 받아들이는 것[耳入]'은 허망한 것이어서 본래 인연도 아니며 자연도 아닌 성품이라는 것을 마땅히 알아야 하느니라.

아난아, 어떤 사람이 코로 숨을 급하게 들이켜 오래되면 피로가 생겨서 콧속에 찬 촉감이 있음을 느낄 것이니, 그 촉감으로 인하여 트이고 막힘과 허하고 실한 것을 분별하며, 이와 같이 모든 향기와 구린내까지도 맡는 것이니 코와 피로는 다 같이 보리가 똑바로 보다가 피로해져서 생긴 현상이니라.

트인 것과 막힌 것, 이 두 가지 허망한 대상으로 인하여 냄새 맡음이 생겨 중간에 있으면서 모든 냄새를 흡수하여 들이는 것을 '맡아 깨닫는 성품'이라고 하나니, 저 냄새를 맡는 주체가 트임과 막힘의 두 가지 허망한 대상을 여의면 마침내 냄새라는 그 자체도 없어질 것이다.

아난아, 이 맡아 깨닫는 성품은 트이고 막힌 데서 온 것이 아니며 코에서 생긴 것도 아니고 허공에서 나온 것도 아니라는 것을 마땅히 알아야 하느니라.

왜냐하면 만약 트인 데서 왔다면 막힐 때엔 곧 따라서 없어져야 하리니 마땅히 막힘을 느끼지 못해야 할 것이며, 만일 막힌 데서 왔다면 트일 때엔 곧 따라서 없어져야 하리니 마땅히 트임을 느끼지 못해야 할 것이고, 만약 코에서 생긴 것이라면 반드시 트임과 막힘이 없으면 그와 같이 맡는 주체의 본래 자성이 없어야 할 것이고, 만약 허공에서 나온 것이라면 냄새를 맡는 주체가 도리어 네 코를 맡아야 할 것이며, 또 허공 스스로가 냄새를 맡을 것이니 너의 입(入)과 무슨 상관이 있겠느냐?

그러므로 '코로 맡아 받아들이는 것〔鼻入〕'은 허망한 것이어서 본래 인연도 아니며 자연도 아닌 성품이라는 것을 마땅히 알아야 하느니라.

아난아, 어떤 사람이 혀로 입술을 핥아서 오래오래 핥다가 피로가 생겼을 때 그 사람이 만약 병이 있으면 쓴맛을 느낄 것이고, 병이 없는 사람이면 약간 단맛을 느낄 것이다. 이 달고 쓴 것으로 말미암아 혀의 의식이 드러날 것이고, 핥지 않을 적에는 담담한 성품이 항상 있으리니 혀와 피로는 다 같이 보리가 똑바로 보다가 피로해져서 생긴 현상이니라.

달고 쓴맛과 담담한 맛, 이 두 가지 허망한 대상으로 인하여 맛을 봄이 생겨 그것이 중간에 있으면서 맛을 흡수하여 들이는 것을 '맛보아 깨닫는 성품'이라고 하니, 저 맛을 보는 성품이 달고 쓴맛과 담담한 맛, 두 가지 허망한 대상을 여의면 마침내 맛이라는 그 자체도 없어질 것이다.

아난아, 이 쓴맛과 담담한 맛을 맛보아 아는 것은 달거나 쓴 데서 온 것이 아니며 담담한 맛에서 온 것도 아니고 혀에서 생긴 것도 아니며 허공에서 나온 것도 아니라는 것을 마땅히 알아야 하느니라.

왜냐하면 만약 달고 쓴 데서 왔다면 담담할 때엔 곧 따라 없어져야 하리니 어떻게 담담한 맛을 알며, 만약 담담한 데서 왔다면 달거나 쓸 때엔 곧 따라 없어져야 하리니 어떻게 달고 쓴 맛을 알며, 만약 혀에서 생긴 것이라면 반드시 달거나 담담하거나 쓴맛이 없으면 이렇게 맛보는 주체의 정기가 본래 자성이 없어야 할 것이며, 만약 허공에서 나온 것이라면 허공이 스스로 맛볼 것이니 네 입이 아는 것이 아니며, 또 허공 스스로가 아는 것이리니 그것이 너의 입(入)과 무슨 상관이 있겠느냐?

그러므로 '혀로 맛보아 받아들이는 것〔舌入〕'은 허망한 것이어서 본래 인연도 아니고 자연도 아닌 성품이라는 것을 마땅히 알아야 하느니라.

아난아, 어떤 사람이 찬 손으로 따뜻한 손을 잡았을 적에 만약 찬 기운이 많으면 따뜻한 손이 차가워질 것이고, 따뜻한 기운이 많으면 찬 손이 따뜻해지리니, 이와 같이 합했을 때 깨닫는 촉감은 서로 떨어져도 느낌이 남아 있나니 교섭하는 세력이 만일 이루어진다면 접촉으로 인한 피로 때문일 것이니 몸과 피로는 다 같이 보리가 똑바로 보다가 피로해져서 생긴 현상이니라.

떨어지고 합하는 두 가지 허망한 대상으로 인하여 촉감이 생겨 중간에 있으면서 이 촉감을 흡수하여 들이는 것을 '느껴 깨닫는 성품'이라고 하니, 이 느끼는 본체가 떨어지고 합하는 것과 배반하고 따르는 두 가지 허망한 대상을 여의면 마침내 느끼는 그 자체도 없어질 것이다.

　이와 같으니 아난아, 이 느껴 깨닫는 성품은 본래 떨어지거나 합해진 데서 온 것이 아니고 어긋나거나 따르는 데서 온 것도 아니며 몸에서 생긴 것도 아니고 허공에서 나온 것도 아니라는 것을 마땅히 알아야 하느니라.

　왜냐하면 만약 합하는 데서 온 것이라면 떨어질 때엔 곧 따라서 없어져야 하리니 어떻게 떨어짐을 알겠으며, 어긋남과 따르는 두 가지 현상에 대해서도 역시 그러하니라.

　만약 몸에서 생긴 것이라면 반드시 떨어짐과 합함과 어긋남과 따르는 네 가지 현상이 없으면 이와 같이 느끼는 정기가 본래 자성이 없을 것이며, 만약 허공에서 나온 것이라면 허공이 스스로 느끼는 것이리니 너의 입(入)과 무슨 상관이 있겠느냐?

　그러므로 '몸의 접촉으로 받아들이는 것[身入]'은 허망한 것이어서 본래 인연도 아니요, 자연도 아닌 성품이라는 것을 마땅히 알아야 하느니라.

　아난아, 마치 어떤 사람이 피로해졌을 때 실컷 자고는 문득 깨어서 대상 물질을 보면 기억하고, 그 기억이 사라질 때 잃어버린다고 한다면 그것이 곧 생겨나고 머무르고 변하고 없어지는 뒤바뀐 현상이니, 습관을 흡수하여 들여서 그것이 가운데로 돌아가되 서로 차례를 어기지 아니함을 '생각으로 인식하는 근원'이라고 하나니 생각과 피로는 모두다 보리가 똑바로 보다가 피로해져서 생긴 현상이니라.

　생기고 없어지는 두 가지 허망한 대상으로 인하여 모아진 앎이 중간에 있으면서 내진(內塵)[60]을 흡수해 들여서 보고 들음이 다섯 가지 감각기관의 흐름이 미치지 못하는 곳에 거꾸로 흐르는 것을 '깨달아 아는 성품'이라고 하니, 이 성품이 깨고 잠자는 것과 생기거나 없어지는 두 가지 허망한 대상을 벗어나면 마침내 그 자체도 없어질 것이다.

이와 같이 아난아, 이 알아 깨닫는 성품은 깨거나 잠자는 데서 오는 것이 아니고, 생기거나 없어지는 데서 오는 것도 아니며, 몸에서 생기는 것도 아니고 허공에서 나오는 것도 아니라는 것을 마땅히 알아야 하느니라.

왜냐하면 만약 깨어 있는 데서 온 것이라면 잠잘 때엔 곧 따라서 없어져야 하리니 누가 잠을 잘 것이며, 만약 생기는 데서 온 것이라면 없어질 때엔 곧 따라서 없어져야 하리니 무엇이 없어짐을 느끼겠으며, 없어지는 데서 온 것이라면 생기면 곧 따라서 없어져야 하리니 그 무엇이 생겨나는 것을 알겠느냐? 만약 생각에서 생긴 것이라면 반드시 깨고 잠자고 생기고 없어지는 두 가지 현상은 몸의 개합(開合)을 따르는 것이니 이 두 가지 실체를 여의면 저 깨달아 아는 것은 허공의 헛꽃과 같아서 마침내 그 성품이 없어지리라. 만약 허공에서 나온 것이라면 허공 스스로가 아는 것이거니 너의 입(入)과 무슨 상관이 있겠느냐?

그러므로 '뜻으로 생각하여 받아들이는 것[意入]'은 허망한 것이어서 본래 인연도 아니며 자연도 아닌 성품이라는 것을 마땅히 알아야 하느니라.

십이처가 본래 진여

또 아난아, 어찌하여 십이처(十二處)[61]가 본래 여래장인 오묘한 진여의 성품이라고 하느냐?

아난아, 너는 또 기타숲과 모든 샘물과 못들을 보아라. 네 생각은 어떠하냐? 이런 것들은 물질의 모양이 눈으로 보는 작용을 생기게 한다고 생각하느냐, 눈이 물질의 모양을 생겨나게 한다고 생각하느냐?

아난아, 만약 눈이 물질의 모양을 생기게 하는 것이라면 허공을 볼 적에는 물질의 모양이 아니므로 물질의 성품이 마땅히 사라질 것이다. 물질의 성품이 사라지면 나타나는 모든 것이 없어지리니, 물질의 모양이 이미 없어지면 누가 허공의 본질을 밝히겠느냐? 허공도 또한 그러하니라.

만약 물질이 눈으로 보는 것을 생기게 하는 것이라면 허공을 볼 적에 허공은 물질의 모양이 아니므로 눈으로 보는 것도 곧 사라져 버리리니 사라져 없어지면 모두가 없어질 터인데 무엇이 허공인지 물질인지를 밝히겠느냐?

그러므로 보는 주체와 물체와 허공이 모두 처소가 없으므로 보는 주체의 처소와 색질의 처소, 이 두 가지는 허망한 것이어서 본래 인연도 아니며 자연도 아닌 성품이라는 것을 마땅히 알아야 하느니라.

아난아, 너는 다시 이 기타원 가운데서 밥이 마련되면 북을 치고, 대중을 모을 적엔 종을 쳐서, 그 북과 종소리가 앞뒤로 서로 연속됨을 들어 보아라. 어떤 생각이 드느냐? 그런 것들은 소리가 귓가로 온다고 생각되느냐? 아니면 귀가 소리 있는 곳으로 간다고 생각되느냐?

아난아, 만약 소리가 귓가로 오는 것이라면 내가 시라벌성에서 밥을 구할 적엔 기타림에는 내가 없는 것처럼, 그 소리가 반드시 아난의 귓가에 왔으면 목련과 가섭은 당연히 함께 듣지 못해야 할 것인데 어찌 그 가운데 천이백오십 명의 사문들이 한꺼번에 종소리를 듣고 식당으로 모두 모이느냐?

만약 네 귀가 소리나는 곳으로 갔다면 내가 기타림으로 돌아왔을 적에는 시라벌성엔 내가 없는 것과 같아서 네가 북소리를 들을 적엔 그 귀가 이미 북 치는 곳으로 갔을 터이니 종소리가 함께 나더라도 마땅히 종소리는 듣지 못해야 할 것이거늘 더구나 어떻게 그 가운데 코끼리·말·소·염소 등 갖가지 소리를 한꺼번에 들을 수 있다더냐?

또 만약 오고 감이 없다 한들 어찌 들음마저도 없겠느냐?

그러므로 듣는 주체와 소리는 모두 처소가 없으므로 듣는 주체와 소리나는 곳, 이 두 처소는 허망한 것이어서 본래 인연도 아니고 자연도 아닌 성품이라는 것을 마땅히 알아야 할지니라.

아난아, 너는 또 이 향로의 전단향 냄새를 맡아보아라. 그 향을 만약 한 개[銖]만 태워도 시라벌성 사십 리 안에서 동시에 그 향기를 맡을 것이다. 네 생각엔 어떠하냐? 그 향기는 전단향나무에서 나온다고 생각하느냐, 너의 코에서 생겼다고 생각하느냐, 아니면 허공에서 나온 것이라고 생각하느냐?

아난아, 만일 이 향기가 네 코에서 생긴 것이라면 마땅히 코에서 나와야 할 것인데, 코가 전단이 아니거늘 어떻게 콧속에 전단의 향기가 있다고 하겠느냐? 또 네가 향기를 맡는다고 한다면 마땅히 코로 들어가야 할 것이니 콧속에서 나오는 향기를 맡는다는 말은 옳지 못하느니라.

만약 허공에서 생긴 것이라면 허공의 성품은 항상한 것이므로 향기도 항상 있어야 할 것인데 어째서 향로에다 이 나무를 태워야만 향기가 생긴다더냐?

만약 나무에서 생긴 것이라면 그 향기의 본질은 태움으로 인하여 연기가 되었으므로 코로 냄새를 맡을 적에는 마땅히 연기가 코로 들어가야 할 것인데, 그 연기가 공중으로 올라가 멀리 퍼지기도 전에 사십 리 안에서 어떻게 그 냄새를 맡게 되느냐?

그러므로 향기와 코와 냄새를 맡는 것이 모두 처소가 없어서 냄새 맡는 주체와 향기 나는 곳, 이 두 가지는 허망한 것이므로 본래 인연도 아니며 자연도 아닌 성품이라는 것을 마땅히 알아야 하느니라.

아난아, 네가 매일 두 때씩 대중 가운데서 발우를 가지고서 이따금 수락(酥酪)[62]이나 제호(醍醐)[63]를 만나게 되면 최고의 맛이라고 하나니 네 생각은 어떠하냐? 그 맛은 허공에서 생긴다고 생각하느냐, 혀에서 생긴다고 생각하느냐, 아니면 음식에서 생긴다고 생각하느냐?

아난아, 만약 이 맛이 너의 혀에서 나온 것이라면 너의 입속에는 혀가 하나뿐이니 그 혀는 조금 전에 이미 생소[酥] 맛이 되었으므로 흑석밀(黑石蜜)[64]을 먹게 되더라도 마땅히 달라지지 않아야 할 것이다.

만약 달라지지 않는다면 맛을 안다고 할 수 없고 만약 달라진다면 혀가 여러 개가 아닌데 어떻게 여러 가지 맛을 한 개의 혀로써 알겠느냐?

만약 음식에서 생기는 것이라면 음식은 의식이 있는 것이 아닌데 어떻게 스스로 알겠느냐? 또 음식이 스스로 안다면 곧 다른 사람이 먹는 것과 같을 것이니 너와 무슨 관계가 있기에 맛을 안다고 하느냐?

만약 허공에서 생기는 것이라면 네가 허공을 씹어보아라. 무슨 맛이더냐? 만약 허공이 짠맛이라면 이미 허공이 너의 혀를 짜게 하였으므로 네 얼굴도 짜야 하리니 그렇다면 이 세계의 사람들은 바닷속의 고기와 같아서 늘 짠 것을 받아왔으므로 담담함을 알지 못할 것이다. 만약 담담함을 알지 못한다면 역시 짠 것도 느끼지 못해서 반드시 아는 것이 없을 것이니 어떻게 맛을 안다고 하겠느냐?

그러므로 맛과 혀와 맛을 보는 주체는 모두 처소가 없으니 맛보는 주체와 맛, 이 두 가지는 허망한 것이어서 본래 인연도 아니며 자연도 아닌 성품이라는 것을 마땅히 알아야 하느니라.

아난아, 네가 새벽마다 손으로 늘 머리를 만지나니, 그때 어떤 생각이 들더냐? 만져서 느낌이 생길 때 어느 것이 감촉을 느낀다고 생각하느냐? 느끼는 주체가 손에 있다고 생각하느냐, 아니면 머리에 있다고 생각하느냐?

만약 손에 있는 것이라면 머리는 느낌이 없어야 하리니 어떻게 감촉을 느낀다더냐? 만약 머리에 있을 것 같으면 손은 쓸모가 없으리니 어떻게 접촉한다고 하겠느냐?

만약 각각 있는 것이라면 너는 마땅히 두 몸뚱이가 있어야 할 것이다. 만약 머리와 손이 한 번의 접촉으로 생기는 것이라면 곧 손과 머리가 한 몸이 되어야 할 것이고, 만약 한 몸이라면 감촉이 이루어지지 않을 것이며, 만약 두 몸이라면 감촉이 어디에 있단 말이냐? 접촉하는 주체에 있다면 접촉의 대상인 물질에는 없어야 하고, 접촉의 대상인 물질에 있다면 접촉하는 주체에는 없어야 하리니 그렇다고 허공이 너와 더불어 감촉을 이루지는 못할 것이다.

그러므로 촉감을 느끼는 주체와 몸은 모두가 처소가 없고 몸과 감촉, 이 두 가지는 허망한 것이라서 본래 인연도 아니며 자연도 아닌 성품이라는 것을 마땅히 알아야 하느니라.

아난아, 네가 늘 생각 속에 반연하는 착한 성품과 악한 성품, 그리고 착한 것도 악한 것도 아닌 성품, 이 세 가지 성품이 법을 생성(生成)하나니, 이 법은 마음에 의해서 생기는 것이냐, 아니면 마음을 떠나서 별도로 처소가 있는 것이냐?

이난아, 만약 마음에 의한 것이라면 법(法)은 대상이 아니므로 마음으로 반연하는 것이 아닐 터이니 어떻게 처소를 이루겠느냐?

만약 마음을 떠나서 따로 처소가 있는 것이라면 법의 자성이 앎이 있느냐, 없느냐? 만약 앎이 있다면 마음이라고 이름을 할 수 있겠지만 그러나 너와는 상관 없을 것이고, 그렇다고 대상이 아니므로 다른 사람의 마음과 같을 것이니 너에 의한 것이라거나, 마음에 의한 것이라고 한다면 어찌하여 네 마음이 둘이 되겠느냐?

만약 앎이 없다면 그 대상은 빛·소리·향기·맛, 그리고 여의거나 합해지는 것과 차고 따뜻한 것과 허공의 모양도 아닐 것이니 어디에 있다고 하겠느냐? 지금 물질과 허공에 모두 표시할 수 없으니 마땅히 인간은 또한 허공 밖에 있는 것이 아니니라. 마음이 반연하는 것이 아니면 법의 처소가 어디로부터 이루어지겠느냐?

그러므로 법과 마음이 모두 처소가 없어서 마음과 법, 이 두 가지는 허망한 것이라 본래 인연도 아니며 자연도 아닌 성품이라는 것을 마땅히 알아야 하느니라.

눈으로 인식하는 세계 - 십팔계가 본래 진여 -

또 아난아, 어찌하여 십팔계(十八界)[65]가 본래 여래장인 오묘한 진여의 성품이라고 하느냐?

아난아, 네가 밝힌 것과 같이 '눈과 물질이 인연이 되어서 안식(眼識)이 생긴다'고 하는데, 그 의식은 눈으로 인해서 생긴 것이므로 눈으로 경계[界]를 삼아야 하겠느냐? 아니면 물질로 인하여 생긴 것이므로 물질로 경계를 삼아야 하겠느냐?

아난아, 만약 눈으로 인하여 생기는 것이라면 이미 물질과 허공이 없으면 분별할 수가 없을 것이니 비록 너에게 의식이 있은들 어디에 쓰려 하느냐? 네가 보는 것이 또 푸른색·노란색·붉은색·흰색이 아니라서 표시할 수가 없는데 무엇으로 경계를 성립하려느냐?

만약 물질로 인하여 생긴 것이라면 허공이 색깔이 없을 적에는 너의 의식도 마땅히 없어져야 하리니 어떻게 그것이 허공의 성품인 줄을 알 것이며, 만약 색깔이 변할 적에 네가 그 색깔의 모양이 변함을 안다면 너의 의식은 변하지 않는 것인데 경계가 어디를 좇아 성립되겠느냐?

따라서 변하는 것이라면 곧 변하므로 경계의 모양이 저절로 없어질 것이며, 변하지 않는다면 곧 항상하리니 비록 그렇더라도 이미 빛을 따라 생겼으므로 마땅히 허공의 소재를 알지 못할 것이다.

만약 이 두 가지를 겸해서 눈과 빛이 함께 생기게 했을진댄 합하였다면 가운데가 나누어지고 서로 나누어진 것이라면 둘이 합하여질 것이다. 그 체성(體性)이 섞이어 혼란할 것이니 어떻게 경계를 이루겠느냐?

그러므로 눈과 빛이 인연이 되어서 눈으로 보아 아는 경계를 생기게 한다고 하는 그 세 가지가 모두 허무한 것이어서, 눈과 빛 그리고 빛의 경계, 이 세 가지는 본래 인연도 아니며 자연도 아닌 성품이라는 것을 마땅히 알아야 하느니라.

귀로 인식하는 세계

아난아, 또 네가 밝힌 것과 같이 '귀와 소리가 인연이 되어서 귀로 들어 아는 의식이 생긴다'고 하는데, 그 의식은 귀로 인하여 생긴 것이므로 귀를 경계로 삼아야 한다고 생각하느냐? 아니면 소리로 인하여 생긴 것이므로 소리를 경계로 삼아야 한다고 생각하느냐?

아난아, 만약 귀로 인하여 생긴 것이라면 움직이고 고요한 두 가지 현상이 이미 앞에 나타나지 않으니 귀가 듣지 못할 것이고, 반드시 듣지 못하면 안다는 것도 오히려 성립되지 못할 터이니 의식이 어떤 모양이겠느냐?

만약 귀로 듣는 것을 취한다면 움직이고 고요함이 없으므로 듣는 것이 성립될 수 없으리니 어떻게 귀의 형상과 물질과 감촉이 섞인 것을 가지고 의식의 경계라고 하겠느냐? 귀로 의식하는 경계가 다시 어디를 따라 성립되겠느냐?

만약 소리에서 생기는 것이라면 귀가 인식하는 것은 소리로 인하여 있는 것이므로 듣는 것과는 직접 관계가 없을 것이니 듣는 그 자체가 없다면 소리의 소재도 없을 것이다. 저 인식하는 것과 소리를 좇아 생기고, 소리는 듣는 주체를 인하여 소리의 모양이 생긴다고 인정한다면 들을 적에 마땅히 그 인식하는 것을 들어야 하며 듣지 못한다면 귀가 인식하는 경계는 아닐 것이다.

듣는 것은 소리와 같아서 의식이 이미 들리었으니, 또다시 무엇이 의식을 듣는 것인 줄 알겠느냐? 만약 앎이 없다면 마침내 풀이나 나무와 같을 것이다.

소리와 듣는 주체가 섞여서 중간의 경계를 이루지는 않았을 것이니 귀가 인식하는 경계와 중간 위치가 없으면 안과 밖의 모양이 다시 어디를 좇아 그렇게 성립되겠느냐?

그러므로 귀와 소리가 인연이 되어서 귀가 인식하는 경계를 생기게 한다고 하는 세 가지는 모두 허무한 것이므로 귀와 소리 그리고 소리의 경계, 이 세 가지는 본래 인연도 아니며 자연도 아닌 성품이라는 것을 마땅히 알아야 하느니라.

코로 인식하는 세계

아난아, 또 네가 밝힌 것과 같이 '코와 냄새가 인연이 되어서 코의 인식이 생긴다'고 하는데 그 의식은 코로 인하여 생긴 것이므로 코를 경계로 삼아야 한다고 생각하느냐? 아니면 향기로 인하여 생긴 것이므로 향기를 경계로 삼아야 한다고 생각하느냐?

아난아, 만약 코로 인하여 생긴 것이라면 네 생각에 그 무엇을 코라고 하겠느냐? 살로 된 한 쌍의 오이 모양이라고 생각하느냐? 냄새를 맡아 알고 움직이는 성품이라고 생각하느냐?

만약 살로 된 모양이라고 생각한다면 살로 된 바탕은 곧 몸이고 몸이 느끼는 것은 곧 감촉이니, 몸이라고 하면 코는 아니요 감촉이라고 하면 이는 곧 감촉의 대상이니, 코라는 이름도 오히려 붙일 수 없거늘 어떻게 경계를 이루겠느냐?

만약 냄새를 맡아 아는 것이라고 생각한다면 또 너는 무엇으로 안다고 생각하느냐? 살이 안다고 한다면 살이 아는 것은 본래가 감촉이지 코는 아니며, 허공이 안다고 한다면 허공 스스로가 아는 것이라서 살은 마땅히 느끼지 못할 것이니 그렇다면 이는 허공이 곧 너이고, 네 몸은 알지 못하기 때문에 오늘의 아난은 마땅히 존재할 수 없어야 할 것이다.

향기가 안다고 생각한다면 아는 그 자체가 향기에 속했는데 너와 무슨 상관이 있겠느냐?

만약 향기와 구린 냄새가 반드시 네 코에서 생기는 것이라면 그 향기와 구린내, 이 두 가지 냄새가 이란(伊蘭)이나 전단향에서 생기는 것이 아니다. 이 두 가지 물질이 오지 않을 적에 네가 네 코를 맡아보아라. 향기로우냐, 구리냐?

구린 냄새는 향기가 아니며 향기는 마땅히 구리지 않으리니 만약 향기와 구린내, 이 두 가지를 다 맡을 수 있는 것이라면 너 한 사람이 마땅히 두 개의 코가 있어야 할 것이다. 나에게 도를 물을 적에도 두 아난이 있으리니 어느 것이 너의 몸이더냐?

만약 코가 하나라면 향기와 구린내 두 가지가 아니라 구린내가 이미 향기가 되고, 향기는 또 구린내가 되어서 두 성분이 있지 아니하리니 경계가 무엇으로 인하여 성립되겠느냐?

만약 향기로 인하여 생긴다면 그 의식은 향기로 인하여 있는 것이니, 이는 마치 눈이 다른 것을 볼 수 있으면서도 눈은 보지 못하는 것과 같아서 향기로 인하여 있는 것이므로 마땅히 향기를 알지 못해야 하리니, 안다면 향기에서 생긴 것이 아니요, 알지 못한다면 이는 코가 인식하는 것이 아니다.

향기가 앎으로 인하여 있는 것이 아니며 향기의 경계가 성립되지 못하고 인식하는 것이 향기를 느끼지 못하면 인식하는 경계가 향기로 해서 이루어지는 것이 아니니라.

이미 중간이 없으면 안팎이 이루어지지 못하여 저 냄새 맡는 주체의 성품은 마침내 허망한 것이리라.

그러므로 코와 향기가 인연이 되어서 코가 인식하는 경계가 생긴다고 하는 세 가지는 모두 허무한 것이므로 코와 향기, 그리고 향기의 경계, 이 세 가지는 본래 인연도 아니며 자연도 아닌 성품이라는 것을 마땅히 알아야 하느니라.

혀로 인식하는 세계

아난아, 또 네가 밝힌 것과 같아서 '혀와 맛이 인연이 되어서 혀의 인식이 생긴다'고 하는데 그 혀의 인식은 혀로 인하여 생긴 것이므로 혀로 경계를 삼아야 한다고 생각하느냐? 아니면 맛으로 인하여 생긴 것이므로 맛으로 경계를 삼아야 한다고 생각하느냐?

아난아, 만약 혀로 인하여 생긴 것이라면 모든 세간의 감자와 오매와 황련과 소금과 세신과 생강과 계피가 모두 맛이 없어야 할 것이다. 네가 네 혀를 맛보아라 달더냐, 쓰더냐?

만약 혀의 성품이 쓰다면 누가 와서 혀를 맛보겠느냐? 혀가 스스로 맛보지는 못할 것이니 무엇이 알아 느끼겠느냐? 혀의 성품이 쓴 것이 아니라면 맛이 저절로 생기지 않을 터이니 어떻게 경계가 이루어지겠느냐?

만약 맛으로 인하여 생긴 것이라면 인식하는 것이 스스로 맛이 되어야 한다. 그러므로 이는 곧 혀와 같아서 마땅히 스스로 맛보지 못할 것인데 어떻게 맛인지 맛이 아닌지를 알겠느냐?

또 온갖 맛이 한 물건에서 생기는 것이 아닌지라 맛이 여러 가지에서 생기므로 그 인식하는 것도 마땅히 여러 개의 몸이 되어야 할 것이며, 인식하는 본체가 만약 하나이고 그 체는 반드시 맛에서 생기는 것이라면 짜고 담담하고 달고 매운맛이 화합된 것이거나 함께 생기는 것과 여러 가지로 변하여 달라진 것이 함께 동일한 맛이 되어서 마땅히 분별이 없어야 할 것이다. 분별이 이미 없으면 인식한다고 할 수 없으니 어떻게 혀가 맛보아 인식하는 경계라고 하겠느냐? 허공이 너의 마음에 인식을 생기게 하지는 못할 것이다.

혀와 맛이 화합하여 생긴다면 곧 그 가운데는 본래 자성이 없을 것인데, 어떻게 경계가 생기겠느냐?

그러므로 혀와 맛이 인연이 되어서 혀가 인식하는 경계가 생긴다고 하는 세 가지 처소는 모두 허무하여 혀와 맛 그리고 혀의 경계, 이 세 가지는 본래 인연도 아니며 자연도 아닌 성품이라는 것을 마땅히 알아야 하느니라.

몸으로 인식하는 세계

아난아, 네가 밝힌 것과 같이 '몸과 접촉이 인연이 되어서 몸의 인식이 생긴다'고 하는데 그 인식은 몸으로 인하여 생기는 것이므로 몸으로 경계를 삼아야 한다고 생각하느냐? 아니면 접촉으로 인하여 생기는 것이므로 접촉으로 경계를 삼아야 한다고 생각하느냐?

아난아, 만약 몸으로 인하여 생기는 것이라면 반드시 합해지고 나뉘지는 두 가지를 깨닫게[覺觀] 할 대상[緣]이 없으리니 몸이 무엇을 알겠느냐?

만약 접촉으로 인하여 생기는 것이라면 반드시 너의 몸이 없어야 하리니 어찌 몸도 아닌 것이 합하고 나누어짐을 알겠느냐?

아난아, 물질은 접촉하여도 알지 못하고 몸이라야 접촉이 있음을 느끼나니 몸을 안다면 곧 그것은 접촉하는 주체이고 접촉함을 안다면 곧 그것은 몸이니, 그렇다면 곧 접촉하는 주체는 몸이 아니고 몸은 접촉하는 주체가 아닐 것이다.

몸과 접촉하는 주체, 이 두 가지는 본래 처소가 없는 것이다. 몸에 합하면 곧 몸 자체의 성품이 되고 몸에서 떠나면 곧 허공과 같은 모양이므로 안과 밖이 이루어지지 않으리니 중간이 어떻게 성립되겠느냐? 중간이 성립되지 못하면 안과 밖의 성격이 빌 것인데 너에게 인식하는 것이 생긴다고 한들 어디를 좇아 경계가 성립되겠느냐?

그러므로 몸과 접촉하는 것이 인연이 되어서 몸과 인식의 경계가 생긴다고 하는 세 가지는 모두 허무한 것으로 몸과 접촉하는 것 그리고 몸의 경계, 이 세 가지는 본래 인연이 아니며 자연도 아닌 성품이라는 것을 마땅히 알아야 하느니라.

뜻으로 인식하는 세계

아난아, 또 네가 밝힌 것처럼 '뜻과 법진(法塵)이 인연이 되어서 의식(意識)이 생긴다'고 하는데, 그 의식은 뜻으로 인하여 생기는 것이므로 뜻으로 경계를 삼아야 한다고 생각하느냐?

아니면 법진(法塵)으로 인하여 생기는 것이므로 법진으로 경계를 삼아야 한다고 생각하느냐?

　아난아, 만약 뜻으로 인하여 생기는 것이라면 네 의중(意中)에 반드시 생각하는 것이 있어서 너의 뜻을 나타나게 하리니, 만약 앞의 법진이 없으면 뜻이 생길 곳이 없을 것이다. 대상을 여의고서는 형상이 없을 것이니 의식을 어디다 쓰겠느냐?

　또 너는 의식하는 마음과 모든 생각으로 헤아리는 것과 겸하여 분명하게 분별하는 성품이 같다고 생각하느냐, 다르다고 생각하느냐? 뜻과 같으면 그것이 곧 뜻일 터이니 어떻게 생긴 것이며, 뜻과 다르면 같지 아니하므로 마땅히 인식하는 것이 없어야 하리니, 만약 인식하는 것이 없으면 어떻게 뜻이 생긴다고 하겠으며, 만약 인식하는 것이 있다면 어떻게 의식(意識)이라고 하겠느냐? 같거나 다르거나 한 두 성품이 성립되지 못하리니 경계가 어떻게 성립되겠느냐?

　만약 법진으로 인하여 생기는 것이라면 세간의 모든 법이 다섯 가지 대상을 벗어나지 못하리니 너는 빛·소리·향기·맛·접촉을 살펴보아라. 모양이 분명하여 다섯 가지 감각기관을 상대할지언정 뜻의 간섭을 받는 것은 아니니, 너의 의식이 결코 법에 의해서 생기는 것이라면 너는 지금 자세히 보아라. '법진'이라는 그 법은 어떤 모양이더냐?

　만약 물질이거나 허공이거나 움직이고 고요하거나 통하고 막혔거나 그대로 있고 변하거나 합하고 떠나거나 생겨나거나 없어지거나 함을 벗어나면 이 여러 가지 모양을 떠나서는 마침내 얻을 것이 없으리니 생긴다면 물질이나 허공 등의 모든 법이 생겨날 것이고 없어진다면 물질이나 허공 등의 모든 법이 없어지리라.

인연할 것이 이미 없거니 인연으로 해서 의식이 생기는 것이 어떤 형상이 되겠느냐? 모양이 없으면 경계가 어떻게 생기겠느냐?

그러므로 뜻과 법진이 인연이 되어서 뜻이 인식하는 경계가 생긴다고 하는 세 가지는 모두 허무한 것으로 뜻과 법진 그리고 뜻의 경계, 이 세 가지는 본래 인연이 아니며 자연도 아닌 성품이라는 것을 마땅히 알아야 하느니라."

칠대(七大)에서 여래장을 보이시다

아난이 부처님께 아뢰었다.

"세존이시여, 부처님께서 늘 화합과 인연에 대하여 말씀하시기를 '모든 세간의 갖가지 변화하는 것이 모두 네 가지 원소의 화합으로 인하여 드러난다'고 하셨는데 부처님께서는 어찌하여 인연과 자연 두 가지가 다 아니라고 배척하셨습니까? 제가 지금 그 이치를 알지 못하겠사오니 바라옵건대 가엾게 여기시어 중생들에게 중도의 또렷한 이치를 보이셔서 쓸데없는 다른 논리에 빠지지 않도록 하여 주시옵소서."

그때 세존이 아난에게 말씀하셨다.

"네가 앞에서 성문(聲聞)과 연각(緣覺)의 모든 소승법(小乘法)을 싫어하고 발심하여 최상의 보리(菩提)를 성실하게 탐구하므로 내가 지금 너에게 제일의제(第一義諦)⁶⁶⁾를 열어 보였거늘 어찌하여 또다시 세간의 쓸데없는 다른 논리인 망상의 인연에 스스로 얽매이느냐? 네가 비록 많이 들었다고는 하나 마치 약을 구하는 사람이 좋은 약이 앞에 있는데도 이를 분별하지 못하는 것과 같으므로 부처님께서 진실로 너를 불쌍하다고 하느니라.

너는 지금 자세히 들어라. 내 마땅히 너를 위하여 분별해서 열어 보이며, 또한 장래에 대승법을 닦으려는 자들로 하여금 실상을 통달하게 하겠다."

아난이 잠자코 부처님의 훌륭한 가르침을 받들었다.

"아난아, 네 말처럼 '네 가지 원소〔四大〕⁶⁷⁾가 화합하여 세간의 갖가지 변화를 일으킨다'고 하니, 아난아, 만약 저 원소의 성품 자체가 화합이 아니라면 모든 원소와 섞일 수 없음이 마치 허공의 모든 물질이 화합할 수 없는 것과 같고, 만약 화합할 수 있다면 변화하는 것과 같아서 처음과 끝이 서로 이루어지며 나고 없어짐이 서로 이어져서 났다가는 죽고 죽었다가는 다시 나며 이렇게 나고 죽고 죽음이 마치 불수레바퀴〔火輪〕를 돌리는 것과 같아서 멈추지 않으리라.

아난아, 이는 마치 물이 얼음이 되었다가 얼음이 다시 물이 되는 것과 같느니라.

땅의 성품

너는 땅의 성질을 살펴보아라. 큰 것은 큰 땅덩이가 되고 작은 것은 미세한 먼지가 되나니, 인허진(隣虛塵)[68]에 이르러서는 아주 지극히 작은 색변제상(色邊際相, 지금의 분자)을 일곱 등분으로 쪼개서 이루어진 것이니 다시 인허진을 쪼갠다고 한들 어찌 참다운 허공의 성품이야 되겠느냐?

아난아, 만약 저 지극히 작은 먼지를 쪼개어 허공이 된다면 허공도 물질의 모양을 생겨나게 한다는 것을 알아야 할 것이니라.

너는 지금 '화합으로 말미암아 세간에 모든 현상들이 생겼느냐'고 물었는데 너는 우선 이 하나의 지극히 작은 먼지를 보아라. 몇 개의 허공이 합해져서 이루어진 것이냐?

마땅히 지극히 작은 먼지가 합해져서 지극히 작은 먼지가 되지는 않았을 것이다. 또 지극히 작은 먼지를 쪼개어 허공이 된다면 얼마나 되는 물질을 쪼개 모아서 허공이 되었겠느냐?

만약 물질이 합해졌을 경우 물질이 합해진 것이지 허공은 아니며, 만약 허공이 합해졌을 경우 허공이 합해진 것이지 물질은 아니니, 물질은 오히려 쪼갤 수가 있지만 허공이야 어떻게 합할 수가 있겠느냐?

너는 원래 알지 못하는구나. 여래장 가운데 성품이 물질인 참다운 허공과 성품이 허공인 참다운 물질이 깨끗하고 본래의 자연 그대로여서 이 우주에 두루 있으면서 중생의 마음을 따르고 아는 바 정도에 따라 업대로 나타나거늘 세간 사람들은 지식이 없어서 인연과 자연의 성품이라고 의혹하고 있으니 이는 다 식심(識心)으로 분별하고 헤아리는 것이므로, 다만 말만 있을 뿐이지 진실한 이치는 조금도 없는 것이니라.

제3권

불의 성품

아난아, 불이라는 원소[火大]의 성품은 실체가 없어서 모든 인연에 붙어야만 하나니 너는 이 성 안에서 밥을 먹지 못한 집을 보아라. 밥을 지으려고 할 적에 손에 양수(陽燧)[69]를 들고 햇볕 앞에서 불을 구하느니라.

아난아, 이것을 화합이라고 이름한다면 이는 마치 내가 너희들 천이백오십 명의 비구들과 한 무리가 된 것과 마찬가지이니, 그 무리는 비록 하나이나 그 근본을 따지면 각각 몸이 다르며 모두 태어난 씨족과 그 이름이 따로 있으니, 사리불은 바라문 종족이고 우루빈나는 가섭바(迦葉波) 종족이며, 아난은 구담(瞿曇)의 종성인 것과 같느니라.

아난아, 만약 불의 성품이 화합으로 인하여 생긴 것이라면 저 사람이 손으로 거울을 잡고 햇빛에서 불을 구할 적에 그 불은 거울 속에서 나오는 것이냐, 쑥에서 나오는 것이냐, 아니면 해에서 나오는 것이냐?

아난아, 만약 해에서 나왔다면 자연 네 손에 있는 쑥을 태울 적에 거쳐오는 곳의 숲과 나무가 모두 타야 할 것이며, 만약 거울에서 나온 것이라면 거울에서 나와 쑥을 태우는 것인데 거울은 어찌하여 녹지 않느냐? 네 손에 들려 있으면서도 오히려 너는 뜨겁지도 아니하니 어떻게 거울이 녹겠느냐? 만약 쑥에서 생긴 것이라면 어째서 햇볕이 거울을 통해서 서로 닿은 다음에야 불이 생기느냐?

너는 또 자세히 보아라. 거울은 손에 들려 있고 햇빛은 하늘

능엄경

에서 오며 쑥은 땅에서 난 것인데 불은 어느 곳으로부터 여기에 온 것이냐? 해와 거울의 거리가 멀어서 화합한 것이 아니니 그렇다고 불이 나온 데도 없이 저절로 생긴 것도 아니니라.

너는 오히려 알지 못하는구나. 여래장 속에 성품이 불인 참다운 허공과 성품이 허공인 참다운 불이 깨끗하고 본래 자연 그대로여서 우주에 두루 퍼져 있으면서 중생의 마음을 따르고 아는 바 정도에 따라 응하는 것이다.

아난아, 마땅히 알아야 한다. 세상 사람들이 한 곳에서 거울을 들면 한 곳에 불이 생기고 우주에서 골고루 들고 있으면 온 세상에 가득하게 일어날 것이다. 온 세상에 골고루 생기는데 어찌 장소가 따로 있겠느냐? 업을 따라 나타나는 것이거늘 세상 사람들은 지혜가 없어서 인연과 또는 자연의 성품으로 의혹하고 있으니, 이는 다 의식하는 마음으로 분별하고 생각하여 헤아리는 것이다. 다만 말로만 있다고 할 뿐 진실한 이치는 전혀 없느니라.

물의 성품

아난아, 물의 성품은 일정하지 않아서 흐르고 그치는 것이 항상함이 없느니라. 시라벌성에 가비라(迦毘羅)[70] 신선과 작가라(斫迦羅)[71] 신선과 발두마(鉢頭摩)[72]와 하살다(訶薩多)[73] 등의 환술사들이 달[太陰]의 정기를 구하여 그것으로 환술의 약을 화합할 적에 그 환술사들이 달 밝은 밤중에 손에 방저(方諸)[74]

를 들고 달 속의 물을 받는데 그 물은 구슬 속에서 나온 것이냐, 공중에서 저절로 생긴 것이냐, 아니면 달에서 온 것이냐?

아난아, 만약 달에서 온 것이라면 오히려 먼 곳의 구슬로 하여금 물이 생기게 할 수 있었으니, 그렇다면 경과하는 곳의 숲과 나무마다 모두 물이 흘러야 하리니 물이 흐른다면 어찌하여 방저에서 생기기를 바랄 것이며 흐르지 않는다면 물이 달에서 오는 것이 아님이 분명하다.

만약 구슬[방저]에서 나오는 것이라면 그 구슬 속에 항상 물이 흘러야 하리니 어찌하여 밤중에 밝은 달빛을 받을 필요가 있겠느냐? 만약 허공에서 생긴다면 허공의 성품이 변두리가 없으므로 물도 마땅히 한계가 없어서 인간으로부터 하늘에 이르기까지 다함께 물에 잠겨야 할 것인데 어찌하여 다시 물과 육지와 허공의 구별이 있겠느냐?

너는 다시 자세히 보아라. 달은 하늘에 떠 있고 구슬은 손에 들려 있고 구슬의 물을 받는 쟁반은 본래 사람이 설치해 놓은 것이니 물은 어디로부터 여기에 흐르느냐?

달과 구슬은 거리가 서로 멀어서 화합한 것도 아니요, 또한 물의 정기가 오는 데가 없이 저절로 생기지도 아니할 것이다.

너는 아직도 알지 못하는구나. 여래장 가운데 성품이 물인 참다운 허공과 성품이 허공인 참다운 물이 깨끗한 본래의 자연 그대로여서 우주에 두루하여 있으면서 중생의 마음을 따르고 아는 바 정도에 따라 응하나니 한 곳에서 구슬을 잡으면 한 곳에서 물이 나오고 온 우주에서 두루 잡으면 우주에 가득하게 생긴다.

세상에 가득하게 생기는데 어찌 장소가 따로 있겠느냐? 업을 따라 나타나는 것이거늘 세상 사람들은 지혜가 없어서 인연과 또는 자연의 성품으로 의혹하고 있으니 이는 다 의식하는 마음으로 분별하고 헤아리는 것이다. 다만 말로만 있다고 할 뿐 실제 의미는 전혀 없는 것이다.

바람의 성품

아난아, 바람의 성품은 실체가 없어서 움직이고 고요함이 일정하지 아니하다. 네가 옷깃을 여미고 대중에게 들어갈 적에 가사 자락이 펄럭여서 곁에 있던 사람에게 미치면 곧 가벼운 바람이 그 사람의 얼굴에 스치리니 그 바람은 가사에서 나왔느냐, 허공에서 생겼느냐, 그 사람의 얼굴에서 생겼느냐?

아난아, 그 바람이 만약 가사 자락에서 생기는 것이라면 너는 바람을 입었으므로 옷자락이 날려 네 몸에서 벗겨져 나가야 할 것이다. 내가 지금 설법할 적에 이 모임에서 옷을 늘어뜨렸으니 너는 나의 옷을 보아라. 바람이 어디에 있느냐? 옷 속에 바람을 숨겨 놓을 곳이 없느니라.

만약 허공에서 생긴다면 네 옷이 펄럭이지 아니하였을 적에는 어째서 바람이 일어나지 않느냐? 허공의 성품은 항상 있는 것이므로 바람도 마땅히 항상 있어야 할 것이며 바람이 없을 적에는 허공이 마땅히 없어져야 할 것이다. 그러나 바람이 없는 것은 알 수가 있지만 허공이 없어지는 것은 어떤 모양일까?

만약 생기거나 없어짐이 있다면 허공이라고 이름하지 못할 것이고 허공이라고 이름한다면 어찌하여 바람이 나오겠느냐?

만약 바람이 그 사람의 얼굴에서 저절로 생기는 것이라면 그 사람의 얼굴에서 생기는 것이므로 마땅히 네게로 불어와야 할 것인데 네가 옷을 여밀 적에 어찌하여 바람이 거꾸로 부느냐?

너는 자세히 살펴보아라. 옷을 여미는 것은 너에게 있고 얼굴은 저 사람에게 소속되어 있으며 허공은 고요하여 동요하지 않는데 바람은 어느 곳으로부터 불어오는 것이냐? 바람과 허공은 성품이 서로 통하지 아니하므로 화합할 수 없으니, 바람은 어디서부터 온 데가 없이 저절로 생겼단 말인가?

너는 완전하게 알지 못하는구나. 여래장 속의 성품이 바람인 참다운 허공과 성품이 허공인 참다운 바람이 깨끗하고 본래 자연 그대로여서 우주에 두루해 있으면서 중생들의 마음을 따르고 아는 바 정도에 따라 응하나니, 아난아! 만일 너 한 사람이 의복을 약간 펄럭이면 가벼운 바람이 나오고 우주에서 골고루 펄럭거리면 우주에 가득하게 생기나니 세상에서 골고루 생기는데 어찌 장소가 따로 있겠느냐?

업을 따라 나타나거늘 세상 사람들은 지혜가 없어서 인연과 또는 자연의 성품으로 의혹하나니 이는 다 의식하는 마음으로 분별하고 헤아리는 것이므로 다만 말로만 있다고 할 뿐 실제 의미는 전혀 없는 것이다.

허공의 성품

아난아, 허공의 성품은 형상이 없으므로 색깔로 인하여 나타나나니 이는 마치 시라벌성처럼 강이 먼 곳에 사는 모든 찰제리(刹帝利) 종족과 바라문과 비사(毘舍)[75]와 수타(首陀)[76]와 또는 파라타(頗羅墮)[77]와 전다라(旃陀羅) 등이 편안히 살 곳을 새로 만들고 우물을 파서 물을 구할 적에 흙을 한 자[尺]쯤 파내면 그 속에 한 자의 허공이 생기고 이와 같이 흙을 한 길[丈]쯤 파내면 그 속에 다시 한 길의 허공이 생기게 되어 허공의 얕고 깊음이 흙을 많이 파내고 적게 파내는 것에 따라 생기나니 허공은 흙으로 인하여 생기느냐, 파내는 도구로 인하여 생기느냐, 까닭도 없이 저절로 생기느냐?

아난아, 만약 허공이 까닭도 없이 저절로 생기는 것이라면 흙을 파내기 전에는 어찌하여 걸림이 없지 아니해서 오직 아득한 대지만 보이고 멀리 통하지 못하느냐?

만약 흙으로 인하여 생기는 것이라면 흙을 파낼 때에 마땅히 허공이 줄어들어 감을 보아야 할 것인데 만약 흙이 먼저 나왔는데도 허공이 줄어들지 않는다면 어떻게 허공이 흙으로 인하여 생긴다고 하겠느냐? 만약 나오거나 줄어들지 않는다면 허공과 흙이 본래 다른 원인이 없을 것이니 다른 원인이 없다면 같은 것이거늘 흙이 나올 적에 허공은 어찌하여 나오지 않느냐?

만약 파내는 것으로 인하여 허공이 생긴다면 마땅히 파내는 데에 따라 허공이 생기는 것이므로 흙은 나오지 않아야 할 것이며 파내는 것으로 인하여 생기는 것이 아니라면 파냄으로 해서 흙이 나오는 것이거늘 어찌하여 허공이 생기느냐?

너는 다시 세밀하고 자세하게 살피고 관찰하라. 흙을 파내는 도구는 사람의 손으로부터 방향을 따라 움직이고 흙은 땅으로 인하여 옮겨지니, 이와 같은데 허공이 무엇으로 인하여 생기느냐? 파내서 허공이 되게 함은 허(虛)와 실(實)이 서로 작용할 수 없으므로 화합하지 못하나 마땅히 허공도 어느 곳으로부터 온 데가 없이 저절로 생긴 것이 아니니라.

만약 이 허공의 성품이 원만하고 두루하여 본래 동요하지 않는 것이라면 마땅히 알아야 한다. 앞에서 밝힌 흙·물·불·바람과 함께 균등하게 '다섯 가지 원소[五大]'라고 하리니 그 성품은 참되고 원융하여 모두가 여래장이므로 본래 나고 없어짐이 없느니라.

아난아, 너의 마음이 혼미해서 네 가지 원소가 본래 여래장임을 깨닫지 못하는구나. 허공을 살펴보아라. 나오느냐, 들어가느냐, 나오고 들어가는 것이 아니냐?

너는 전혀 알지 못하는구나. 여래장 가운데 성품이 허공인 참다운 깨달음과 성품이 깨달음인 참다운 허공은 깨끗하고 본래 자연 그대로여서 우주에 두루하여 중생의 마음을 따르고 아는 바 정도에 따라 응하느니라.

아난아, 만약 하나의 우물을 파서 공간이 생기면 허공이 한 우물만큼 생기는 것과 같아서 시방의 허공도 그와 같이 시방에 원만한 것이거니 어찌 방향과 장소가 따로 있겠느냐?

업을 따라 나타나는 것이거늘 세상 사람들은 알지 못하여 인연과 자연의 성품인 양 의혹하나니 이는 모두가 의식하는 마음으로 분별하고 헤아리기 때문이니, 다만 말로만 있다고 할 뿐 실제 의미는 전혀 없는 것이니라.

보는 성품

아난아, 보고 깨닫는 것이 앎이 없어서 물질과 허공으로 인하여 생기나니 네가 지금 기타림에 있을 적에 아침에는 밝고 저녁에는 어두우며 설사 밤중이라도 보름달이 비출 때엔 환하고 그믐에는 어두운데 그 밝고 어두운 것들을 보는 것으로 인하여 분석하나니, 보는 것이 밝고 어두운 형상과 아울러 큰 허공과 똑같이 한 덩어리이냐, 한 덩어리가 아니냐? 혹 같기도 하고 같지 않기도 하며 혹 다르기도 하고 다르지 않기도 하느냐?

아난아, 저 보는 것이 밝음과 어두움, 그리고 큰 허공으로 더불어 본래 한 덩어리라면 밝고 어두운 두 가지 실체가 서로 없애서 어두울 적엔 밝음이 없어지고 밝을 적엔 어두움이 없어지리라.

만약 어둠과 한 덩어리라면 밝을 적에는 마땅히 보는 것이 없어질 것이며 반드시 밝음과 한 덩어리라면 어두울 적에는 마땅히 보는 것이 없어질 것이다. 보는 것이 없어지면 어떻게 밝음과 어두움을 보겠느냐? 만약 밝음과 어두움은 다르다고 할지언정 보는 것은 생기거나 없어짐이 없을 것인데 한 덩어리라는 말이 어떻게 성립되겠느냐?

만약 이와 같이 보는 정기가 밝음과 어둠으로 한 덩어리가 되지 못한다면 너는 밝음과 어둠, 그리고 큰 허공을 여의고서 보는 것의 근원을 분석해 보아라. 어떤 모양이겠느냐? 밝음을 여의고 어두움을 여의며 그리고 허공을 여의면 보는 것은 본래 거북의 털이나 토끼의 뿔과 같을 것이니 밝음과 어두움 그리고 허공, 이 세 가지가 모두 다르다면 무엇으로 인하여 보는 것이 성립되겠느냐?

밝음과 어두움은 서로 배치되는데 어떻게 같다고 하겠으며 세 가지를 다 여의면 본래 없는데 원래 없는 것을 어떻게 다르다고 하겠느냐? 허공을 보는 것을 나눈다면 본래 한계가 없을 터이니 어떻게 같지 않다고 하겠으며, 어두움을 보고 밝음을 보아도 보는 성품이 변하여 바뀌지 않는데 어떻게 다르지 않다고 하겠느냐?

너는 다시 자세히 살펴보아라. 미세하게 살펴서 자세히 관찰해 보아라. 밝음은 태양으로부터 오고 어두움은 달이 없는 데서 오며, 통함은 허공에 속하고 막힘은 대지로 돌아간다. 이와 같다면 보는 정기는 어디로부터 생기느냐? 보는 것은 깨달음이고 허공은 완고한 것이므로 화합할 수 없으며 그렇다고 보는 정기가 어디서부터 저절로 생겨나는 것도 아니니라.

오묘하게 보고 듣고 아는 성품이 원만하고 두루하여 본래 동요하는 것이 아니라면 마땅히 알아야 하느니라. 변두리가 없고 동요하지 않는 허공과, 동요하는 흙·물·불·바람을 아울러 여섯 가지 원소라고 이름하나니, 그 성품이 참되고 원융하여 모두가 여래장이므로 본래 생기고 없어짐이 없느니라.

아난아, 너는 안타깝게도 네가 보고 듣고 깨달아 아는 것이 본래 여래장임을 알지 못하나니 너는 마땅히 이 보고 듣고 깨달아 아는 것을 관찰해 보아라. 생기더냐, 없어지더냐, 같더냐, 다르더냐, 생기는 것도 없어지는 것도 아니냐, 같은 것도 다른 것도 아니냐?

너는 일찍 알지 못하는구나. 여래장 가운데 보는 성품으로서 밝게 깨닫는 것과 깨닫는 정기로서 분명하게 보는 것은 깨끗하고 본래 자연 그대로여서 우주에 두루하여 있으면서 중생의 마음을 따르고, 아는 바 정도에 따라 응하나니, 이는 마치 하나의 보는 것이 우주를 두루 보는 것처럼 듣는 것, 냄새 맡는 것, 맛보는 것, 접촉하는 것, 그리고 깨달아 아는 것이 밝고 오묘한 덕으로 우주에 두루하고 시방 허공에 원만한 것과 같으니 거기에 어찌 장소가 따로 있겠느냐?

또한 그것은 업을 따라 나타나는 것이거늘 세상 사람들은 지혜가 없어서 인연과 자연의 성품으로 의혹하나니 이는 다 의식하는 마음으로 분별하고 헤아리는 것으로서 다만 말로만 있다고 할 뿐 진실한 이치는 전혀 없느니라.

의식의 성품

아난아, 의식의 성품은 근원이 없어서 여섯 가지 감각기관과 그 대상으로 인하여 허망하게 생기느니라.

네가 지금 이 모임의 성스러운 대중들을 두루 살필 적에 눈으로써 차례로 둘러보는데 그 눈이 둘러보는 것은 다만 맑은 거울과 같아서 별달리 분석할 것이 없겠지만 너의 의식은 속에서 차례로 지목하기를 '이는 문수이고 부루나이며, 이는 목건련이고 수보리이며, 이는 사리불이다'라고 할 것이니라.

그렇게 인식하는 의식은 보는 것에서 생기는 것이냐, 대상에서 생기는 것이냐, 허공에서 생기는 것이냐, 까닭 없이 돌연히 나오는 것이냐?

아난아, 만약 너의 의식의 성품이 보는 가운데에서 생긴다면 밝고 어두운 것과 물질과 허공은 없어야 할 것이다. 이 네 가지가 반드시 없으면 따라서 너의 보는 것도 없어지리니 보는 성품도 오히려 없을 터인데, 무엇으로부터 의식이 발생하겠느냐?

만약 너의 의식하는 성품이 대상 속에서 생기고, 보는 것을 따라 생기는 것이 아니라면 이미 밝음도 보지 못하며 어두움도 보지 못해서 밝고 어두움을 보지 못하면 곧 허공과 물질도 없으리니 그 대상도 오히려 없을 터인데 의식이 무엇으로부터 발생하겠느냐?

만약 허공에서 생겼다면 대상도 아니고 보는 것도 아닐 터이니 보는 것이 아니라면 분별함이 없어서 자연 밝음도 어두움도 물질도 허공도 알지 못할 것이며, 대상이 아니라면 반연할 것이 없어져서 보고 듣고 깨닫고 알고 하는 것이 편안하게 성립할 곳이 없을 것이다. 대상도 아니고 보는 것도 아닌 데에 있다고 한다면 허공은 없는 것과 같을 것이요, 설령 있다고 하더라도 물질의 형상과는 같지 않을 것이니 비록 너의 의식이 발생한다 한들 무엇을 분별하겠느냐?

만약 원인도 없이 돌연히 나온 것이라면 어찌하여 한낮에는 밝은 달을 인식하지 못하느냐?

너는 다시 세밀하고 자세하게 살피고 관찰하라. 보는 것은 네 눈에 의지하였고 대상은 앞에 나타나는 경계를 미루어 말하는 것이니, 형상할 수 있는 것은 존재하는 것이고 형상할 수 없는 것은 없는 것이니 이와 같은 의식의 인연이 무엇으로 인하여 생기느냐?

의식은 움직이고 보는 것은 맑아서 서로 화합(和合)할 수 없으니 듣고 냄새 맡고 깨닫고 아는 것도 마찬가지다. 그러니 의식의 인연이 좇아서 온 데가 없이 스스로 생기지는 아니하리라.

만약 이 의식하는 마음이 본래 좇아온 데가 없다면 마땅히 알아야 한다. 보고 듣고 깨닫고 앎으로 인해 확실하게 분별함을 볼 때, 그것은 원만하고 고요하고 맑아서 그 성품이 좇아온 데가 없으리니, 저 허공과 흙·물·불·바람을 겸하여 균등하게 일곱 가지 원소라고 하는데 성품이 침되고 원융하여 모두가 여래장이므로 본래 생기거나 없어짐이 없느니라.

아난아, 네 마음이 거칠고 허망해서 보고 듣는데 밝음을 발하여 확실하게 아는 것이 본래 여래장임을 알지 못하나니 너는 마땅히 이 여섯 가지 처소에서 의식하는 마음을 관찰하여 보아라. 같으냐, 다르냐, 빈 것이냐, 있는 것이냐? 아니면 같은 것도 아니고 다른 것도 아니더냐, 빈 것도 아니고 있는 것도 아니더냐?

너는 원래 알지 못하는구나. 여래장 가운데 성품이 의식인 밝게 아는 것과 성품이 밝은 깨달음은 참다운 의식은 오묘한 깨달음이 맑고 고요하며 우주에 두루해서 시방세계를 삼켰다 뱉었다 하는데 어찌 장소가 따로 있겠냐?

업을 따라 나타나는 것인데 세상 사람들은 지혜가 없어서 인연과 자연의 성품으로 의혹하나니 이는 다 의식하는 마음으로 분별하고 헤아림이니 다만 말로만 있을 뿐이지 진실한 이치는 조금도 없느니라."

그때 아난과 대중들이 부처님의 오묘한 가르침을 받고서 몸과 마음이 후련해져서 걸림이 없어지고 모든 대중들도 각각 스스로 마음이 시방에 가득함을 깨달아서 시방의 허공 보기를 마치 손에 가지고 있는 나뭇잎을 보듯 하며, 모든 세상의 사물들이 모두 보리의 오묘하고 밝은 원래의 마음임을 깨달았다.

마음의 정기가 두루하고 원만해서 시방을 둘러싸고 있어 부모가 낳아준 몸을 돌이켜 보되 이는 마치 저 시방의 허공 속에 나부끼는 한 작은 먼지가 있는 듯 없는 듯한 것과 같고, 마치 큰 바다에 떠가는 한 조각 물거품이 생기고 없어짐이 좇아온 데가 없는 것과 같은 것이라고 여겨 분명히 스스로 깨달아서 본래 오묘한 마음이 항상 머물러서 없어지지 아니한다는 것을 증득하였다.

그래서 부처님께 예배하고 합장하며 일찍이 없었던 초유[未曾有]의 일을 얻고서는 여래 앞에서 게송을 읊어 부처님을 찬탄하였다.

미묘하고 깨끗한 덕을 모두 지니시어 흔들림 없으신 세존께서는 수능엄왕으로서 세상에 드문 존재이십니다.
억 겁 동안 뒤바뀌었던 저의 허망한 생각을 없애주셔서
아승지겁을 거치지 않고서도 법신을 얻게 되었습니다.

지금 저희들도 성과(聖果)를 얻어 보왕(寶王)이 되어서
이렇게 항하사같이 많은 중생을 제도하고자 합니다.
이러한 깊은 마음으로 티끌 같은 세계의 모든 부처님을 받들 것이오니
이것은 부처님의 은혜를 갚는 것이라 하겠습니다.

원하건대 세존께서는 증명하여 주소서.
맹세코 오탁(五濁)의 악세에 먼저 들어가서
단 하나의 중생이라도 성불하지 못한다면
그들을 위하여 열반에 들지 않겠습니다.

큰 자비와 큰 힘을 지니신 거룩하신 분이시여,
다시금 저희들의 미세한 의혹을 없애게 하사
저로 하여금 하루바삐 최상의 깨달음에 올라
시방세계의 도량에 앉게 하여 주소서.

허공〔舜苦多〕의 성품은 없앨 수 있을지언정
굳고 굳은〔迦羅〕 이 마음은 변함이 없으리이다.

제4권

불공여래장(不空如來藏)

그때 부루나가 대중 속에 있다가 자리에서 일어나 오른 어깨를 벗어 메고 오른 무릎을 꿇고 합장하며 공손하게 부처님께 아뢰었다.

"위엄 있고 덕 높으신 세존께서 중생을 위하여 여래의 가장 높은 진리를 잘 말씀하여 주셨습니다.

세존께서 항상 말씀하시기를 '설법하는 사람들 중에 제가 제일이라'고 하셨사온데 지금 부처님의 미묘한 법음을 듣자오니 마치 귀먹은 사람이 백 걸음 밖에서 모기 소리를 듣는 것과 같습니다. 이는 본래 볼 수도 없는 것이거늘 더구나 어떻게 들을 수가 있겠습니까? 부처님께서는 분명하게 말씀해 주셔서 저로 하여금 의혹을 조금은 덜어 주셨사오나 저는 아직도 그 뜻을 끝까지 추구하여 의혹이 없는 경지에까지는 이르지 못했나이다.

세존이시여, 아난 같은 무리들은 비록 깨달았다고는 하나 익혀온 습기와 번뇌가 아직 다 없어지지 못하였거니와 저희들은 모임 가운데 번뇌가 없는 데까지 이른 자들이므로 비록 모든 번뇌를 다 끊어버렸다 하더라도 지금 여래께서 말씀하신 법음을 듣자옵고는 오히려 의혹과 회의에 얽혔습니다.

세존이시여, 만약 세간에 일체의 근(根)・진(塵)・음(陰)・처(處)・계(界) 등이 다 여래장이어서 깨끗하고 본래 자연 그대로라고 한다면 어찌하여 홀연히 산과 강, 그리고 땅덩어리 같은 모든 물질들이 생겨나서 차례로 변천하여 끝마쳤다가는 다시 시작하곤 하는 것입니까?

또 부처님께서 말씀하시기를 '흙과 물, 불과 바람은 본래 성품이 원융하여 법계에 두루 퍼져서 맑고 고요히 늘 머문다'고 하셨습니다. 세존이시여, 만약 흙의 성품이 두루 퍼진다면 어떻게 물을 용납하며 물의 성품이 두루 퍼진다면 불은 생기지 않아야 할 것인데 어떻게 물과 불의 두 성분이 허공에 가득하여 서로 능멸(陵滅)히지 아니하니이까?

세존이시여, 흙의 성질은 가로막는 것이고 허공의 성질은 텅 빈 것인데 어찌하여 두 가지가 다함께 법계에 두루 퍼진다고 하십니까? 저는 그 이치를 알지 못하겠습니다. 원컨대 부처님께서는 큰 자비를 베푸시어 저희들의 어두운 구름을 벗겨 주소서."

이렇게 말하고서는 모든 대중들과 함께 오체(五體, 全身)를 땅에 던지고 여래의 더없이 높고 자비로운 가르침을 흠모하여 목마르게 기다렸다.

그때 세존께서 부루나와 모임 가운데에서 번뇌가 다 끊어진 더 배울 것이 없는[無學] 모든 아라한들에게 말씀하셨다.

"부처님께서 오늘 이 모임을 위해서 수승한 이치 속에서도 참되고 더욱 수승한 이치를 설명하여 너희 모임 중에서 소승인 성문들과 두 가지 빈 것을 얻지 못한 모든 이들과 상승(上乘)에 회향한 아라한 등으로 하여금 모두 일승의 고요하고 한적한 도량인 훌륭한 아련야(阿練惹)[78]에서 올바르게 수행할 방법을 얻게 하고자 하나니 너는 지금 자세히 들어라. 마땅히 너를 위하여 설명하리라."

부루나 등이 부처님의 법음을 흠모하여 잠자코 들으려 하자 부처님께서 말씀하셨다.

"부루나야, 네가 말한 것과 같이 '깨끗하여 본래 자연 그대로라면 어떻게 홀연히 산과 강과 대지가 생기겠느냐?'고 하는데 너는 내가 늘 '성각(性覺)은 오묘하고 밝으며 본각(本覺)은 밝고 오묘하다'고 한 말을 듣지 못했느냐?"

부루나가 말했다.

"그렇습니다. 세존이시여, 부처님께서 그러한 이치를 말씀하시는 것을 저는 늘 들었습니다."

부처님께서 말씀하셨다.

"네가 말한 깨달음이니, 밝음이니 하는 것은 성품이 밝은 것을 깨달음이라고 이름 한 것이냐, 아니면 깨달음이 밝지 못한 것을 밝은 깨달음이라고 이름한 것이냐?"

부루나가 말했다.

"만약 이와 같이 밝지 못한 것을 이름하여 깨달음이라고 한다면 밝혀야 할 대상이 없을 것입니다."

부처님께서 말씀하셨다.

"만약 밝힐 대상이 없다면 밝혀야 할 깨달음도 없으리라.

밝힐 대상이 있으면 깨달음이 아니요 밝힐 대상이 없으면 밝힐 것이 아니니 밝음이 없으면 깨달음의 맑고 밝은 성품이 아니니라. 성품의 깨달음은 반드시 밝은 것이건만 허망하게 밝혀야 할 깨달음이라고 하느니라.

깨달음은 밝힐 수 있는 것이 아니건만 밝힘으로 인하여 밝혀야 할 대상으로 만들었으니 그 밝혀야 할 것이 이미 망령되게 이루어지면 너의 허망한 작용의 능력을 생기게 해서 같고 다름이 없는 가운데서 불꽃처럼 성하게 다름을 이루느니라.

저 다른 것을 다르다고 여겨서 그 다른 것으로 인해 같음이 성립되었고 같음과 다름을 분명히 구분하므로 그로 인해 다시 같음도 없고 다름도 없음이 성립되었다. 이렇게 흔들리고 어지러운 것이 서로 작용하면 피로가 생기고 그 피로가 오래되면 번뇌가 생겨서 자연 서로 흔탁하게 되느니라. 또 이로 말미암아 오염과 번뇌가 일어나느니라.

움직여 일어나면 세계가 되고 고요하게 있는 것은 허공이다. 허공은 같으나 세계는 다르니 그 같고 다름이 없는 것이 참다운 현상계[有爲法]이니라.

세계와 중생의 시초

깨달음의 밝음과 허공의 어두운 것이 서로 작용하여 요동하기 때문에 풍륜(風輪)이 생겨나서 세계를 잡아 지탱[執持]하는 것이다. 그리고 허공으로 인하여 흔들림이 생겨나고 밝은 것을 굳혀서 막힘이 이루어지나니 저 금은 보배는 밝은 깨달음이 굳어진 것이다.

그러므로 금륜(金輪)이 생겨서 국토를 보전하고 지탱하는 것이며, 깨달음이 굳어져서 금은 보배가 되고 밝음이 흔들려서 바람이 일어나나니 바람과 금이 서로 마찰하므로 불빛이 생겨 변화하는 성품이 되었으며, 금보(金寶)의 밝음이 윤택한 기운을 생기게 하고 불빛은 위로 치솟기 때문에 수륜(手輪)이 생겨 시방세계를 포함하고 있는 것이다.

불은 위로 오르고 물은 흘러 내려서 서로 발하여 굳어져서 젖은 곳은 큰 바다가 되고 마른 곳은 육지와 섬이 되었으니 이러한 이치로써 저 바다 가운데에서는 불빛이 늘 일어나고 육지와 섬 가운데에서는 강물과 냇물이 늘 흐른다. 물의 힘이 불보다 열세이면 맺혀서 높은 산이 된다.

그러므로 산에 돌이 부딪치면 불꽃이 일어나고 녹으면 물이 되며 흙의 힘이 물보다 열세이면 돋아나서 풀이나 나무가 된다. 그러므로 숲과 늪이 타버리면 흙이 되고 쥐어짜면 물이 된다. 서로 엉켜서 허망하게 발생하여 번갈아 서로 종자가 되나니 이러한 인연으로 세계가 서로 이어지느니라.

또 부루나야, 밝은 것이 허망한 이유는 다름이 아니라 깨달음의 밝은 것이 허물이 되니 허망한 것이 이미 성립되면 밝은 이치가 이를 앞지르지 못한다. 이러한 인연으로 듣는 것이 소리를 벗어나지 못하며 보는 것이 색깔을 벗어나지 못하여 빛과 향기, 맛과 촉감 등 여섯 가지 허망함이 이루어지나니 그로 말미암아서 보고 듣고 깨닫고 느끼는 것이 나누어져서 같은 업장끼리 서로 얽히고 어울리고 떨어져서 변화를 이루느니라.

보는 것이 밝아서 빛이 발하고 밝게 봄으로 해서 생각이 이루어지나니 다르게 보면 미움이 생기고 생각이 같으면 사랑이 생겨서 그 사랑이 흘러 종자가 되고 생각을 받아들여 태(胎)가 되어서 서로 어우러짐이 발생하게 되고 같은 업장끼리 끌어들이게 된다. 그러므로 그 인연으로 해서 갈라람(羯羅藍)[79]과 알포담(遏蒲曇)[80] 등이 생기느니라.

태로 생겨나는 것과 알로 생겨나는 것, 습지에서 생겨나는 것과 화생으로 생겨나는 것이 제각기 응할 바를 따라서 알로 생겨나는 것은 오직 생각으로서만 생겨나고, 태로 생겨나는 것은 정(情)으로 인해 생겨나며, 습기로 생겨나는 것은 합하여 느낌으로서 생기고 화생은 떠나서 응함으로 생기니, 정(情) · 생각[想] · 합(合) · 떠남[離]으로 인하여 생겨나는 것들이 다시 서로 변하고 바뀌어서 업을 받는데 그 업을 따라 혹은 날고 혹은 잠기고 하나니 그러한 인연으로 중생이 서로 계속되느니라.

부루나야, 생각과 사랑이 함께 맺어져서 애욕을 여읠 수가 없어서 모든 세간의 부모와 자손이 서로 낳아 끊이지 않나니 이러한 것들은 탐욕(貪欲)이 근본이 되느니라. 탐욕과 사랑이 함께 불어나 탐욕을 그치게 할 수 없으므로 모든 세간이 알로 생겨나는 것, 변화로 생겨나는 것, 습기로 생겨나는 것, 태로 생겨나는 것의 강하고 약한 힘을 따라 번갈아 가며 서로 잡아먹나니 이것들은 살생을 탐하는 것이 근본이 되느니라.

사람이 양을 잡아먹었을 경우 그 양은 죽어서 사람이 되고 사람은 죽어서 양이 되어, 이러한 열 가지 생명을 지닌 무리들에 이르기까지 죽고 나고, 나고 죽고 하여 번갈아 가며 서로 잡아먹으면서 악업이 함께 생겨 미래의 세계가 다하도록 계속되나니 이러한 것 등은 도적질을 탐하는 것이 근본이 되느니라.

네가 나의 목숨을 저버리면 나는 너의 빚을 갚아서 이러한 인연으로 백천 겁을 지나도록 항상 나고 죽음에 머물며, 너는 나의 마음을 사랑하고 나는 너의 얼굴을 어여삐 여겨서 이러한 인연으로 백천 겁이 지나도록 항상 얽매이게 되느니라.

오직 살생과 도적질 그리고 음욕, 이 세 가지가 근본이 되나니 그러한 인연으로 업장과 과보가 서로 이어지느니라.

부루나야, 이러한 세 가지 뒤바뀜이 서로 계속되는 것은 모두 밝은 깨달음인 밝고 또렷하게 아는 성품이 분명하게 앎으로 해서 생기는 현상이며 허망함을 따라 보는 것으로 인하여 생기나니 산과 강, 그리고 이 땅덩어리의 모든 작용하는 현상들이 차례로 변하여 흘러도 이 허망으로 인하여 끝나면 다시 시작하곤 하느니라."

부루나가 말했다.

"만약 이 오묘한 깨달음과 본래 오묘한 각명(覺明)은 여래의 마음과 더하지도 덜하지도 않는 것이거늘 까닭 없이 산과 강, 이 땅덩어리의 모든 작용이 있는 현상들이 생긴다고 하면 부처님께서는 지금 오묘하고 빈 명각(明覺)을 얻었사온데 산과 강, 그리고 이 땅덩어리의 작용이 있는 번뇌의 습기가 언제 다시 생기겠습니까?"

부처님께서 부루나에게 말씀하셨다.

"비유하면 마치 혼미한 사람이 어떤 취락(聚落)[81]에서 남쪽을 북쪽으로 잘못 알고 있는 것과 같나니 이러한 미혹은 미혹으로 인하여 생긴 것이냐, 깨달음으로 인하여 생긴 것이냐?"

부루나가 말했다.

"이렇게 혼미한 사람은 미혹으로 인한 것도 아니며 또한 깨달음으로 인한 것도 아닙니다. 어째서 그런가 하면 미혹은 본래 뿌리가 없는 것인데 어떻게 미혹 때문이라고 하겠으며 깨달음이 미혹으로 생긴 것이 아닌데 어떻게 깨달음으로 인한 것이라고 하겠습니까?"

부처님께서 말씀하셨다.

"저 미혹한 사람이 정말로 미혹하였을 때에 어떤 깨달은 사람이 옳게 지시하여 깨닫게 한다면 부루나야, 너는 어떻게 생각하느냐? 그 사람이 비록 미혹하였었지만 그 마을[聚落]에서 또 다른 미혹이 생기겠느냐?"

"그렇지 않습니다. 세존이시여."

"부루나야, 시방의 부처님도 역시 그러하니라. 그 미혹은 근본이 없어서 그 성질이 필경 빈 것이니 옛날에는 본래 미혹하지 않았었으나 미혹이 있는 듯한 데서 깨닫나니 미혹을 깨달아 미혹이 없어지면 깨달은 사람에게는 다시는 미혹이 생기지 않느니라.

또한 눈병이 난 사람이 허공의 꽃을 보는 것과 같아서 눈병이 없어질 것 같으면 그 꽃은 허공에서 저절로 없어지나니 갑자기 어떤 어리석은 사람이 저 허공의 꽃이 없어진 빈자리에서 그 허공의 꽃이 다시 생기기를 기다린다면 너는 그러한 사람을 볼 적에 어리석다고 하겠느냐, 지혜롭다고 하겠느냐?"

"허공에는 본래 꽃이 없거늘 허망으로 인하여 생기고 없어짐을 보는 것이니 그 꽃이 허공에서 없어짐을 보는 것도 이미 뒤바뀐 것인데 다시 나오기를 기다린다면 이는 실로 미친 바보짓입니다. 어찌하여 이러한 미친 바보짓을 하는 사람에게 어리석다느니 지혜롭다느니 할 수 있겠습니까?"

부처님께서 말씀하셨다.

"네가 알고 있는 것과 같다면 어찌하여 '모든 부처님의 오묘하게 깨달은 밝은 허공에서 어느 때에 다시 산과 강, 그리고 이 땅덩어리가 나옵니까'라고 묻느냐?

또 마치 광석에 순금이 섞여 있다가 그 금이 완전하게 순금이 되고 나면 다시는 광석에 섞이지 않는 것과 같으며, 마치 나무가 불에 타서 재가 되면 다시는 나무가 되지 못하는 것과 같나니, 모든 부처님의 보리와 열반도 역시 그와 같느니라.

공불공여래장(空不空如來藏)

부루나야, 또 네가 묻기를 '흙과 물, 불과 바람의 본래 성품이 원융하여 우주에 두루하였다면 어째서 물의 성품과 불의 성품이 서로 능멸하지 않습니까?'라고 하였고, 또 묻기를 '허공과 땅덩어리가 함께 우주에 두루하였다면 서로 용납하지 못할 것입니다'라고 하였으니, 부루나야, 비유하면 허공의 본체는 여러 가지 모양이 아니지만 그래도 저 여러 가지 모양이 나타남을 막지 않는 것과 같느니라.

그 까닭이 무엇이냐 하면, 부루나야, 저 커다란 허공이 해가 비치면 밝고 구름이 끼면 어두우며, 바람이 불면 흔들리고 비가 개이면 맑으며, 기운이 엉키면 탁하고 흙먼지가 쌓이면 흙비가 되며, 물이 맑으면 밝게 비치기 때문이니라.

어떻게 생각하느냐? 이러한 여러 방면에서 작용하는 모든 현상들이 저것들로 인하여 생기느냐, 허공을 따라 있는 것이냐?

만약 저것들로 인하여 생기는 것이라면, 부루나야, 장차 해가 비칠 적에는 이미 그것은 햇빛이므로 시방세계가 다 같은 햇빛이어야 하거늘 어찌하여 공중에서 다시 둥근 해를 보게 되느냐?

만약 허공에서 생긴 밝음이라면 허공이 마땅히 스스로 비추어야 할 것인데 어찌하여 밤중이나 구름이 끼었을 적에는 빛을 내시 못하느냐?

그러므로 마땅히 알아야 한다. 그 밝음은 해도 아니요, 허공도 아니며, 허공이나 해, 또한 다른 것도 아니니라.

그 현상을 살펴보면 본래가 허망해서 가리켜서 말할 수 없음이 마치 허공의 꽃에서 부질없이 열매가 맺히기를 기다리는 것과 같나니, 어떻게 서로 능멸하는 이치를 따지겠느냐?

성품을 살펴보면 본래 참된 것이라서 오직 오묘하고 밝은 깨달음일 뿐이다. 오묘하고 밝은 깨달음의 마음이 본래 물이나 불이 아니거늘 어찌하여 또다시 서로 용납하지 못하느냐고 묻느냐?

참되고 오묘하고 밝은 깨달음도 역시 그러하니라. 네가 허공으로써 밝히면 허공이 나타나고 흙과 물, 불과 바람으로 각각 밝히면 곧 그것들도 각각 나타나며 만약 한꺼번에 밝히면 곧 다함께 나타나느니라.

어떤 것을 함께 나타나는 것이라고 하는가 하면 부루나야, 마치 물 속에 해의 그림자가 나타나는 것과 같으니, 두 사람이 함께 물 속의 해를 보다가 동쪽과 서쪽으로 제각기 가면 물 속의 해도 제각기 두 사람을 따라 하나는 동쪽으로, 하나는 서쪽으로 가서 본래부터 표준한 곳이 없거늘 따져 말하기를 '저 해는 하나인데 어찌하여 제각기 가느냐?'고 하며, '각자 가는 해가 이미 둘인데 어찌하여 하나로 나타나느냐?'고 할 수는 없을 것이다. 완연히 허망하여 의지할 수가 없느니라.

부루나야, 너는 물질과 허공으로써 여래장에서 서로 밀어내고 서로 빼앗으므로 여래장도 따라서 물질과 허공이 되어 우주에 두루하게 된다. 그러므로 그 가운데서 바람은 움직이고 허공은 맑으며 해는 밝고 구름은 어두운 것인데, 중생들은 어리석고 미련해서 깨달음을 저버리고 허망한 티끌과 어울리므로 번뇌가 일어나서 세간의 현상이 생기게 되느니라.

나는 오묘하고 밝은 것이 생겨나거나 없어지지도 않는 것으로서 여래장과 합하였는데 여래장이 오직 오묘하고 밝은 깨달음이므로 우주를 원만하게 비추고 있다. 그러므로 그 가운데서 하나가 한량없는 것이 되고 한량없는 것이 하나가 되기도 하며, 작은 가운데 큰 것을 나타내기도 하고 큰 가운데 작은 것을 나타내기도 하며, 도량에서 움직이지 않고 시방세계에 두루 퍼지며, 몸으로 시방의 끝없는 허공을 머금으며, 한 털끝에서 보왕(寶王)의 세계를 나타내며, 작은 먼지 속에 앉아서 큰 법륜(法輪)을 굴리느니라.

　번뇌를 없애고 깨달음에 합하였으므로 진여인 오묘한 깨달음의 밝은 성품을 발하나니, 여래장의 본래 오묘하고 원만한 마음은 마음도 아니요 허공도 아니며, 흙도 아니요 물도 아니며, 바람도 아니요 불도 아니며, 눈도 아니요 귀·코·혀·몸·생각도 아니며, 빛도 아니요 소리·향기·맛·촉감·법도 아니며, 안식계(眼識界)도 아니요 나아가 의식계(意識界)도 아니며, 밝음도 밝음이 없음도 아니요 밝음과 밝음이 없는 것마저 다함도 아니며, 이와 같이 나아가 늙음도 아니요 죽음도 아니며, 늙음과 죽음이 다함도 아니며, 괴로움[苦]도 아니요 괴로움의 원인[集]도 아니며, 괴로움을 없애는 자리[滅]도 아니요 괴로움을 없애는 방법[道]도 아니며, 지혜도 아니요 증득함도 아니며, 보시바라밀도 아니요 계율바라밀도 아니며, 인욕바라밀도 아니요 정진바라밀도 아니며, 선정[禪那]바라밀도 아니요 반야바라밀도 아니니라.

　이와 같아서 더 나아가 여래도 아니요 응공[阿羅訶]도 아니며, 정변지도 아니요 대열반도 아니며, 항상함[常]도 아니요 즐거움[樂]도 아니며, 주체[我]도 아니요 청정함[淨]도 아닌 데까지 이르나니 이렇게 세간과 출세간도 모두 아니기 때문이니, 곧 여래장의 원래 밝고 오묘한 마음은 곧 마음이요 허공이며, 흙·물·바람·불이요, 곧 눈·귀·코·혀·몸·생각이며, 곧 빛·소리·냄새·맛·촉감·법(法)이요, 곧 눈으로 보아 의식하는 경계이며, 이렇게 나아가 뜻으로 생각하여 의식하는 경계이며, 곧 밝음과 밝음이 없음이요, 밝음과 밝음이 없는 것까지 다 끊음이며, 이렇게 나아가 곧 늙음이요, 죽음이며, 곧 늙음과 죽음이 다함이요, 곧 괴로움·괴로움의 원인·괴로움을 없애는 자리·괴로움을 없애는 방법·지혜·증득함이며, 곧 보시·계율·인욕·정진·선정·반야바라밀이고 이렇게 나아가 곧 여래·응공·정변지이며, 곧 대열반이요, 곧 항상함·즐거움[樂]·주체[我]·청정[淨]이니 이것 모두가 곧 세간법과 출세간법이므로 곧 여래장인 오묘하고 밝은 마음의 근본은 그런 것도 아니요 그렇지 아니함도 아니며, 그렇기도 하고 그렇지 않기도 한 것이니라.

어찌하여 세간 삼유(三有)[82]의 중생들과 출세간의 성문과 연각들이 알고 있는 마음으로 부처님 최상의 보리를 추측하고 헤아려서 세간의 언어로써 부처님의 지견에 들어갈 수 있겠느냐?

비유하면 마치 거문고·비파·공후(箜篌)[83]가 비록 오묘한 소리를 지니고 있다 하더라도 만약 사람의 손가락이 없으면 끝내 소리를 낼 수 없는 것과 같으니 너와 중생들도 이와 같아서 보배로운 깨달음의 참마음이 각각 원만하건만 만일 내가 손가락을 놀리면 해인(海印)이 빛을 발하거늘 너는 잠시만 마음을 움직여도 번뇌가 먼저 일어나나니 이는 가장 높은 깨달음의 길을 부지런히 구하지 않고 소승을 좋아하여 적은 것을 얻고도 만족하게 여기는 탓이니라."

부루나가 말했다.

"저와 부처님은 보배의 깨달음이 원만하게 밝아서 진실하고 오묘하고 깨끗한 마음이 다름없이 원만합니다만, 저는 시작도 없는 과거로부터 허망한 생각을 내어서 오랫동안 윤회 속에 머물러 있었으므로 지금 성인의 과업을 이루었으나 아직도 완전하지 못하옵니다. 그러나 세존께서는 모든 허망함이 다 없어져서 홀로 오묘하게 참되고 항상하시니 감히 여래께 묻습니다만 모든 중생들은 무슨 원인으로 허망한 생각이 있어서 스스로 오묘하게 밝은 것을 가리우고 이렇게 윤회에 빠져 허덕이나이까?"

부처님께서 부루나에게 말씀하셨다.

"네가 비록 의심은 없앴으나 나머지 의혹이 다 없어지지 못하였으니 내가 이 세상에 현재 눈앞에서 벌어지는 일들을 가지고 다시 네게 묻겠다. 너는 듣지도 못하였느냐? 시라벌성에 연야달다(演若達多)[84]가 갑자기 이른 새벽에 거울로 얼굴을 비추어 보다가 거울 속에 있는 머리의 눈썹과 눈은 볼만하다고 좋아하고 지기 머리의 얼굴과 눈은 보이지 않는다고 찌증을 내면서 그것을 도깨비라고 여겨 까닭 없이 미쳐 달아났다 하니 너는 그것을 어떻게 생각하느냐? 이 사람이 무슨 원인으로 까닭 없이 미쳐 달아났겠느냐?"

부루나가 말했다.

"그 사람은 마음이 미친 것일 뿐 다른 까닭은 없습니다."

부처님께서 말씀하셨다.

"오묘한 깨달음의 밝은 마음은 본래 원만하고 밝고 오묘한 것이니 이미 허망한 생각이라고 하였던들 어떻게 원인이 있다고 하겠으며, 만약 원인이 있다면 어떻게 허망한 생각이라고 하겠느냐? 스스로 일으킨 모든 망상들이 전전하며 서로 원인이 되어 미혹을 좇아서, 미혹을 쌓으면서, 끝없는 세월을 지내왔으므로 비록 부처님께서 드러내어 밝혀 주었어도 오히려 돌이키지 못하느니라.

이와 같이 미혹한 원인은 미혹으로 인하여 저절로 생긴 것이니 미혹함이 원인이 없다는 것을 알면 허망한 생각이 의지할 데가 없어서 오히려 생기는 것조차 없으리니 무엇을 없애려느냐? 보리를 얻은 자는 잠을 깬 사람이 꿈 속의 일들을 이야기하는 것과 같아서 마음에는 비록 꿈 속의 일이 분명하지만 무슨 수로 꿈 속의 물건들을 취할 수 있겠느냐? 더구나 원인이 없어서 본래부터 있지도 않은 것이겠느냐?

저 시라벌성의 연야달다와 같은 경우는 무슨 인연이 있어서 자기의 머리를 무서워하면서 달아났겠느냐? 홀연히 미친 증세가 없어지면 그 머리는 밖에서 얻어진 것이 아니니, 비록 미친 증세가 없어지지 않았다고 한들 어찌 잃어버린 것이겠느냐? 부루나야, 허망한 성품이 이러하니 원인이 어디에 있다고 하겠느냐?

네가 다만 세간에 업장과 과보 그리고 중생, 이 세 종류가 서로 연속되는 것을 따라 분별하지 아니하면, 세 가지 인연이 끊어지기 때문에 세 가지 원인이 생기지 아니하면 곧 너의 마음 속에 연야달다의 미친 성품은 자연 사라질 것이다.

무명이 없어지면 곧 보리의 뛰어나게 깨끗하고 밝은 마음이 본래 우주에 두루 퍼져서 다른 사람에게서 얻어진 것이 아니니 어찌하여 애써 수고롭게 닦아서 증득하겠느냐?

비유하면 마치 어떤 사람이 자기의 옷 속에 여의주를 간직하고 있으면서도 자신은 미처 알지 못해서 타향에서 곤궁하게 돌아다니며 빌어먹는 것과 같아서 비록 가난하긴 하지만 여의주를 잃어버린 것은 아니다. 홀연히 지혜 있는 사람이 그 여의주를 가르쳐 주면 마음 속에 기원하던 대로 큰 부자가 되리니 그때서야 비로소 그 신비로운 여의주가 밖에서 얻어진 것이 아님을 깨달으리라."

인연이란 무엇인가

그때 아난이 대중 가운데 있다가 부처님의 발에 이마를 대고 예를 올린 후 일어나서 부처님께 아뢰었다.

"세존께서 지금 말씀하시기를 '살생·도적질·음욕의 세 가지 업연이 끊어짐으로 해서 세 가지 원인이 생기지 아니하면 마음 속에 연야달다의 미친 성품이 자연 없어지리니 미친 성품이 없어지면 이는 곧 보리인지라, 사람에게서 얻어진 것이 아니다'라고 하셨습니다. 이것은 인(因)과 연(緣)이 분명한 것이거늘 어찌하여 부처님께서는 인연을 완전히 버리셨습니까? 저도 인연으로 말미암아 마음이 열리었습니다.

세존이시여, 이 이치는 어찌 나이 어린 저희 성문들뿐이겠습니까? 지금 이 모임 가운데 있는 대목건련과 사리불과 수보리 등도 늙은 범지(梵志)를 추종하다가 부처님의 인연법을 듣고서 발심하여 깨달아 번뇌가 끊어지는 도를 이루게 되었습니다.

지금 '보리는 인연을 따라서 이루어지는 것이 아니다'라고 말씀하셨는데 그렇다면 왕사성의 구사리 등이 말하는 '자연이라야 제일의(第一義)가 된다'고 하는 것과 같을 것입니다. 바라옵건대 큰 자비를 베푸시어 혼미하고 답답한 것을 열어 밝혀 주시옵소서."

부처님께서 아난에게 말씀하셨다.

"마치 성 가운데 있는 연야달다가 만약 미친 성품의 인연을 제거하여 없앨 수만 있다면 미치지 아니한 성품이 자연히 나오는 것과 같아서 인연과 자연의 이치가 여기에서 끝나느니라.

아난아, 연야달다의 머리가 본래 자연 그대로일진댄 본래부터 스스로 그러한 것이어서 자연 아닌 것이 없거늘 무슨 인연 때문에 머리를 두려워하여 미쳐서 달아났느냐?

만약 자연인 머리가 인연 때문에 미쳤다면 어찌하여 자연은 인연 때문에 잃어지지 않느냐? 본래의 머리는 잃은 것이 아니거늘, 미쳐 두려워함이 허망하게 생겼다면 이는 조금도 변함이 없는 것이다. 그런데 어찌 인연에 의한 것이라고 하겠느냐?

본래 미친 것이 자연이라면 미친 두려움이 본래부터 있는 것이겠지만 미치지 않았을 적에는 미친 증상이 어디에 숨었으며, 미치지 않은 것이 자연이라면 머리는 본래 미쳐 날뜀이 없을 것이거늘 어찌하여 미쳐서 달아나느냐?

만일 본래의 머리라는 것을 깨닫고 나서 미쳐서 달아났던 것을 알면, '인연이다, 자연이다'라는 말이 모두 쓸데없는 다른 논리가 될 것이다. 그러므로 내가 말하기를 '세 가지 연(緣)이 끊어지므로 곧 보리심이다'라고 한 것이다.

보리의 마음이 생기고, 나고 없어지는 마음이 없어진다고 하면 이것도 나고 없어지는 것이니라. 나고 없어짐이 모두 다하여 공부의 작용[功用]이 없는 길에 만약 자연이 있다고 한다면 그러한 것은 자연의 마음이 생기고, 나고 없어지고 하는 마음이 없어지는 것이 분명하니 이것도 나고 없어지는 것이니라.

나고 없어짐이 없는 것을 자연이라고 이름한다면 이는 마치 세간의 모든 현상이 섞여서 한 몸이 되는 것을 화합의 성품이라 하고 화합하지 않는 것은 본연의 성품이라고 하는 것과 같다. 그러니 본래 자연과 본래 자연이 아닌 것, 화합과 화합이 아닌 것, 자연과 합해진 것을 모두 여의고, 따라서 여의고 화합함이 모두 아니라야 이 구절이 비로소 쓸데없는 다른 논리가 아닌 참다운 진리라고 할 수 있느니라.

보리와 열반이 아직도 아득하고 멀어서 네가 여러 겁 동안 애써서 닦아 증득할 수 있는 것이 아니니, 비록 다시 시방 부처님의 십이부경(十二部經)[85]의 깨끗하고 오묘한 이치를 기억해 지님이 항하의 모래와 같더라도 쓸데없는 다른 논리만 더할 뿐이다.

네가 비록 인연과 자연의 이치를 설명함에 있어서 결정코 분명하고 또렷하므로 사람들이 너를 일컬어 많이 들은 것으로는 제일이라고 하겠지만, 이렇게 여러 겁 동안 많이 들음을 쌓아 익혔어도 마등가의 유혹에서 벗어날 수가 없었기에 나의 불정신주(佛頂神呪)를 기다려서야 마등가의 음욕의 불꽃이 다 없어지게 하고, 아나함(阿那含)을 증득하여 나의 법 가운데에 정진의 숲을 이루고 애욕의 강을 말릴 수가 있었다. 그러므로 아난아, 네가 비록 여러 겁을 부처님의 비밀스럽고 오묘하고 장엄한 것을 기억해 지녔다고 하더라도 단 하루나마 번뇌를 끊는 도를 닦아서 세간에서 미워하고 사랑하는 두 가지 고통을 멀리 여의는 것만 같지 못하느니라.

마등가와 같은 경우는 전세에 음란한 여자였으나 신주(神呪)의 힘으로 인하여 그 애욕을 소멸하고 지금은 나의 법 가운데 들어와서 성비구니(性比丘尼)라는 이름을 얻었으니 라후라의 어미인 야수다라와 함께 과거세의 인연을 깨달아 많은 세상을 지내오면서 맺어온 인연이 탐욕과 애욕으로 괴로움이 된 것임을 깨닫고서 일념으로 번뇌가 없어지는 선행을 닦았으므로, 혹은 얽매임에서 벗어나고 혹은 수기(授記)를 받기도 하였는데 너는 어찌하여 스스로 속아서 아직도 보고 듣는 데 머물러 있느냐?"

참다운 수행의 기초

아난과 대중들이 부처님의 가르침을 듣고 의혹이 사라져 없어지고 마음의 참모습을 깨달아 몸과 마음이 가볍고 편안해져서 일찍이 없었던 것을 얻고는 다시 감격의 눈물을 흘리며 부처님의 발에 이마를 대어 예를 올리고 꿇어앉아 합장한 채 부처님께 아뢰었다.

"가장 높고 크게 자비하신 깨끗한 보배의 왕께서 저희들의 마음을 잘 열어 주셔서 이러한 여러 가지 인연을 방편으로 이끌어 주시고 권장해 주시는 한편 캄캄한 데 빠진 자를 인도하여 괴로움의 바다에서 벗어나게 하셨습니다.

세존이시여, 제가 지금 비록 이러한 진리의 말씀을 듣고서 여래장인 오묘한 깨달음의 밝은 마음이 시방세계에 두루 퍼져서 부처님께서 시방국토의 깨끗한 보배로 장엄한 부처님의 국토〔寶嚴妙覺王刹〕를 함유하였음을 알았습니다만, 부처님께서 다시 꾸짖으시기를 '많이 듣기만 하는 것은 공이 없어 닦아 익히는 데에 미치지 못한다'고 하시니 저는 지금 마치 나그네 생활을 하던 사람이 홀연히 천왕(天王)이 주신 호화로운 집을 받은 것과 같나이다.

비록 큰 집을 얻었으나 문을 찾아 들어감이 요긴한 일이 될 듯하오니 원컨대 여래께서는 큰 자비를 베푸셔서 이 모임에 있는 어리석은 저희들을 깨우쳐 주시어 소승을 버리고 마침내 부처님의 무여열반(無餘涅槃)[86]의 본디 발심했던 길을 얻게 하여 주소서.

그리고 배울 것이 있는 지들로 하여금 어떻게 해야 지난날 반연하던 마음을 항복 받고 다라니(陀羅尼)를 얻어 부처님의 지견(知見)에 들어갈 수 있게 하겠습니까?"

이렇게 말하고는 오체를 땅에 던지고서 모임 가운데 있는 사람들과 한마음으로 부처님의 자비하신 가르침을 기다렸다.

처음 발심할 때의 중요한 두 가지 생각

그때 세존께서는 모임 가운데 있는 연각과 성문들이 보리의 마음에 자재하지 못한 것을 가엾게 여기시고, 부처님께서 멸도(滅度)하신 뒤 말법의 중생들 가운데 보리의 마음을 일으키려는 자들을 위하여 무상승(無上乘)의 오묘한 수행의 길을 열어주시고자 아난과 대중들에게 말씀해 주셨다.

"너희들이 보리의 마음을 내어 부처님의 오묘한 삼마지에 피로하고 게으름이 생기지 않게 하려면 마땅히 먼저 깨달음을 일으키려는 첫 마음에 두 가지 결정된 이치를 밝혀야 하느니라.

무엇을 '처음 발심한 때에 두 가지 결정된 이치'라고 하는가?

아난아, 첫번째 이치는 너희들이 만약 성문을 버리고 보살승(菩薩乘)을 닦아서 부처님의 지견(知見)에 들어가고자 하면 마땅히 인지(因地)의 발심이 과지(果地)의 깨달음과 같은가 다른가를 자세히 살펴야 한다.

아난아, 만약 인지에서 나고 없어지는 마음으로 본래 수행할 원인을 삼아서 나고 없어짐이 없는 불승(佛乘)을 구한다면 그런 일은 있을 수 없느니라. 그러한 까닭에 너는 마땅히 온 세상이 만들어지는 법을 비추어 밝혀 보아라. 모두가 변하여 없어지리라.

아난아, 너는 세상에서 무엇인가 만들어지는 법을 보아라. 어느 것이 무너지지 않더냐? 그러나 끝끝내 허공이 허물어졌다는 말은 듣지 못하였을 터이니 무엇 때문인가? 허공은 만들 수 있는 것이 아니기 때문에 처음부터 끝까지 허물어져 없어지지 않느니라.

너의 몸 속에서 굳은 모양은 흙이 되고, 축축한 것은 물이 되며, 따뜻한 촉감은 불이 되고, 움직이고 흔들리는 것은 바람이 되나니, 이 네 가지 원소가 얽혀서 너의 맑고 원만하고 오묘한 깨달음의 밝은 마음이 나누어지고, 보고 듣고 깨닫고 살피는 것이 되어 처음부터 끝까지 다섯 겹의 혼탁함이 생기느니라.

어떤 것을 혼탁이라고 하는가 하면, 아난아, 비유하면 마치 맑은 물은 청결함이 본래부터 그러한 것이고 저 흙과 뿌연 모래의 종류는 본바탕이 머물러 섞이는 것이니, 두 가지 본체는 자연의 법칙이라서 그 성품이 서로 따르지 못하는 것이거늘, 세상 사람들이 그 흙과 모래를 가져다가 맑은 물에 넣으면, 흙은 가라앉아 섞이는 것을 잃어버리고 물은 맑음을 잃어버려서 형태가 흐릿하게 되는 것을 혼탁〔濁〕이라고 이름하나니 너의 다섯 겹으로 쌓인 혼탁도 이와 같으니라.

아난아, 네가 허공이 시방에 두루한 것을 볼 적에 허공과 보는 주체가 구분되지 아니하여, 허공은 있고 실체는 없으며 보는 주체는 있고 깨달음은 없어서 이것이 서로 짜여 허망함을 이루나니 이는 첫번째 둘러싼 것으로 그 이름이 '겁탁(劫濁)'이니라.

네 몸은 현재 네 가지 원소가 뭉쳐서 이루어졌으므로 보고 듣고 깨닫고 아는 것이 막혀서 장애가 되며, 물과 불·바람과 흙이 돌아가며 깨달아 알게 하여 서로 짜여 허망함을 이루었으니 이는 두번째로 둘러싼 것으로 그 이름이 '견탁(見濁)'이니라.

또 네 마음 속에 기억하고 의식하고 외우고 익히고 하여 성품에서 깨닫고 보고 하는 것을 발하고, 모양은 여섯 가지 대상인 물질을 나타내나니 대상인 물질을 여의면 현상이 없고 깨달음을 여의면 성품이 없어서 이것이 서로 짜여 허망함을 이루나니 이는 세번째로 둘러싼 것으로 그 이름이 '번뇌탁(煩惱濁)'이 니라.

또 네가 아침저녁으로 생기고 없어짐이 멈추지 아니하여 느끼고 보는 주체는 늘 세간에 머물고자 하며 업장을 지어 움직이는 힘은 언제나 항상 국토에 옮겨져서 이것이 서로 짜여 허망함을 이루나니 이는 네번째로 둘러싸고 있는 것으로 그 이름이 '중생탁(衆生濁)'이니라.

너희들의 보고 듣고 하는 것이 원래 다른 성품이 아니거늘 모든 대상 물질이 가로막아서 근거도 없이 다른 것이 생기느니라. 성품 가운데에선 서로 알고 작용 가운데에선 서로 배반하여 같고 다름이 기준을 잃어 서로 짜여 허망함을 이루나니 이것은 다섯번째로 둘러싸고 있는 것으로 그 이름이 '명탁(命濁)'이다.

아난아, 마땅히 알아야 한다. 네가 지금 보고 듣고 깨닫고 알고 하는 것으로 하여금 멀리 여래의 상(常)·락(樂)·아(我)·정(淨)과 계합하기를 바라거든 먼저 마땅히 나고 죽는 근본부터 골라 버리고, 나고 죽지 않는 맑고 원만한 성품에 의해서 이룩해야 하느니라. 맑음으로써 허망하게 났다, 죽었다 하는 것을 돌이키고 이를 항복 받아 본래의 깨달음으로 돌아가서 본래의 명각(明覺)인 나고 죽음이 없는 성품을 얻어 인지(因地)의 마음을 삼은 다음에야 과지(果地)를 닦아 증득함을 원만하게 성취하는 것이다. 이는 마치 흐린 물을 맑게 할 적에 고요한 그릇에 담아서 흔들리지 않게 오래 두면, 모래와 흙은 저절로 가라앉고 맑은 물만이 앞에 나타나는 것과 같은 것으로, 처음으로 객진번뇌(客塵煩惱)를 항복 받았다고 이름할 것이요, 섞임을 버리고 순수한 물만 남게 한 것과 같은 근본무명(根本無明)[87]을 영원히 끊었다고 이름할 수 있으니, 밝은 모양이 정밀하고 순수하면 일체가 변하여 나타나도 번뇌가 되지 않아서 모두가 열반의 깨끗하고 오묘한 덕과 부합하느니라.

업(業)의 근본

그 두번째 이치는 너희들이 반드시 보리의 마음을 일으켜 보살승(菩薩乘)[88]에서 큰 용맹을 내어 결정코 모든 작용이 있는 현상을 버리려고 한다면, 마땅히 번뇌의 근본을 자세히 살펴보되 이것이 시작 없는 과거로부터 업장을 짓고 삶을 불려왔으니 그 무엇이 업장을 지었으며 그 무엇이 과보를 받는가 생각해 보아라.

아난아, 네가 보리를 닦는다면서도 만약 번뇌의 근본을 자세히 살피지 못한다면 허망한 감각기관과 그 대상인 물질이 어느 곳에서 뒤바뀐 것인지를 알 수 없으리니, 그 곳도 오히려 모르거늘 어떻게 항복을 받을 것이며 또한 부처의 지위를 얻을 수 있겠느냐?

아난아, 너는 세상에서 매듭을 푸는 사람을 살펴보아라. 맺힌 곳을 알지 못한다면 어떻게 푸는 방법을 알겠느냐? 허공이 찢어졌다는 말은 일찍이 듣지 못하였을 것이다. 어째서 그런가 하면, 허공은 형상이 없기 때문에 맺히고 풀림이 없기 때문이니라.

　네 앞에 나타난 눈·귀·코·혀·몸과 마음, 이 여섯 가지가 도적의 앞잡이가 되어 자기 집의 보배를 스스로 빼앗나니, 이로 말미암아 시작 없는 과거로부터 중생세계에 얽매이게 하였기 때문에 온 세상을 초월하지 못하는 것이다.

　아난아, 무엇을 중생세계라고 하느냐? 세(世)는 옮겨 흐르는 것이고 계(界)는 방위를 말함이니 지금 너는 마땅히 알아야 한다. 동쪽·서쪽·남쪽·북쪽과 동남·서남과 동북·서북과 위·아래가 계(界)가 되고 과거와 미래와 현재가 세(世)가 되니, 방위는 열이고 흐르는 숫자는 셋이다. 일체중생이 허망함에 얽히고 서로 이루어져서 몸 속에서 바뀌고 옮겨지는 가운데 '세'와 '계'가 서로 연관이 되느니라.

　그 계(界)의 성질이 비록 열 방향으로 설정되었으나 정해진 위치는 밝힐 수 있으니, 세상에서는 다만 동·서·남·북만 지목하고 위와 아래는 위치가 없으며 중간은 정해진 방향이 없느니라.

　사방의 수가 반드시 분명해서 세(世)와 더불어 서로 연관이 되어 삼사, 사삼이 완연히 굴러 열 둘이 되고 흘러 변하는 것이 세 번 거듭하여 일·십·백·천이 되니, 처음과 끝을 모두 묶으면 여섯 가지 감각기관 가운데 공덕이 각각 일천이백이 되느니라.

　아난아, 너는 다시 그 가운데에서 우열을 정해 보아라. 눈은 보기는 하되 뒤는 어둡고 앞만 밝으니, 앞 방향은 완전하게 밝고 뒷 방향은 완전하게 어두우며 왼쪽과 오른쪽은 곁만 보는 것이라서 삼분의 이가 되니 그 작용을 통틀어 논하면 공덕이 완전하지 못하다. 삼분으로 공덕을 말하면 일분은 공덕이 없으니 마땅히 알아야 한다. 눈은 오직 팔백 공덕일 뿐이니라.

귀는 두루 들어서 시방에 남김이 없나니 움직임에 있어서는 가깝고 먼 것이 있는 듯하나 고요한 상태에서는 한계가 없으니 마땅히 알아야 한다. 귀는 일천이백 공덕이 원만하니라.

코는 냄새를 맡음에 있어 내쉬고 들이쉼을 통해서 냄새를 맡게 되는데, 들이쉬고 내쉼은 있으나 중간에 교체되는 동안에는 끊어지나니, 코에 대하여 증험해 보건댄 셋으로 나눈 가운데 하나가 빠졌으니 마땅히 알아야 한다. 코는 팔백 공덕이 되느니라.

혀는 말을 함에 있어 모든 세간과 출세간의 지혜를 다하나니 말은 방위와 나누어짐이 있으나 이치는 다함이 없으니 마땅히 알아야 한다. 혀는 일천이백 공덕이 원만하니라.

몸은 접촉으로 인해 느낌이 생기나니 거슬리고 순함을 알아서 합하였을 적에는 느끼고 떨어지면 느끼지 못한다. 떨어지면 하나이고 합하면 둘이니 몸에 대하여 징험해 보면 셋으로 나눈 가운데 하나가 빠졌으니 마땅히 알아야 한다. 몸은 오직 팔백 공덕이니라.

뜻은 시방 삼세의 일체 세간법과 출세간법을 묵묵히 포용해서 성인과 범부를 포용하지 않음이 없어 그 끝 닿은 데까지 다하였으니 마땅히 알아야 한다. 뜻은 일천이백 공덕이 원만하니라.

원만한 감각기관

아난아, 네가 지금 나고 죽는 애욕의 흐름을 거슬러서 그 흐름의 근원으로 돌아가서 나고 죽음이 없는 데에 이르고자 하면 마땅히 이 여섯 가지 느껴 작용하는 감각기관이 어느 것이 합하고 어느 것이 떠나며, 어느 것이 깊고 어느 것이 얕으며, 어느 것이 원만하게 통하고 어느 것이 원만하게 통하지 못하는 것인지를 징험해 알아야 한다.

만약 그러한 데에서 원만하게 통하는 감각기관을 알아서 시작이 없는 과거로부터 허망함이 짜여서 된 업장의 흐름을 거슬러서 원만하게 통함을 따를 수만 있다면 원만하지 못한 감각기관에 의지하여 닦는 것과는 시간의 흐름이 서로 배가 될 것이다.

내가 지금 여섯 가지 맑고 원만하게 밝은 본래부터 지니고 있는 공덕의 수량이 이러함을 갖추어 나타내었으니, 네가 자세히 선택해서 따라 들어갈 수 있는 것을 내가 밝혀서 너로 하여금 더 나아가게 하리라. 시방의 여래는 십팔계(十八界)에서 하나하나 수행하여 모두 원만한 최상의 보리를 증득하여 그 중간에 우열이 없거니와 다만 너는 근기가 하열하여 그 가운데 원만하고 자재한 지혜를 얻지 못하였기 때문에 내가 이를 선양해서 너로 하여금 오직 한 문으로만 깊이 들어가게 하는 것이니, 한 문으로 들어가 허망함이 없어지면 저 여섯 가지 느낌이 있는 감각기관이 일시에 깨끗하게 될 것이다."

아난이 부처님께 아뢰었다.

"세존이시여, 어떻게 해야 흐름을 거슬러 올라가 한 문으로 깊이 들어가서 여섯 개의 감각기관을 일시에 깨끗하게 할 수 있겠습니까?"

부처님께서 아난에게 말씀하셨다.

"너는 지금 이미 수다원과(須陀洹果)[89]를 증득하여 삼계의 중생들이 세간에서 견도위(見道位)[90]를 수행할 적에 끊어야 할 의혹을 없앴다. 그러나 아직도 여섯 개의 감각기관 중에는 오랫동안 쌓여서 생긴 시작이 없는 과거로부터의 허망한 습관을 알지 못하고 있다. 그 습관은 모름지기 수도위(修道位)[91]를 수행할 적에 끊어야만 되는 것인데 더구나 그 가운데 나고 머무르고 변하고 없어지는 분제(分劑)와 두수(頭數)이겠느냐?

너는 또다시 살펴보아라. 앞에 나타난 여섯 가지 감각기관은 하나이냐, 여섯이냐? 아난아, 만약 하나라면 귀로는 왜 보지 못하고 눈으로는 왜 듣지 못하며, 머리로는 왜 다니지 못하고 발은 왜 말을 하지 못하느냐?

만약 이 여섯 가지 감각기관이 결정코 여섯을 이룬다면 내가 지금 이 모임 중에서 너희에게 미묘한 법문을 말할 적에 너의 여섯 가지 감각기관 중에서 어느 것이 그것을 받아들이느냐?"

아난이 대답하였다.

"저는 귀로써 듣습니다."

부처님께서 말씀하셨다.

"네 귀가 스스로 듣는데 몸과 입은 무슨 관계가 있기에 입으로 질문할 적에 몸은 일어나서 공경하여 받드느냐?

그러므로 마땅히 알아야 한다. 하나가 아니라 여섯이며 여섯이 아니라 하나이니, 마침내 네 여섯 개의 감각기관은 원래 하나도 아니고 여섯도 아니니라.

아난아, 마땅히 알아야 한다. 이 여섯 개의 감각기관이 하나도 아니고 여섯도 아니거늘 시작 없는 과거로부터 뒤바뀐 데 빠져 왔으므로 원만한 맑음에서 하나이니 여섯이니 하는 이치가 생겼느니라.

너는 수다원으로서 비록 여섯 가지는 소멸하였으나 아직 한 가지는 없애지 못했느니라. 마치 큰 허공을 여러 가지 다른 모양의 그릇에 담아 놓으면 그릇의 모양이 다름으로 해서 허공도 다르다고 하다가 그 그릇을 치우고 허공을 보면 허공은 하나라고 말하는 것과 같다.

그러나 저 허공이야 어떻게 너를 위하여 같기도 하고 같지 않기도 하겠느냐? 더구나 또다시 어떻게 '하나다, 하나가 아니다'라고 하겠느냐? 네가 아는 여섯 개의 감각기관이 수용하는 것도 이와 같느니라.

어두움과 밝음 등 두 가지가 서로 나타남으로 말미암아 미묘하고 원만한 가운데 맑고 고요한 데에 붙어서 보는 것을 발생시키나니, 보는 정기가 빛을 비추어서 그 빛이 맺혀 근(根)이 되었으니 그 눈의 근원은 깨끗한 네 가지 원소로 이루어졌고, 그러므로 안체(眼體)라 이름하는 것이니 이는 마치 포도알과 같다. 그것은 네 가지 티끌로 이루어진 부질없는 감각기관이라서 빛을 따라 흘러 치닫느니라.

움직이고 고요한 두 가지가 서로 부딪침으로 말미암아 미묘하고 원만한 가운데 맑고 고요한 데에 붙어 듣는 것이 발생하나니 듣는 정기가 소리에 비치고 그 소리가 말려서 근(根)이 되었으니, 그 근원은 깨끗한 네 가지 원소로 이루어졌는데 그를 이름하여 이체(耳體)라 하니, 마치 새로 돋아나는 권이(卷耳)[92]의 잎새와 같다. 그것은 네 가지 티끌로 이루어진 부질없는 감각기관이라서 소리를 따라 흘러 치닫느니라.

통하고 막히는 두 가지가 서로 드러남으로 말미암아 미묘하고 원만한 가운데 맑고 고요한 데에 붙어 냄새를 맡나니, 맡는 정기가 향기에 비쳐서 그 향기를 받아들여 근(根)이 되었으니, 그 근원은 깨끗한 네 가지 원소로 이루어졌고 따라서 비체(鼻體)라고도 하니, 이는 마치 두 개의 오이가 드리운 것과 같다. 그것은 네 가지 티끌로 이루어진 부질없는 감각기관이라서 향기를 따라 흘러 치닫느니라.

그대로 있거나 변화하는 두 가지가 서로 섞여서 미묘하고 원만한 가운데 맑고 고요한 데에 붙어 맛을 보나니 맛보는 정기가 맛에 비쳐서 그 맛을 짜내어 근(根)이 되었으니, 그 근원은 깨끗한 네 가지 원소로 이루어졌고 따라서 설체(舌體)라고도 하니 이는 마치 초생달과 같다. 그것은 네 가지 티끌로 이루어진 부질없는 감각기관이라서 맛을 따라 흘러 치닫느니라.

떨어지거나 합하는 두 가지가 서로 부딪침으로 말미암아 미묘하고 원만한 가운데 맑고 고요한 것에 붙어 느낌이 생기나니, 느끼는 정기가 접촉에 비추고 그 접촉이 뭉쳐서 근(根)이 되었으니, 그 근원은 깨끗한 네 가지 원소로 이루어졌고 따라서 신체(身體)라고도 하니, 이는 마치 장구통〔腰鼓顙〕과 같다. 그것은 네 가지 티끌로 이루어진 부질없는 감각기관이라서 감촉을 따라 흘러 치닫느니라.

  나고 없어지는 두 가지가 서로 이어짐으로 말미암아 미묘하고 원만한 가운데 맑고 고요한 것에 붙어 깨닫게 되나니, 깨닫는 정기가 법에 비추어서 그 법을 잡아서 근(根)이 되었으니, 그 근원은 깨끗한 네 가지 원소로 이루어졌고 따라서 의사(意思)라고도 하니 이는 마치 어두운 방에서 보는 것과 같다. 그것은 네 가지 티끌로 이루어진 부질없는 감각기관이라서 법을 따라 흘러 치닫느니라.

  아난아, 이러한 여섯 가지 감각기관은 저 밝은 깨달음[覺明]에 밝히려는 명각(明覺)으로 말미암아서 정밀하고 또렷함을 잃고 허망한 데 붙어서 빛을 발하는 것이니라.

  그러므로 네가 지금 밝음과 어두움을 여의면 보는 실체가 없을 것이고, 움직임과 고요함을 여의면 원래 듣는 바탕이 없을 것이며, 통하고 막힘이 없으면 맡는 성품이 생기지 않을 것이며, 그대로 있어서 변하는 것이 아니면 맛보는 성품이 나오지 않을 것이며, 떨어져서 합하는 것이 아니면 부딪쳐 느낌이 반드시 없을 것이며, 나고 죽음이 없으면 깨달음이 어디에 붙어 있겠느냐?

  네가 다만 움직이고 고요함, 합하고 여읨, 그대로 있고 변함, 통하고 막힘, 나고 없어짐, 밝고 어두움의 열두 가지 모든 작용이 있는 현상을 따르지 아니하면 마음대로 한 감각기관만을 골라 거기에 집착된 것을 벗겨내고 속으로 굴복시켜서 이를 본래의 참된 상태로 돌아가게 해야 본래의 밝은 빛을 발하리니 밝은 성품이 환하게 밝아지면 나머지 다섯 가지 집착도 선택에 따라서 원만하게 벗겨질 것이다.

앞에 나타난 대상 물질이 일으킨 지견(知見)을 따르지 아니하여 밝음이 감각기관을 따르지 않고, 그 감각기관에 의탁하여 밝음이 발생하면 그로 말미암아 여섯 가지 감각기관이 서로서로 작용하느니라.

아난아, 네가 어찌 알지 못하랴? 지금 이 모임 가운데 아나율타는 눈이 없는데도 볼 수 있고, 발난타룡은 귀가 없는 데도 들을 수 있으며, 긍가신녀는 코가 없는데도 냄새를 맡고, 교범바제는 혀가 달랐는데도 맛을 알며, 순야다신은 몸이 없는데도 촉감을 느끼나니 부처님의 광명 중에 비치므로 잠깐 나타나기는 하지만 본래가 바람의 체질이므로 그 몸은 원래 없으며, 멸진정(滅盡定)[93]을 닦아 고요함을 깨달아 성문이 된 이로서 이 모임 가운데에 있는 마하가섭 같은 이는 오래 전부터 의근(意根)이 없어졌어도 원만하고 밝게 깨달아 앎에 있어 마음을 쓰지 아니하느니라.

아난아, 지금 네가 모든 감각기관을 원만하게 뽑아버리면 안으로 환하게 광명을 발하여 이러한 부질없는 대상인 물질과 온 세상의 모든 변화하는 현상들이 마치 끓는 물에 얼음이 녹듯해서 생각을 따라 최상의 깨달음을 이루리라.

아난아, 마치 세상 사람들이 보는 힘을 눈에 집중시켰다가 만약 갑자기 눈을 감으면 어두운 현상이 앞에 나타나서 여섯 가지 감각기관이 캄캄하여 머리나 발과 같으리니, 그 사람이 손으로 몸을 따라 더듬으면 그가 비록 보지는 못하더라도 머리인지 발인지는 틀림없이 분별하여 깨달아 아는 것은 밝을 때나 마찬가지인 것과 같으니, 대상 물질을 보는 것은 밝음을 인해야 하고 어두우면 볼 수 없거니와 밝지 않더라도 스스로 깨달음이 생기면 모든 어두운 현상이 영원히 어둡지 않으리니 감각기관과 그 대상 물질이 이미 소멸되면 어찌하여 밝은 깨달음이 원만하고 오묘함을 이루지 못하겠느냐?"

원만한 성품

아난이 부처님께 아뢰었다.
"세존이시여, 부처님께서 말씀하셨듯이 처음 수행할 때 인위(因位)에서 깨닫는 마음으로 늘 머무르기를 구하고자 하거든 과위(果位)의 명목과 서로 응해야 한다고 하였습니다.

세존이시여, 과위 중에 보리와 열반·진여와 불성·암마라식과 공여래장·대원경지 등 일곱 가지 명칭이 그 이름은 비록 각기 다르나 깨끗하고 원만해서 그 자체의 성품이 단단하게 섞임은 마치 금강왕(金剛王)이 항상 머물러서 무너지지 않는 것과 같습니다.

만약 그 보고 듣는 것이 밝고 어둡고 움직이고 고요하고 통하고 막힘을 여의면 마침내 실체가 없음이 마치 생각하는 마음이 앞에 나타나는 대상 물질을 여의면 본래 아무것도 없는 것과 같으니, 어떻게 장차 끊어버리는 것으로써 수행하는 원인을 삼아 부처님의 일곱 가지 항상 머무는 과업을 얻을 수 있겠나이까?

세존이시여, 만약 밝고 어두움을 여의면 보는 주체가 마침내 공(空)하게 되어 마치 앞에 나타나는 대상 물질이 없는 것과 같으며, 생각의 자성이 없어진 것과 같아질진대 이리저리 순환하면서 미세하게 추구하여도 본래 나의 마음과 마음의 처소가 없을지니 장차 무엇으로 원인을 삼아 최상의 깨달음을 구하겠습니까?

부처님께서 전에 말씀하시기를 '맑고 정밀한 것이 원만하고 항상하다'고 하셨는데 그것이 진실한 말씀이 못되고 끝내는 농담 같은 말씀이 되었으니 어떻게 부처님은 진실한 말씀만 하시는 분이라고 할 수 있겠습니까? 바라옵건대 큰 자비를 베푸셔서 저희들의 어리석음을 깨우쳐 주소서."

부처님께서 아난에게 말씀하셨다.

"네가 많이 듣는 것만 즐겨 배우고 모든 번뇌를 다 끊지 못해 다만 마음 속에 뒤바뀐 원인만을 깨닫고 참으로 뒤바뀐 것이 앞에 나타나는 것은 알지 못하나니, 네가 아직도 진실로 마음 속으로 믿어 복종하지 않을까 염려하여 지금 내가 시험삼아 티끌 세상의 모든 일들을 들어서 너의 의혹을 제거시켜 주리라."

그때 부처님께서 라후라에게 명하여 종을 한 번 치게 하시고 아난에게 물으셨다.

"너는 지금 종소리가 들리느냐, 들리지 않느냐?"

아난과 대중들이 함께 대답했다.

"저희들은 듣고 있습니다."

종소리가 없어지자 부처님께서 또 물으셨다.

"너는 지금 들리느냐, 들리지 않느냐?"

아난과 대중들이 함께 대답했다.

"들리지 않습니다."

그때 라후라가 또 한 번 종을 치자 부처님께서 또 물으셨다.

"너는 지금 들리느냐, 들리지 않느냐?"

아난과 대중들이 또 대답했다.

"모두 듣고 있습니다."

부처님께서 아난에게 물으셨다.

"너는 어떤 것을 듣는다고 하고 어떤 것을 듣지 못한다고 하느냐?"

아난과 대중들이 모두 부처님께 말씀드렸다.

"종을 쳐서 소리가 나면 저희들이 듣고, 종을 친 지가 오래되어 소리가 사라져서 메아리까지 다 없어지면 들리지 않습니다."

부처님께서 또다시 라후라를 시켜 종을 치게 하시고는 아난에게 물으셨다.

"지금 소리가 나느냐, 나지 않느냐?"

아난과 대중들이 함께 대답했다.

"소리가 납니다."

조금 있다가 소리가 없어지자 부처님께서 또 물으셨다.

"지금은 소리가 나느냐, 나지 않느냐?"

아난과 대중들이 대답했다.

"소리가 나지 않습니다."

잠깐 있다가 라후라가 다시 와서 종을 치니 부처님께서 또 물으셨다.

"지금은 소리가 나느냐, 나지 않느냐?"

아난과 대중들이 모두 대답했다.

"소리가 납니다."

부처님께서 아난에게 물으셨다.

"너는 어떤 것을 소리가 난다고 하고 어떤 것을 소리가 없다고 하느냐?"

아난과 대중들이 모두 부처님께 말씀드렸다.

"종을 쳐서 소리가 나면 소리가 있다고 하고, 종을 친 지가 오래되어 소리가 사라지고 메아리까지 없어지면 소리가 없다고 하나이다."

부처님께서 아난과 대중들에게 말씀하셨다.

"너희들은 지금 어찌하여 스스로 하는 말이 이랬다 저랬다 하느냐?"

아난과 대중들이 함께 부처님께 여쭈었다.

"저희들이 지금 무엇을 이랬다 저랬다 했다고 하십니까?"

부처님께서 말씀하셨다.

"내가 네게 들리느냐고 물으니 너는 들린다고 말하였고, 또 너에게 소리가 나느냐고 물으니 너는 소리가 난다고 말하여, 듣고 소리가 나는 데 대한 대답이 일정하지 아니하니 그것이 어찌 이랬다 저랬다 하는 것이 아니겠느냐?

아난아, 소리가 사라지고 메아리까지 없어진 것을 너는 들음이 없다고 말하는데 만약 참으로 들음이 없을진댄 듣는 성품이 이미 없어져서 마른 나무와 같으리니 종을 다시 친들 네가 어떻게 들을 수 있겠느냐? 있음을 알고 없음을 아는 것도 그 들리는 대상인 소리가 있었다 없었다 하는 것이지 어찌 저 듣는 성품이야 네게서 있었다 없었다 하겠느냐? 듣는 것이 참으로 없다고 할진댄 무엇이 없다는 것을 알겠느냐?

그러므로 아난아, 듣는 가운데 소리가 저절로 생겼다 없어졌다 할지언정 네가 듣는 데 있어서 소리가 생기고 없어짐이 너의 듣는 성품으로 하여금 있었다 없었다 하게 하는 것은 아니니라.

너는 아직도 뒤바뀌어서 소리를 듣는 것으로 착각하나니 어찌 혼미하여 항상한 것을 끊겼다고 여기는 것을 이상한 일이라 하겠느냐? 끝내는 모든 움직임·고요함·열림·닫힘·통함·막힘을 여의고서 듣는 성품이 없노라고 말하지 못하리라.

마치 깊이 잠든 사람이 침대에서 한참 자고 있을 적에 그 가족들이 다듬이질이나 방아를 찧으면 그 사람이 잠결에 방망이 소리와 절구소리를 듣고는 다른 소리로 착각하여 종을 치거나 북을 치는 줄로 여기면서 '꿈 속에서는 어찌하여 나무 두드리는 소리 같으냐'고 하다가 문득 깨어나면 그것이 절구소리인 것을 깨닫고는 집안 사람들에게 말하기를 '내가 지금 꿈을 꾸었는데 이 절구소리를 북소리로 잘못 들었노라'고 하리라.

아난아, 그 사람이 잠결에 어떻게 움직이고 고요하며 열리고 닫히고 통하고 막힘을 기억하겠냐마는 그 몸은 비록 잠을 자고 있었으나 듣는 성품은 혼미하지 않았으니, 가령 너의 몸이 없어져서 목숨이 바뀐다고 하더라도 그 성품이야 어찌 너에게서 없어지겠느냐?

모든 중생들이 시작이 없는 과거로부터 모든 빛과 소리를 따르면서 생각을 좇아 흘러 돌아서 일찍이 깨끗하고 오묘하고 항상한 성품은 깨닫지 못하여 항상한 것을 따르지 않고 나고 없어지는 것만 좇아다니므로 이로 말미암아 세세생생에 잡념으로 흘러 돌게 되나니 만약 나고 죽음을 버리고 참되고 항상함을 지키면 항상한 빛이 앞에 나타나서 감각기관과 그 대상 물질, 그리고 의식하는 마음이 때를 따라 없어질 것이다. 생각하는 형상이 허망한 티끌이고 의식하는 마음이 더러운 때가 된다. 두 가지를 모두 멀리 여의면 너의 법안(法眼)이 때를 따라서 맑고 밝아지리니 어찌 최상의 깨달음을 이루지 못하겠느냐?"

제5권

맺힌 것을 푸는 요점

아난이 부처님께 아뢰었다.

"세존이시여, 부처님께서 비록 제2의(第二義)의 문을 말씀하셨으나, 지금 관찰해 보건대 세상에서 맺힌 것을 풀려는 사람이 만약 그렇게 맺히게 된 원인을 알지 못하면 저는 이 사람은 끝끝내 풀 수 없다고 말하겠습니다.

세존이시여, 저와 이 모임 가운데 있는 배울 것이 있는 이와 성문들도 이와 같아서 시작이 없는 과거로부터 모든 무명과 더불어 함께 생기고 함께 없어지나니, 비록 이렇게 많이 들은 하나의 훌륭한 근기를 지녀서 이름만 출가하였다고 할 뿐, 마치 하루씩 거르는 학질에 걸린 것과 같습니다.

바라옵건대, 큰 자비로써 빠져서 헤어나지 못함을 불쌍하게 여겨 주소서. 오늘 이 몸과 마음이 어찌하여 이렇게 맺혀졌으며 어떻게 하는 것이 푸는 것이라고 말할 수 있겠습니까? 또한 미래에 고난받을 중생으로 하여금 윤회를 면해서 삼계(三界)에 떨어지지 않게 해 주소서."

  이렇게 말하고 대중들과 함께 온몸을 땅에 던지고 눈물을 흘리면서 정성을 다하여 여래의 가장 높은 가르침을 기다렸다.

  그때 세존께서 아난과 모임 가운데 있는 모든 배울 것이 있는 자들을 가엾게 여기시고, 또한 미래의 모든 중생을 위하여 세간을 벗어나는 원인을 말씀하시어 장래의 법안(法眼)을 만들어 주려 하사 염부단자금광(閻浮檀紫金光)의 손으로 아난의 정수리를 어루만지시니, 그때 시방에 부처님의 넓은 세계가 여섯 가지로 진동하였고, 그 세계에 계시는 수없이 많은 부처님의 정수리로부터 각각 보배의 빛이 나왔다. 그 광명은 동시에 저 세계에서 기타림으로 와서 여래의 정수리에 닿자 여러 대중들이 지금까지 없었던 일을 보게 되었다.

  그때 아난과 모든 대중들이 함께 시방의 티끌처럼 많은 부처님께서 이구동성(異口同聲)으로 아난에게 말씀하시는 것을 들었다.

  "훌륭하다. 아난아, 네가 나면서부터 함께 생긴 무명이 너로 하여금 윤회하고 전전하게 하는, 나고 죽는 것이 맺혀진 근원을 알고자 할진댄 그것은 오직 너의 여섯 가지 감각기관 때문이요 다른 물건 때문이 아니며, 네가 또 최상의 보리가 너로 하여금 해탈하여 편안하고 즐겁게 하는, 고요하고 편안하고 오묘하고 항상함을 속히 증득하는 방법을 알고자 할진댄 그것도 역시 너의 여섯 가지 감각기관으로 인함이지 다른 물건이 아니니라."

  아난은 비록 이러한 진리의 말씀을 들었어도 마음은 아직 분명치가 못하여 머리를 조아리며 부처님께 아뢰었다.

"어째서 저로 하여금 나고 죽음에 윤회하게 하며, 편안하고 즐겁고 오묘하고 항상하게 하는 것 모두가 여섯 가지 감각기관이요, 다른 물건이 아니라고 하십니까?"

부처님께서 아난에게 말씀하셨다.

"감각기관과 그 대상인 물질은 근원이 같고, 얽매임과 해탈도 둘이 아니며, 인식하는 성품의 허망함이 허공의 꽃과 같느니라.

아난아, 대상인 물질로 말미암아 앎을 발하며, 감각기관으로 인해서 형상이 있나니 형상과 보는 주체가 성품이 없어서 허수아비와 같느니라. 그러므로 네가 이제 알고 보는 주체로써 앎을 성립한다면 곧 무명의 근본이고, 알고 보는 주체에 보는 것이 없으면 이는 곧 열반으로써 번뇌가 끊긴 참되고 깨끗한 것이니 어떻게 그 가운데에 또다시 다른 물체를 용납하겠느냐?"

그때 세존께서 이 뜻을 거듭 밝히기 위하여 게송을 설하셨다.

참다운 성품에는 작위(作爲)함이 없거늘
인연으로 생기는 것은 허깨비와 같다네
작위도 없으며 생기거나 없어짐도 없어서
진실하지 못함이 허공의 꽃과 같느니라.

거짓을 말하여 진실을 나타낸다면
거짓과 진실이 둘 다 거짓이라네
진실도, 진실이 아닌 것도 아니거늘

능엄경

어찌하여 보는 주체이다, 보이는 물질이다 하겠느냐?

중간에 진실한 성품이 없나니
그러므로 허깨비와 같느니라
맺히고 풀림이 원인이 같아서
성인과 범부가 두 길이 아니라네.

너는 어우러진 마음 속의 성품을 보아라
허공과 실체 이 두 가지가 다 아니니
혼미하여 어두우면 곧 무명이요
밝게 열리면 곧 해탈이니라.

매듭을 푸는 데는 차례를 따라서
여섯이 풀리면 하나도 따라서 없어지리라
감각기관 가운데 원만한 놈 선택하면
흐름에 들어가서 바른 깨달음을 이루리라.

아타나(阿陀那)의 미세한 의식은
습기가 사나운 흐름[濕流]을 이루나니
진실과 진실 아님에 미혹할까 염려하여
내가 늘 말하지 않았노라.

제 마음에서 제 마음을 취하면
환망(幻妄) 아닌 것이 환법(幻法)이 되고

취하지 않으면 환망 아닌 것조차도 없으리니
환망이 아닌 것도 오히려 생기지 않거든
환법이 어떻게 이루어지랴.

이것을 이름하여
'묘련화'요 '금강왕보각'이며
'여환삼마지'라 하나니
짧은 시간에 배울 것이 없는 경지를 초월하리라.

아비달마(阿毘達磨)[94]는
시방 바가범(薄伽梵, 세존)의
오직 이 한 길만이 열반에 이르는 문이니라.

 이에 아난과 여러 대중이 부처님의 최상의 자비하신 가르침인 기야(祇夜)[95]와 가타(伽陀)[96]가 섞여 엉겼으면서도 정밀하고 밝아 오묘한 이치가 맑게 통함을 듣자옵고 마음의 눈이 밝게 열려서 일찍이 없었던 일이라고 찬탄하더니, 아난이 합장하여 이마를 땅에 대어 예를 드리고 부처님께 아뢰었다.
 "제가 지금 부처님께서 차별 없는 큰 자비로 말씀하신 성품은 청정하고 오묘하고 항상하다는 진실한 법구를 들었사오나 마음으로는 아직도 여섯이 풀리면 하나까지도 없어지는 매듭을 푸는 차례를 모르고 있습니다. 원컨대 큰 자비를 베푸시어 여기에 모인 무리들과 장래의 중생들을 다시 가엾게 여기셔서 법음(法音)을 베풀어 속에 밴 때까지 깨끗이 씻어 주소서."

그때 부처님께서 사자좌에서 열반승(涅槃僧)[97]을 정돈하고 승가리(僧伽梨)[98]를 여미신 다음 칠보로 장식한 책상을 끌어당겨서 겁바라천(劫波羅天)[99]이 바친 화건(華巾)을 가져다가 대중 앞에서 이를 매어 매듭을 만들어 아난에게 보이시면서 말씀하셨다.

"이것을 무엇이라고 하느냐?"

아난과 대중들이 모두 부처님께 아뢰었다.

"그것은 매듭이옵니다."

이에 부처님께서 다시 첩화건(疊華巾)[100]을 매어서 또 한 개의 매듭을 만들고는 다시 아난에게 물으셨다.

"이것을 무엇이라고 하느냐?"

아난과 대중들이 또 부처님께 아뢰었다.

"그것도 매듭이옵니다."

이와 같이 차례로 첩화건을 매어 모두 여섯 개의 매듭을 만들있는데 한 번씩 매듭을 만들 때마다 첩화건으로 만든 매듭을 들고서 아난에게 물으셨다.

"이것을 무엇이라고 하느냐?"

아난과 대중들도 그와 같이 차례로 부처님께 대답했다.

"그것도 매듭입니다."

부처님께서 아난에게 말씀하셨다.

"내가 처음 첩화건을 맨 것을 네가 매듭이라고 하였는데 이 첩화건의 실제는 본래 한 가닥이었거늘 너희들은 어찌하여 두 번째와 세번째에도 또한 매듭이라고 하느냐?"

아난이 부처님께 아뢰었다.

"세존이시여, 이 첩화건은 짜서 만든 수건으로서 비록 본래는 하나이나 저의 생각으로는 여래께서 한 번 매시면 한 개의 매듭이라고 하고, 만약 백 번 매시면 백 개의 매듭이라고 해야 할 것입니다. 더구나 이 수건은 다만 여섯 개의 매듭뿐이어서 일곱은 되지 못하였으며 다섯에 머물지는 않았사옵거늘 어찌하여 여래께서는 다만 처음 것만 인정하시고 두번째와 세번째 것은 매듭으로 인정하지 않으려 하십니까?"

부처님께서 아난에게 말씀하셨다.

"이 첩화건은 네가 알다시피 원래는 하나였으나 내가 여섯 번 매듭을 매었을 때에 여섯 개의 매듭이란 이름이 있게 되었나니 너는 자세히 관찰하여라. 수건의 본체는 같은 것이지만 매듭으로 인하여 달라진 것이다. 네 생각은 어떠하냐? 처음 매어서 매듭이 된 것을 첫번째라고 말하고 그렇게 하여 여섯번째 매듭까지 생겼으니, 내가 지금 여섯번째 매듭을 가지고 첫번째 매듭이라고 할 수 있겠느냐?"

"아니옵니다. 세존이시여, 여섯번째 매듭이 만약 그대로 있으면 이는 여섯번째 매듭이지 결코 첫번째 매듭이 될 수는 없습니다. 비록 제가 여러 생을 두고 끝까지 밝혀본다고 한들 어떻게 이 여섯번째 매듭의 이름을 바꿀 수 있겠나이까?"

부처님께서 말씀하셨다.

"그러하니라. 여섯 개의 매듭이 같지는 아니하나 근본 원인을 따져 보면 하나의 수건으로 된 것인데 그 매듭을 섞이게 한다는 것은 마침내 성립될 수 없느니라. 곧 너의 여섯 개의 감각기관도 역시 이와 같아서 필경 같은 가운데에서 마침내 다른 것이 생기느니라."

부처님께서 아난에게 말씀하셨다.

"네가 굳이 이 여섯 개의 매듭이 하나로 이루어지지 못함을 싫어해서 하나가 되기를 원한다면 다시 어떻게 해야 하겠느냐?"

아난이 말하였다.

"이 매듭을 만약 그대로 두면 시비가 벌떼처럼 일어나서 그 가운데 자연 '이 매듭은 저것이 아니고, 저 매듭은 이것이 아니다'라고 하는 일이 생길 것입니다. 만약 부처님께서 오늘날 다 풀어서 매듭이 생기지 않게 하시면 곧 '이것이다, 저것이다' 하는 일이 없어져서 오히려 하나라고 이름할 것도 없을 것이거늘 어떻게 여섯이 성립하겠습니까?"

부처님께서 말씀하셨다.

"여섯이 풀리면 하나까지 없어지는 이치도 그와 같느니라. 네가 시작이 없는 과거로부터 마음의 성품이 어지러워짐을 따랐기에 깨닫고 보는 것이 허망하게 생겨났으며, 그렇게 생긴 허망함이 쉬지 아니하여 보는 주체가 피로해지고 물질의 현상이 생기게 된 것이다. 이는 마치 눈동자가 피로해지면 곧 허공에 헛보이는 꽃이 생기는 것과 같으니, 맑고 정밀하고 밝은 것과는 동떨어져서 일체 세간의 산과 강, 이 땅덩어리와 나고 죽음과 열반이 어지럽게 일어나나니 이는 모두가 곧 어지럽고 혼란한 피로에서 생긴 뒤바뀐 헛꽃의 현상이니라."

아난이 부처님께 아뢰었다.

"저 피로 때문에 생기는 현상은 매듭지어진 것과 같은 것이니 어떻게 풀어 없애야 되겠습니까?"

여래께서 손으로 매듭이 생긴 수건을 잡고서 그 왼쪽을 당기며 아난에게 물으셨다.

"이렇게 하면 풀리겠느냐?"

"아니옵니다. 세존이시여."

부처님께서 다시 손을 돌려 그 오른쪽을 당기면서 또 아난에게 물으셨다.

"이렇게 하면 풀리겠느냐?"

"아니옵니다. 세존이시여."

부처님께서 아난에게 말씀하셨다.

"내가 지금 손으로 왼쪽과 오른쪽을 각각 당겼으나 마침내 풀지 못하였으니 너는 방편을 말해 보아라. 어떻게 해야 풀리겠느냐?"

아난이 부처님께 아뢰었다.

"세존이시여, 마땅히 매듭 중심에서부터 풀면 풀릴 것입니다."

부처님께서 아난에게 말씀하셨다.

"그러하니라. 만약 매듭을 풀려거든 매듭 중심에서부터 풀어야 하느니라.

아난아, 내가 말하기를 '불법은 인연으로부터 생긴다'고 하였으니 세간과 화합하는 거친 현상들을 취해서 말한 것이 아니니라. 여래는 세간과 출세간의 법을 발명하여 그 근본 원인이 인연한 바를 따라 나오는 것을 깨달으며, 이와 같이 항하사처럼 많은 세계 속에 한 방울의 비까지도 그 수효를 알며, 앞에 나타나는 갖가지 현상 가운데 소나무는 곧고 가시나무는 굽었으며, 따오기는 희고 까마귀는 검은 것에 대하여 그 까닭을 모두 알게 되느니라.

그러므로 아난아, 너의 마음 속을 따라서 여섯 가지 감각기관 중에서 어느 하나를 선택하여라. 그 감각기관의 매듭이 만약 풀리면 대상인 물질의 현상도 저절로 없어질 것이다. 모든 허망한 것이 사라져 없어지면 참되지 않음이 어찌 있겠느냐?

아난아, 내가 지금 너에게 묻겠는데 이 겁바라수건의 여섯 매듭이 앞에 나타났으니 동시에 매듭을 풀면 한꺼번에 풀릴 수 있겠느냐?"

"아니옵니다. 세존이시여, 그 매듭이 본래 차례로 맺혀진 것이므로 지금도 마땅히 차례로 풀어야 할 것입니다. 여섯 개의 매듭이 본체는 같지만 그 매듭은 동시에 맺혀진 것이 아니므로 그 매듭을 푸는 데 어떻게 한꺼번에 풀 수 있겠습니까?"

부처님께서 말씀하셨다.

"여섯 가지 감각기관으로 인하여 생긴 의혹을 풀어버리는 것도 이와 같느니라. 그 감각기관이 처음 풀어시면 먼서 인공(人空)을 얻고 허공의 성품마저 원만하게 밝아져서 법의 해탈이 이루어지나니 법을 해탈하고 나서 모두가 공하다는 것까지도 생기지 않아야 이것을 보살이 삼마지에서 무생법인(無生法忍)[101]을 얻었다고 하는 것이니라."

걸림이 없는 원통(圓通)을 얻다

아난과 여러 대중들이 부처님의 가르치심을 받자옵고 지혜로운 깨달음이 원만하게 통해서 의혹이 없어짐을 얻고는 한꺼번에 합장하여 부처님의 발에 이마를 대어 절하고 아뢰었다.

"저희들이 오늘에야 몸과 마음이 밝아져서 걸림이 없음을 얻어 시원합니다. 비록 또 하나와 여섯이 없어지는 이치를 깨닫기는 하였사오나 아직도 원만하게 통하는 근본은 깨닫지 못하였사오니 세존이시여, 저희들이 정처 없이 헤매면서 여러 겁을 외롭게 떠돌다가 무슨 마음 무슨 생각으로 부처님의 천륜(天倫)에 참여하게 되었습니까? 마치 어미를 잃어버렸던 젖먹이가 그 어머니를 만난 듯합니다.

만약 다시 이 모임으로 인하여 도가 이루어진다면 얻어 들은 비밀스런 말씀이 본래 깨달음과 같으련만, 듣지 못한 것과 다름이 없게 되었사오니 바라옵건대 오직 큰 자비를 베푸셔서 우리에게 신비하고 존엄하신 은혜로써 말씀해 주시어 여래의 최후의 가르침을 성취하게 하여 주소서."

이렇게 말하고는 온몸을 땅에 던지고 물러 나와 숨을 죽인 채 앉아서 부처님의 은밀한 가르침을 기다렸다.

그때 세존께서 대중 가운데의 여러 큰 보살들과 번뇌가 다 끊어진 큰 아라한에게 널리 말씀하셨다.

"너희들 보살과 아라한은 나의 법으로 인하여 배울 것이 없는 경지를 이루었으니 내가 지금 너희에게 묻겠다. 최초에 발심하여 십팔계(十八界)를 깨달았을 적에 어느 것이 원만하게 통한 것이며, 어떤 방편으로 삼마지에 들어갔느냐?"

육진(六塵)의 원통

교진나(憍陳那) 등 다섯 비구가 자리에서 일어나 부처님의 발에 이마를 대어 절하고는 부처님께 아뢰었다.

"제가 녹야원과 계원(鷄園)[102]에 있을 적에 여래께서 최초로 도를 이루심을 보았고 부처님의 음성에서 사제(四諦)[103]를 깨달았나이다. 부처님께서 비구에게 물으시므로 제가 먼저 안다고 하였는데, 부처님께서 저를 인가하시어 '아야다(阿若多)'[104]라고 하셨으니, 오묘한 음성이 은밀하고 원만하였으므로 저는 그 음성으로 인하여 아라한이 되었습니다. 부처님께서 원만하게 통한 원인을 물으신다면 제가 증득한 바로는 음성이 제일인가 하옵니다."

우바니사타(優波尼沙陀)가 자리에서 일어나 부처님의 발에 이마를 대어 절하고는 부처님께 아뢰었다.

"저도 부처님께서 최초로 도를 이루심을 보았을 때 부처님께서 깨끗하지 못한 모양을 보게 하셨으므로 크게 싫어해서 여의어야겠다는 생각을 내었기에 모든 물질의 성품을 깨달았나이다.

깨끗하지 못한 것과 백골(白骨)과 미세한 티끌을 따라 허공으로 돌아가서 허공과 물질이 둘 다 없어져 더 배울 것이 없는 도를 이루었는데 부처님께서 저를 인가하시어 '니사타(尼沙陀)'라고 하셨으니, 대상인 물질이 이미 다 없어지고 미묘한 물질이 은밀하고 원만하였으므로 저는 그 물질의 모양으로부터 아라한이 되었습니다. 부처님께서 원만하게 통한 원인을 물으신다면 제가 증득한 바로는 색신으로 인하여 닦는 것이 제일인가 하나이다."

향엄동자(香嚴童子)가 자리에서 일어나 부처님의 발에 이마를 대어 절하고는 부처님께 아뢰었다.

"저는 부처님께서 모든 작위가 있는 형상을 자세히 살피라고 하심을 듣고 난 후, 깨끗한 방에서 편안히 생각에 잠겼다가 여러 비구들이 침수향 태우는 것을 보게 되었습니다. 그 향기가 은연중에 콧속으로 들어오거늘 그 향기는 나무도 아니요, 허공도 아니며 연기도 아니요, 불도 아니어서 가도 닿는 데가 없으며 와도 좇아 온 데가 없음을 관하였나이다.

이로 인하여 뜻이 사라져서 번뇌가 끊어짐을 발명하였사오니, 여래께서 저를 인가하시어 '향엄(香嚴)'이라고 이름하셨는데 대상인 향기가 문득 사라지고 오묘한 향기가 은밀하고 원만하였으므로 저는 그 향기로 인하여 아라한이 되었습니다. 부처님께서 원만하게 통한 원인을 물으신다면 제가 증득한 바로는 향기가 제일인가 하나이다."

약왕(藥王)과 약상(藥上) 두 법왕자가 모임 가운데 있다가 오백의 범천(梵天)과 함께 자리에서 일어나 부처님의 발에 이마를 대어 절하고는 부처님께 아뢰었다.

"저는 한량없는 세월 동안 세상의 훌륭한 의사가 되어서 입으로 이 사바세계의 풀・나무・쇠붙이・돌을 맛보았는데 그 가짓수가 무릇 십만 팔천이나 되옵니다. 이와 같이 쓰고・시고・짜고・담담하고・달고・매운 것 등의 맛과 아울러 화합해서 생긴 맛・함께 생긴 맛・변하여 생긴 맛과 찬 맛・더운 맛,

그리고 독이 있고 없고를 두루 맛보아 알 수 있었습니다만 부처님을 받들어 모시면서 맛의 성품이 없는 것도 아니고 있는 것도 아니며, 몸과 마음에 붙어 있는 것도 아니고 몸과 마음을 떠나 있는 것도 아님을 깨달았으니, 맛의 원인을 분별함으로 인해 깨닫게 된 것입니다.

그래서 부처님께서 저희 형제를 인가하시어 약왕·약상 두 보살로 이름하여 주심을 받자와 지금 이 모임 중에서 법왕자가 되었사오며 맛으로 인해 깨달아 보살의 지위에 올랐습니다. 부처님께서 원만하게 통한 원인을 물으신다면 제가 증득한 바로는 맛으로 닦는 것이 제일인가 하나이다."

발타바라(跋陀婆羅)가 그 도반인 열여섯 명의 개사(開士)[105]와 함께 자리에서 일어나 부처님의 발에 이마를 대어 절하고는 부처님께 아뢰었다.

"저희들이 과거 세상에 위음불의 처소에서 법을 듣고 출가한 후 스님들과 목욕할 적에 차례로 욕실에 들어갔었는데 홀연히 물로 인하여 깨닫고서 이미 때를 씻은 것도 아니며, 또한 몸을 씻는 것도 아니며, 중간이 편안하여 지닌 것이 없음을 얻었습니다.

숙세의 습기를 잊지 못해서 지금에 와서도 부처님을 따라 출가하여 배울 것이 없는 경지를 얻었으니, 부처님께서 저를 발타바라라고 이름하심을 받자옵고 오묘한 접촉으로 밝아져서 불자로 머물게 되었습니다. 부처님께서 원만하게 통한 원인을 물으신다면 제가 증득한 바로는 접촉으로 인하여 닦는 것이 제일인가 하나이다."

마하가섭(摩訶迦葉)과 자금광(紫金光) 비구니 등이 자리에서 일어나 부처님의 발에 이마를 대어 절하고는 부처님께 아뢰었다.

"제가 지나간 세월 어느 세계에 있을 적에 세상에 나온 부처님이 계셨으니 그 이름이 '일월등(日月燈)'이셨습니다. 저는 그 부처님을 가까이 모시면서 법을 듣고 닦아 익혔으며, 그 부처님이 멸도(滅度)하신 뒤에는 사리를 공양하면서 등을 켜 계속 밝혔고, 자금광(紫金光)으로 부처님의 형상에 도금을 했더니 그 후부터는 세세생생을 몸에 항상 자금광빛이 모여 원만하였나이다. 이 자금광 비구니 등은 곧 저의 권속이니 그때 다함께 발심했던 이들이옵니다.

저는 세간의 여섯 가지 대상인 물질이 변하여 없어짐을 보고서 오직 비고 고요함으로써 멸진정(滅盡定)을 닦았기에 몸과 마음이 백천 겁을 지내도 마치 손가락을 퉁기는 기간과 같이 짧았으므로 저는 공(空)한 법으로써 아라한을 이루었으니 세존께서 저를 인가하시어 두타(頭陀)에 최고라고 하셨는데 오묘한 법이 밝게 열려서 정기가 번뇌를 모두 다 소멸시켰습니다. 부처님께서 원만하게 통한 원인을 물으신다면 제가 증득한 바로는 법으로 인함이 제일인가 하나이다."

육근(六根)의 원통

아나율타(阿那律陀)가 자리에서 일어나 부처님의 발에 이마를 대어 절하고는 부처님께 아뢰었다.

"저는 처음에 출가하여 늘 수면을 즐겼는데 여래께서 저를 꾸짖으시기를 축생의 무리가 된다고 하셨으므로 제가 부처님의 꾸지람을 듣고 울고 자책하면서 칠 일 동안 잠을 자지 않았더니 두 눈이 멀고 말았습니다. 그러나 세존께서 저에게 낙견조명금강삼매(樂見照明金剛三昧)[106]를 가르쳐 주셨으므로 저는 눈으로는 시방세계를 보지 못하지만 참다운 정기가 환희 열려서 마치 손바닥에 있는 과일을 보듯 했으니 여래께서 저를 인가하시어 아라한을 이루었다고 하셨습니다.

부처님께서 원만하게 통한 원인을 물으신다면 제가 증득한 바로는 보는 것을 돌이켜 근본을 따르는 것이 제일인가 하나이다."

주리반특가(周利般特迦)가 자리에서 일어나 부처님의 발에 이마를 대어 절하고는 부처님께 아뢰었다.

"저는 외울 수 있는 능력이 없어서 많이 듣는 성품이 없었는데 처음 출가하여 부처님을 만나 법을 듣고서 여래의 비밀하신 게송 한 구절을 백 일 동안이나 읽어도 앞의 것을 외우면 뒤의 것을 잊어버리고 뒤의 것을 외우면 앞의 것을 잊었습니다.

부처님께서 저의 어리석음을 가엾게 여기시어 저에게 편안히 있으면서 숨쉬는 것을 조절하라고 하셨으므로 제가 그때 숨쉬는 것을 관하여 나고 머무르고 변하고 없어지는 모든 행동의 찰나를 미세한 것까지 다 연구했는데 그 마음이 환해져서 크게 걸림이 없음을 얻었고, 나아가 번뇌가 다 없어지는 데까지 이르러 아라한이 되어서 부처님의 자리 아래에 머물렀거늘 부처님께서 더 배울 것이 없음을 이루었다고 인가하셨습니다.

부처님께서 원만하게 통한 원인을 물으신다면 제가 증득한 바로는 숨쉬는 것을 돌이켜 공(空)을 따름이 제일인가 하나이다."

교범바제(憍梵鉢提)가 자리에서 일어나 부처님의 발에 이마를 대어 절하고는 부처님께 아뢰었다.

"저는 구업(口業)으로 죄를 지었으니 과거 겁에 스님을 조롱한 탓으로 세세생생에 소처럼 되새김하는 병이 있었는데 여래께서 저에게 일정한 맛의 깨끗한 마음의 법문을 가르쳐 주셨으므로 저는 잡념이 없어질 수 있어서 삼마지에 들어가 맛을 아는 것이 실체도 아니고 물질도 아님을 관하였습니다.

그리고 한 생각 동안에 세간의 모든 번뇌에서 벗어나서 안으로는 몸과 마음을 해탈하고 밖으로는 세계를 버려서 삼계(三界)를 멀리 벗어남이 마치 새가 새장을 벗어난 것 같아 때와 먼지를 소멸하여 법안이 맑아져서 아라한을 이루었으니, 부처님께서 친히 인가하시어 배울 것이 없는 도에 올랐다고 하셨습니다.

부처님께서 원만하게 통한 원인을 물으신다면 제가 증득한 바로는 맛을 돌이켜 지(知)로 돌아감이 제일인가 하나이다."

필릉가바차(畢陵伽婆蹉)가 자리에서 일어나 부처님의 발에 이마를 대어 절하고는 부처님께 아뢰었다.

"저는 처음으로 발심하고서 부처님을 따라 도에 들어가 부처님께서 '세간에는 즐길 만한 일이 없다'고 자주 말씀하시는 것을 듣고 성중에서 걸식할 적에 마음으로 법문을 생각하다가 저도 모르게 길에서 독한 가시에 발이 찔려서 온몸이 매우 아팠습니다. 제가 느낌이 있으므로 이렇게 아픔을 느끼는 것이라고 생각하였사온데 비록 느낌이 있어 아픔을 느끼지만 깨달음의 깨끗한 마음에는 아픔과 아픔을 느끼는 것이 없으므로 제가 또 생각하기를 '이 한 몸에 어찌 두 개의 깨달음이 있으랴'라고 생각했습니다. 이렇게 생각을 가다듬은 지 오래지 아니하여 몸과 마음이 문득 공(空)해져서 삼칠 일 동안에 모든 번뇌가 다 없어져서 아라한을 이루고서 친히 인가하심을 받아 더 배울 것이 없음을 발명하였습니다.

부처님께서 원만하게 깨달은 원인을 물으신다면 제가 증득한 바로는 순수하게 깨달아 몸을 버리는 것이 제일인가 하나이다."

수보리(須菩提)가 자리에서 일어나 부처님의 발에 이마를 대어 절하고는 부처님께 아뢰었다.

"저는 오랜 겁 이전부터 마음에 걸림이 없음을 얻어서 이렇게 세상에 태어난 것이 항하의 모래 수와 같이 많았음을 스스로 기억하고 있습니다. 처음 어머니의 태 속에 있을 때부터 비고 고요하다는 것을 알았었는데 이와 같이 시방에 이르기까지도 공(空)하여졌으며, 또한 중생으로 하여금 공한 성품을 증득하게 하였습니다. 그러다가 부처님께서 깨닫는 성품이 참으로 공한 것임을 밝혀 주셨으므로 공한 성품이 원만하게 밝아져서 아라한을 증득하고, 부처님의 보명공해(寶明空海)[107]에 들어가 부처님의 지견(知見)과 같아졌는데 더 배울 것이 없음을 이루었다고 인가하시어 해탈한 빈 성품은 저보다 더할 사람이 없다고 하셨습니다.

부처님께서 원만하게 깨달은 원인을 물으신다면 제가 증득한 바로는 모든 현상이 아닌 데에 들어가고 능히 아니라는 것과 아니라고 여겨질 대상이 다하여, 법을 돌려 없는 데로 돌아가는 방법이 제일인가 하나이다."

육식(六識)의 원통

사리불(舍利弗)이 자리에서 일어나 부처님의 발에 이마를 대어 절하고는 부처님께 아뢰었다.

"저는 오랜 겁으로부터 마음으로 보는 것이 깨끗했고 이렇게 세상에 태어난 것이 항하의 모래 수와 같이 많았는데, 세간과 출세간의 갖가지 변화를 한 번 보면 통달하여 장애가 없음을 얻었습니다.

저는 길로 다니다가 가섭파(迦葉波) 형제가 인연에 대하여 이야기하는 것을 듣고서 마음이 무한함을 깨닫고는 부처님을 따라 출가하여 보고 깨닫고 하는 것이 밝고 원만해서 큰 두려움이 없음을 증득하여 부처님의 장자가 되었으니, 부처님의 입을 좇아 났으며 법을 좇아 화생(化生)하였습니다.

부처님께서 원만하게 통한 원인을 물으신다면 제가 증득한 바로는 마음으로 보는 것이 광명을 발하여 그 광명이 극에 달한 지견(知見)이 되는 것이 제일인가 하나이다."

보현보살(普賢菩薩)이 자리에서 일어나 부처님의 발에 이마를 대어 절하고는 부처님께 아뢰었다.

"저는 이미 일찍부터 항하의 모래같이 많은 부처님의 법왕자가 되었사오며 시방의 모든 부처님의 보살근기(菩薩根機)가 있는 제자들을 가르칠 적에 보현행을 닦으라고 하셨으니 이는 저의 이름을 따른 것입니다.

세존이시여, 저는 마음으로 듣는 방법으로써 중생들이 지니고 있는 지견(知見)을 분별해서 만약 항하의 모래같이 많은 다른 세계에 어떤 한 중생이라도 마음으로 보현행을 잘 행하는 자가 있으면 저는 그때 어금니가 여섯 개인 흰 코끼리[六牙白象]를 타고 백천의 몸으로 분신하여 그들이 있는 곳마다 찾아가겠습니다. 비록 그 사람의 업장이 깊어서 저를 볼 수 없다고 하더라도 저는 몰래 그 사람의 이마를 어루만지며 옹호하고 편안하게 위로해서 그로 하여금 성취하도록 하겠습니다.

부처님께서 원만하게 통한 원인을 물으신다면 저는 본래의 원인을 말하겠사오니 마음으로 듣는 것이 밝게 발하여 자유자재로 분별하는 것이 제일인가 하나이다."

손타라난타(孫陀羅難陀)가 자리에서 일어나 부처님의 발에 이마를 대어 절하고는 부처님께 아뢰었다.

"저는 처음에 출가하여 부처님을 따라 도에 들어가서 비록 계율은 갖추었으나 삼마지에서 마음이 항상 흩어지고 움직여서 번뇌를 다 끊어 없애지 못하였는데 세존께서 저와 구치라를 시켜서 코 끝의 흰 부분을 관하게 하시기에 저는 처음부터 자세히 관해서 삼칠일이 지나서야 콧속의 기운을 보게 되었습니다. 들고나고 하는 것이 마치 연기와 같다가 몸과 마음이 안으로 밝아져서 세계에 원만하게 통하고 두루 비어서 깨끗해진 것이 마치 유리처럼 맑았으니, 연기의 모양이 차츰 사라지고 코의 숨이 청정해지면서 마음이 열리고 번뇌가 다 끊겨서 들고나는 숨이 광명으로 변하여 시방세계를 비추어서 아라한이 되었으므로 세존께서 저에게 수기(授記)하시기를 보리를 얻었다고 하셨습니다.

부처님께서 원만하게 통한 원인을 물으신다면 저의 생각으로는 오래도록 숨이 사라져서 광명을 발하고, 광명이 원만하여 모든 번뇌가 없어지게 하는 것이 제일인가 하나이다."

부루나미다라니자(富樓那彌陀羅尼子)가 자리에서 일어나 부처님의 발에 이마를 대어 절하고는 부처님께 아뢰었다.

"저는 오랜 겁으로부터 말재주가 뛰어나서 괴로움과 허공에 대하여 말하고 실상을 깊이 깨달았으며, 그처럼 항하의 모래수와 같이 많은 부처님의 비밀스러운 법문을 제가 대중 가운데서 미묘하게 열어 보여 두려움이 없음을 증득하였습니다.

세존께서 저에게 뛰어난 말솜씨가 있음을 아시고 음성륜(音聲輪)[108]으로써 저를 발양(發揚)하게 하셨는데 저는 부처님 앞에서 부처님을 도와 법륜을 굴리면서 사자후(獅子吼)[109]로 인하여 아라한이 되었으므로 세존께서 저를 인가하시기를 설법에는 제일이라고 하셨습니다.

부처님께서 원만하게 통한 원인을 물으신다면 저의 생각으로는 법음으로 악마와 원수를 항복 받고 모든 번뇌를 소멸시키는 것이 제일인가 하나이다."

우바리(優波離)가 자리에서 일어나 부처님의 발에 이마를 대어 절하고는 부처님께 아뢰었다.

"저는 친히 부처님을 따라 성을 넘어 출가하여 부처님께서 여섯 해 동안 괴로움을 견디시며 모든 마구니들을 항복 받고 외도들을 제압하여 세간의 탐욕 따위의 모든 번뇌에서 해탈하심을 친히 보고서 부처님께서 가르쳐 주신 계율을 받들어 이렇게 삼천 가지 행동과 팔만 가지 미세한 성업(性業)[110]과 차업(遮業)[111]이 모두 깨끗해졌으며 몸과 마음이 고요해져서 아라한이 되었사오니, 저는 부처님의 대중 가운데 규율을 세우는 책임을 맡았으므로 부처님께서 저의 마음을 인가하시어 계를 지키고 몸을 닦는 데는 대중 가운데 으뜸이라고 하셨습니다.

부처님께서 원만하게 통한 원인을 물으신다면 저의 생각으로는 몸을 단속하여 몸이 자재하게 되고, 다음에는 마음을 단속하여 마음이 통달한 연후에 몸과 마음이 모두 통하여 이롭게 되는 것이 제일인가 하나이다."

대목건련(大目犍連)이 자리에서 일어나 부처님의 발에 이마를 대어 절하고는 부처님께 아뢰었다.

"저는 처음에 길에서 우루빈나·가야·나제, 세 가섭을 만나 여래의 인연법에 대한 깊은 이치를 말하는 것을 듣고 제가 갑자기 발심하여 크게 통달하게 되었으니, 부처님께서 저의 몸에 가사가 입혀지고 수염과 머리털이 저절로 떨어지는 은혜를 주셨습니다.

저는 시방세계에 돌아다녀도 걸림이 없었으며 신통을 발휘함이 으뜸임을 미루어 아라한이 되었사오니 어찌 세존뿐이겠습니까? 시방의 부처님들께서도 저의 신통력이 원만하게 밝고 깨끗해져서 자재하여 두려움이 없음을 감탄하셨습니다.

부처님께서 원만하게 통한 원인을 물으신다면 저의 생각으로는 맑은 데로 돌아가 마음의 빛을 발함이 마치 흐린 물을 가라앉혀서 오래되면 맑고 깨끗하게 되는 것 같음이 제일인가 하나이다."

칠대(七大)의 원통

오추슬마(烏芻瑟摩)가 자리에서 일어나 부처님의 발에 이마를 대어 절하고는 부처님께 아뢰었다.

"저는 오랜 겁 전에 탐욕스러운 성품이 많았습니다. 그때 어떤 부처님께서 세상에 나오셨는데 그 이름이 '공왕'이었습니다. 그 분이 말씀하시기를 '음욕이 많은 사람은 맹렬한 불덩어리가 된다'고 하시며 저로 하여금 백해(百骸)와 사지의 따뜻한 기운을 두루 관하라고 하셨는데 신비한 광명이 안에서 엉키면서 많은 음심이 변하여 지혜의 불을 성취하였습니다. 그로부터 여러 부처님께서 저를 화두(火頭)라고 부르셨는데 저는 화광삼매(火光三昧)[112]의 힘으로 아라한이 되었습니다. 저는 마음으로 큰 서원을 발하여 모든 부처님께서 도를 성취하려 하시거든 제가 역사가 되어 마구니와 원수를 친히 항복 받겠다고 하였습니다.

부처님께서 원만하게 통한 원인을 물으신다면 저의 생각으로는 몸과 마음의 따뜻한 감촉이 걸림없이 유통함을 자세히 관하여 모든 번뇌가 이미 소멸되어서 큰 보배의 불꽃이 생겨나 최상의 깨달음에 오르는 것이 제일인가 하나이다."

지지보살(持地菩薩)이 자리에서 일어나 부처님의 발에 이마를 대어 절하고는 부처님께 아뢰었다.

"지난 옛적 보광여래께서 그 세상에 출현하셨을 때입니다. 저는 그때 비구의 몸으로서 가장 중요한 길목과 나루에서 산과 길이 험하고 좁아 여법(如法)하지 못하므로 수레와 말의 통행을 방해하거나 손상시키기에 제가 모두 메워서 평탄하게 하였으며, 혹은 다리를 놓기도 하고 흙과 모래를 져다 메우기도 하면서 이렇게 노력하기를 한량없는 부처님께서 세상에 출현하실 때까지 하였습니다.

그리고 어떤 중생이 복잡한 곳에서 짐꾼을 얻어 짐을 지우려고 하면 제가 먼저 짐을 지고 그 목적지까지 가서 짐을 내려놓고는 곧 돌아오고 품삯은 받지 않았습니다.

또 비사부(毘舍浮) 부처님께서 세상에 계실 적에는 여러 해 동안 흉년이 들었는데 저는 그때에도 짐꾼이 되어 멀고 가까움을 따지지 않고 일 전만 받았으며, 또 수레를 멘 어떤 소가 흙구덩이에 빠지게 되면 저의 신통력으로 그 바퀴를 밀어 주어 고뇌에서 벗어나게 해 주었습니다.

그때 국왕이 부처님을 맞아 재(齋)를 베풀었는데 제가 그 길을 평탄하게 닦아 놓고 부처님을 기다렸더니 비사(毘舍) 부처님께서 정수리를 만지시며 저에게 말씀하시기를 '마음을 평탄하게 가지면 온 세계의 땅이 다 평탄해질 것이다'라고 하셨으므로 저는 곧 마음이 열려서 몸에 있는 미세한 티끌이 세계를 이루고 있는 미세한 티끌과 평등하여 차별이 없음을 깨달아서 미세한 티끌과 자성이 서로 접촉되지 않았으며, 마침내 도병(刀兵)까지도 접촉됨이 없었습니다. 저는 법의 성품에서 무생인(無生忍)을 깨달아 아라한이 되었으며, 지금은 마음을 돌리어 보살의 지위에 들어가 부처님께서 묘련화의 불지견지(佛知見地)를 말씀하시는 것을 듣고 제가 먼저 증명하여 우두머리가 되었습니다.

부처님께서 원만하게 깨달은 원인을 물으신다면 저의 생각으로는 몸과 세계의 두 미세한 티끌이 평등하여 차별이 없으므로 본래 여래장에서 허망하게 미세한 티끌이 생긴 것임을 자세하게 관찰하여 그 미세한 티끌이 사라지고 지혜가 원만하게 되어 최상의 도를 이루는 것이 제일인가 하나이다."

월광동자(月光童子)가 자리에서 일어나 부처님의 발에 이마를 대어 절하고는 부처님께 아뢰었다.

"제가 생각해 보니 지난 옛날 항하의 모래같이 많은 겁 이전에 부처님께서 세상에 출현하셨으니 그 이름이 수천(水天)이었습니다. 부처님께서 모든 보살들을 가르치시기를 '물의 정밀한 성품을 닦고 익혀서 삼마지에 들어가되 몸 속에 있는 물의 성품은 서로 빼앗음이 없어서 처음으로 눈물과 침으로부터 진액·정액·피·대변·소변에 이르기까지 몸 속에 돌아다니는 모든 물의 성품은 동일한 것임을 관하여 그 물이 몸 속에 있는 것과 세계 밖 부당왕찰(浮幢王刹)[113]의 향수해와 평등하여 차별이 없음을 관하라'고 하셨습니다.

저는 그때 처음 그 관법을 이루어서 다만 물만 보았을 뿐 몸이 없어짐은 얻지 못한 채 비구가 되었으므로 방 안에서 편안히 참선을 하고 있었는데 저의 제자가 창문을 뚫고 방 안을 엿보다가 맑은 물만 방에 가득할 뿐 다른 것은 보이지 않자 어린 것이 무지하여 자갈을 가져다가 물 속에 던져 소리가 나게 하고는 힐끔힐끔 돌아보며 달아났습니다.

제가 선정에서 나온 뒤에 갑자기 가슴이 아프기가 마치 사리불이 원한의 귀신을 만났을 때와 같았으므로 제가 스스로 생각하기를 '지금 나는 이미 아라한의 도를 얻은 터라 오래 전부터 병의 인연을 벗어났는데 어찌하여 오늘 갑자기 가슴이 이렇게 아프단 말인가? 아마도 퇴보하여 잃게 되는 것은 아닐까?'라고 하였었는데 그때 동자가 제게 와서 앞에서 일어났던 일을 말하였습니다.

저는 곧 그에게 말해 주기를 '네가 다시 물을 보거든 즉시 문을 열고 그 물 속에 들어가서 자갈을 건져내라'고 하였습니다. 동자는 시키는 대로 다음에 선정에 들어갔을 적에 다시 물을 관하니 자갈이 완연하였습니다. 그래서 문을 열고 건져냈는데 그러고 나서 제가 선정에서 나오니 몸이 처음과 같았습니다.

그 후 한량없는 부처님을 만났으되 산해자재통왕(山海自在通王) 부처님 때에 이르러서야 비로소 몸이 없어져서 시방세계의 모든 향수해와 더불어 성품이 참다운 허공에 합하여 둘도 없고 차별도 없으므로 지금 여래에게 '동진(童眞)'이란 이름을 얻어 보살의 모임에 참여하였습니다.

부처님께서 원만하게 통한 원인을 물으신다면 저의 생각으로는 물의 성품이 한결같이 흘러 통하여 무생인을 얻어서 보살을 원만하게 이루는 것이 제일인가 하나이다."

유리광보살(琉璃光菩薩)이 자리에서 일어나 부처님의 발에 이마를 대어 절하고는 부처님께 아뢰었다.

"제가 생각하니 옛날 항하의 모래같이 많은 겁 이전에 어떤 부처님께서 세상에 나오셨는데 그 이름이 무량성이셨습니다. 보살께서 본래 깨달으신 오묘한 마음을 열어 보이시되 '이 세계와 중생의 몸이 모두가 허망한 인연인 바람의 힘으로 움직이는 것임을 관하라'고 하셨습니다.

저는 그때 경계가 편안히 성립된 것과, 시간이 흘러가는 것과, 몸이 움직이고 멈추는 것과, 마음이 움직이는 생각을 관하였으되 모든 움직임이 둘이 아니어서 평등하여 차별이 없었습니다. 저는 그때 이 여러 가지 움직이는 성품이 와도 좇아 온 데가 없고 가도 돌아갈 곳이 없으며, 시방의 미세한 티끌같이 많은 뒤바뀐 중생들은 다같이 허망해서 삼천대천세계 속에 있는 중생들이 마치 한 그릇 속에 담아 놓은 백 마리의 모기가 앵앵거리고 시끄럽게 울면서 푼촌[分寸]만한 가운데에서 고동치고 발광하며 소란스럽게 구는 것과 같음을 깨달았습니다.

그러다가 부처님을 만난 지 오래지 아니하여 무생인을 얻었는데 그때 마음이 열려서 동방의 부동존 부처님의 나라[不動佛國]를 보고서 법왕자가 되어 시방의 모든 부처님을 섬겼으며 몸과 마음이 광명을 발하여 환하게 통해서 걸림이 없었습니다.

부처님께서 원만하게 통한 원인을 물으신다면 저의 생각으로는 바람의 힘이 의지할 데가 없음을 관찰하여 보리심을 깨닫고 삼마지에 들어가서 시방의 부처님과 합하고 오묘한 마음을 전일하게 하는 것이 제일인가 하나이다."

허공장보살(虛空藏菩薩)이 자리에서 일어나 부처님의 발에 이마를 대어 절하고는 부처님께 아뢰었다.

"저는 부처님과 함께 정광(定光) 부처님 처소에서 끝이 없는 몸을 얻었습니다. 그때 손에는 네 개의 큰 보배구슬을 들고서 시방의 미세한 티끌같이 많은 부처님 세계를 비추어 허공으로 변화시켰으며, 또 스스로의 마음에 크고 둥근 거울을 나타내고 그 속에서 열 가지 미묘한 보배광명을 발하여 시방의 끝없는 허공에 있는 모든 세계를 비춰 주고는, 거울 속으로 들어왔고 내 몸에 들어와서는 몸이 허공과 같아져서 서로 방해하거나 걸림이 없었으며, 몸이 작은 먼지같이 많은 국토에 들어갈 수가 있어서 널리 불사를 행하여 크게 순하게 따름을 얻었습니다. 이 큰 신비한 힘은 네 가지 원소가 의지할 곳이 없이 허망한 생각으로 생기고 없어지는 것이어서 허공과 다름이 없으며, 불국과 본래 같은 것임을 자세히 관찰함으로 말미암아 같은 데에서 발명하여 무생인을 얻었습니다.

부처님께서 원만하게 통한 원인을 물으신다면 저의 생각으로는 허공이 끝이 없음을 관찰하여 삼마지에 들어가서 오묘한 힘이 원만하고 밝게 되는 것이 제일인가 하나이다."

미륵보살(彌勒菩薩)이 자리에서 일어나 부처님의 발에 이마를 대어 절하고는 부처님께 아뢰었다.

"제가 생각해 보니 지나간 옛날 미세한 티끌처럼 많은 겁 이전에 어떤 부처님께서 세상에 나오셨는데 그 이름이 일월등명이셨습니다. 저는 그 부처님을 따라 출가하게 되었으나 마음에는 세상의 명성을 소중하게 여겨 족성(族姓)과 어울려 놀기를 좋아하였습니다.

그때 세존께서 저로 하여금 '오직 심식(心識) 선정을 닦아 익혀서 삼마지에 들어가라'고 하셨습니다. 여러 겁을 지나는 동안 이 삼매로써 항하의 모래처럼 많은 부처님을 섬겼더니 세상의 명성을 구하겠다는 마음이 완전히 사라져 없어졌고, 연등(燃燈) 부처님께서 세상에 출현하기에 이르러서는 제가 가장 오묘하고 원만한 식심삼매(識心三昧)를 증득하여 허공에 가득한 부처님의 국토가 깨끗하고 더럽고 있고 없는 것까지가 모두 제 마음의 변화로 나타나는 것임을 깨달았습니다.

세존이시여, 저는 이러한 것이 오직 심식이라는 것을 깨달았으므로 의식의 성품이 한량없는 부처님을 배출하였고 지금 수기를 얻어서 부처님 지위를 이어받게 되었습니다.

부처님께서 원만하게 통한 원인을 물으신다면 저의 생각으로는 시방이 오직 의식으로 인하였음을 자세히 관하여 인식하는 마음이 원만하게 밝아져서 원만하게 성취한 진실에 들어가 의타(依他)[114]와 변계집(遍計執)[115]을 멀리 벗어나 무생인을 증득하는 것이 제일인가 하나이다."

대세지보살(大勢地菩薩)이 그의 동료 쉰둘이나 되는 보살들과 함께 자리에서 일어나 부처님의 발에 이마를 대어 절하고는 부처님께 아뢰었다.

"제가 생각하니 지나간 옛날 항하의 모래처럼 많은 겁 이전에 어떤 부처님께서 세상에 출현하셨는데 그 이름이 무량광이셨으며, 열두 부처님이 일 겁 동안 계속하여 나셨는데 그 마지막 부처님의 이름이 초일월광이셨습니다. 그 부처님께서 저에게 염불삼매를 가르치시되 '비유하면 마치 한 사람은 기억하기를 전념하고 다른 한 사람은 잊어버리기를 전념한다고 할 때, 이러한 두 사람은 만약 서로 만났더라도 만난 것이 아니며 보았더라도 본 것이 아니거니와 두 사람이 서로 기억해서 이렇게 기억하는 두 생각이 깊으면 이와 같이 이 생에서 저 생에 이르도록 형체에 그림자가 따르듯이 서로 어긋나지 않으리니, 시방 부처님은 중생을 가엾게 생각하심이 마치 어미가 아들을 생각하듯 하시니 만약 아들이 도망하여 간다면 비록 생각한들 무엇하겠느냐?

아들이 만약 어머니를 생각함이 마치 어머니가 아들을 생각할 때처럼 한다면 어머니와 아들이 여러 생을 지내더라도 서로 멀리 떨어지지 아니하는 것과 같다. 만약 중생의 마음이 부처님을 기억하면서 염불하면 지금이나 뒷세상에 반드시 부처님을 보게 되어 부처님과의 거리가 멀지 않아서 방편을 빌리지 않고서도 저절로 마음이 열려지는 것이, 마치 향기를 물들이는 사람의 몸에 향기가 배는 것과 같을 것이니 이를 이름하여 향광엄장(香光嚴藏)이라 한다'고 하셨습니다.

저는 본래 인지(因地)에서 염불하는 마음으로 무생인에 들어갔고, 지금 이 세계에서도 염불하는 사람을 이끌어다가 정토에 돌아가게 하고 있습니다.

부처님께서 원만하게 통한 원인을 물으신다면 저의 생각으로는 특별한 것을 가림이 없어서 여섯 개의 감각기관을 모두 단속하여 깨끗한 생각이 서로 계속함으로써 삼마지에 들어가는 것이 제일인가 하나이다."

제6권

관세음보살의 원통력

그때 관세음보살이 자리에서 일어나 부처님의 발에 이마를 대어 절하고는 부처님께 아뢰었다.

"세존이시여, 생각해 보니 옛날에 한량없는 항하의 모래 수만큼 많은 겁 이전에 어떤 부처님께서 세상에 출현하셨는데 그 이름이 관세음이셨습니다.

저는 그 부처님으로 인하여 보리심을 발하였더니 그 부처님께서 저를 가르치시되 '듣는 것으로부터 생각하고 닦아서 삼마지에 들어가라'고 하셨습니다.

처음 듣는 것으로부터 흐름[法流]에 들어가되 처소가 없어서 들어간 곳이 이미 고요해지니, 움직이고 고요한 두 모양이 또렷이 생기지 아니하거늘, 이와 같이 점점 더해서 듣는 주체와 들을 대상이 다 끊어지며 듣는 주체가 다 끊긴 것도 남아 있지 아니하여 깨닫는 주체와 깨달을 대상이 공해졌으며 공한 깨달음이 아주 원만하여 공한 것도 공할 것도 없어졌더니 나고 없어짐이 이미 끊어진지라 고요함이 앞에 나타나더이다.

홀연히 세간과 출세간을 초월하여 시방이 원만하게 밝아져서 두 가지 수승함을 얻었으니, 하나는 위로 시방의 모든 부처님께서 본각인 오묘한 마음과 합하여 부처님의 인자하신 힘과 동일하게 되는 것이고, 둘째는 아래로 시방 여섯 세계의 모든 중생과 합하여 중생과 더불어 비앙(悲仰)[116]이 동일해지는 것입니다.

세존이시여, 제가 관음여래를 공양함으로 인해서 그 여래께서 저에게 허깨비와 같은 듣는 것을 비추어 보고, 그것을 닦는 금강삼매를 일러 주심으로 말미암아 부처님과 사랑스런 힘이 같아졌으므로 저의 몸으로 하여금 서른두 가지 응신(應身)을 이루어서 여러 국토에 들어갈 수 있게 하여 주셨습니다.

세존이시여, 만약 모든 보살들이 삼마지에 들어가서 번뇌가 없어지는 수행을 하여 수승한 깨달음이 원만하게 나타나면 저는 그 사람 앞에서 부처님의 몸으로 나타나 그를 위하여 설법해서 그로 하여금 해탈하도록 하겠습니다.

만약 더 배워야 할 사람들이 고요하고 오묘하게 밝아서 뛰어나고 오묘한 것이 원만하게 나타나면 저는 그의 앞에 벽지불의 몸〔獨覺身〕으로 나타나서 그를 위해 설법하여 그로 하여금 해탈하도록 하겠습니다.

만약 더 배워야 할 사람들이 열두 가지 인연을 끊어버리고 인연이 끊긴 수승한 성품에 뛰어나고 오묘한 것이 원만하게 나타나면 저는 그의 앞에 연각(緣覺)의 몸으로 나타나서 그를 위하여 설법해서 그로 하여금 해탈하도록 하겠습니다.

만약 더 배워야 할 사람들이 사제(四諦, 苦·集·滅·道)가 공한 것임을 깨달아서 도를 닦아 멸함에 들어가 수승한 성품이 원만하게 나타나면 저는 그의 앞에 성문의 몸으로 나타나서 그를 위해 설법하여 그로 하여금 해탈하도록 하겠습니다.

　만약 모든 중생이 욕심을 밝게 깨달아서 욕심의 티끌을 범하지 아니하고 욕심덩어리인 그 몸이 깨끗해지면 저는 그의 앞에 범왕(梵王)의 몸으로 나타나서 그를 위해 설법하여 그로 하여금 성취토록 하겠사오며, 만약 모든 중생이 천주(天主)가 되어 여러 하늘을 통솔하고자 하면 저는 그의 앞에 제석(帝釋)의 몸으로 나타나서 그를 위해 설법하여 성취하도록 하겠습니다.

　만약 모든 중생이 욕심으로 뭉쳐진 몸뚱이가 자유롭게 되어서 시방에 나다니게 되면 저는 그의 앞에 자재천(自在天)의 몸으로 나타나서 그를 위해 설법하여 그로 하여금 성취하도록 하겠사오며, 만약 모든 중생이 욕심으로 뭉쳐진 몸이 자재하게 되어 허공에 날아다니거든 저는 그의 앞에 대자재천(大自在天)의 몸으로 나타나서 그를 위해 설법하여 그로 하여금 성취하도록 하겠습니다.

　만약 모든 중생이 귀신을 통솔하여 국토 보전하기를 좋아하면 저는 그의 앞에 하늘의 대장군(大將軍)의 몸으로 나타나서 그를 위해 설법하여 그로 하여금 성취하도록 하겠사오며, 만약 모든 중생이 세계를 통솔하여 중생 보호하기를 좋아하면 저는 그의 앞에 사천왕(四天王)의 몸으로 나타나서 그를 위해 설법하여 그로 하여금 성취하도록 하겠사오며, 만약 모든 중생이 천궁에 나서 귀신 부리기를 좋아하면 저는 그의 앞에 사천왕국

태자의 몸으로 나타나서 그를 위해 설법하여 그로 하여금 성취하도록 하겠습니다.

만약 모든 중생이 인간 세상의 왕이 되기를 좋아하면 저는 그의 앞에 인간 세상의 왕으로 나타나서 그를 위해 설법하여 그로 하여금 성취하도록 하겠사오며, 만약 중생이 족성(族姓)의 맹주가 되어 세상에서 추앙받기를 좋아하면 저는 그의 앞에 부자의 몸으로 나타나서 그를 위해 설법하여 그로 하여금 성취하도록 하겠습니다.

만약 모든 중생이 유명한 말을 하여 조촐하게 살기를 좋아하면 저는 그의 앞에 거사의 몸으로 나타나서 그를 위해 설법하여 그로 하여금 성취하도록 하겠습니다.

만약 모든 중생이 국토를 다스려서 나라를 쪼개어 제도를 바로잡기를 좋아하면 저는 그의 앞에 재상의 몸으로 나타나서 그를 위해 설법하여 그로 하여금 성취하도록 하겠사오며, 만약 모든 중생이 술수로써 자신을 호위하며 살기를 좋아하면 저는 그의 앞에 바라문의 몸으로 나타나서 그를 위해 설법하여 그로 하여금 성취하도록 하겠습니다.

만약 어떤 남자가 배우기를 좋아하여 출가하여 계율을 지키면 저는 그의 앞에 비구의 몸으로 나타나서 그를 위해 설법하여 그로 하여금 성취하도록 하겠사오며, 만약 어떤 여자가 배우기를 좋아하여 출가하여 금하는 계율을 지키면 저는 그의 앞에 비구니의 몸으로 나타나서 그를 위해 설법하여 그로 하여금 성취하도록 하겠사오며, 만약 어떤 남자가 다섯 가지 계율 지키기를 좋아하면 저는 그의 앞에 우바새의 몸으로 나타나서 그를 위해 설법하여 그로 하여금 성취하도록 하겠사오며, 만약 어떤 여자가 다섯 가지 계율을 잘 지키면 저는 그의 앞에 우바이의 몸으로 나타나서 그를 위해 설법하여 그로 하여금 성취하도록 하겠습니다.

만약 어떤 여인이 내부 살림으로 입신하여 가정과 나라를 다스리려고 하면 저는 그의 앞에 여주인의 몸이나 왕의 부인 혹은 대신의 부인으로 나타나서 그를 위해 설법하여 그로 하여금 성취하도록 하겠습니다.

만약 어떤 정숙한 사내가 남근(男根)을 더럽히지 아니하려고 하면 저는 그의 앞에 동남(童男)의 몸으로 나타나서 그를 위해 설법하여 그로 하여금 성취하도록 하겠사오며, 만약 어떤 처녀가 처녀의 몸으로 있기를 좋아하여 난폭한 침략을 당하지 않으려고 하면 저는 그의 앞에 동녀(童女)의 몸으로 나타나서 그를 위해 설법하여 그로 하여금 성취하도록 하겠습니다.

만약 어떤 하늘이 그 하늘의 무리에서 벗어나고자 하면 저는 그의 앞에 하늘의 몸으로 나타나서 그를 위해 설법하여 그들로 하여금 성취하도록 하겠사오며, 만약 모든 용들이 용의 무리에서 벗어나고자 하면 저는 그의 앞에 용의 몸으로 나타나서 그를 위해 설법하여 그들로 하여금 성취하도록 하겠습니다.

만약 야차들이 그 야차들의 무리에서 벗어나고자 하면 저는 그의 앞에 야차의 몸으로 나타나서 그를 위해 설법하여 그들로 하여금 성취하도록 하겠사오며, 만약 건달바들이 그 무리에서 벗어나고자 하면 저는 그의 앞에 건달바의 몸으로 나타나서 그를 위해 설법하여 그들로 하여금 성취하도록 하겠습니다.

만약 아수라들이 그 무리에서 벗어나고자 하면 저는 그의 앞에 아수라의 몸으로 나타나서 그를 위해 설법하여 그로 하여금 성취하도록 하겠사오며, 만일 긴나라들이 그의 무리에서 벗어나고자 하면 저는 그의 앞에 긴나라의 몸으로 나타나서 그를 위해 설법하여 그로 하여금 성취하도록 하겠습니다.

만약 마후라가들이 그의 무리에서 벗어나고자 하면 저는 그의 앞에 마후라가의 몸으로 나타나서 그를 위해 설법하여 그로 하여금 성취하도록 하겠사오며, 만약 모든 중생들이 사람을 좋아하여 사람되는 법을 닦으면 저는 그의 앞에 사람의 몸으로 나타나서 그를 위해 설법하여 그로 하여금 성취하도록 하겠습니다.

만약 사람이 아닌 형상이 있는 것·형상이 없는 것·생각이 있는 것·생각이 없는 것들이 그 무리에서 벗어나고자 하면 저는 그의 앞에 그들의 모습으로 나타나서 그를 위하여 설법하여 그들로 하여금 성취하게 하겠습니다.

이것을 이름하여 오묘하고 깨끗한 서른두 가지 응신으로 국토에 들어가는 몸이라 하나니 모두가 삼매에서 듣는 것을 훈습하고 듣는 것을 닦아 작위가 없는 오묘한 힘으로써 자재함을 성취한 것이니라.

세존이시여, 저는 또다시 이 듣는 것을 훈습하고 듣는 것을 닦는 금강삼매의 작위가 없이 오묘한 힘으로 시방삼세 육도의 모든 중생으로 더불어 비앙(悲仰)이 같으므로 모든 중생으로 하여금 저의 몸과 마음에서 열네 가지 두려움 없는 공덕을 얻게 하겠나이다.

첫째는 제가 스스로 소리를 관하지 못함으로 말미암아서 관하는 것을 관하였으므로 시방세계에서 고뇌하는 중생으로 하여금 그 음성을 관하여 해탈을 얻게 하겠나이다.

둘째는 지견을 돌이켜 회복하였으므로 중생으로 하여금 설사 큰 불 속에 들어가더라도 그 불이 태우지 못하게 하겠나이다.

셋째는 보고 듣는 것을 돌이켜 회복하였으므로 중생으로 하여금 큰물에 떠내려가더라도 그 물이 빠뜨리지 못하게 하겠나이다.

넷째는 허망한 생각을 끊어 없애서 마음에 살해할 생각이 없으므로 모든 중생으로 하여금 귀신의 세계에 들어가더라도 그 귀신이 해칠 수 없도록 하겠나이다.

다섯째는 듣는 것을 훈습하여 그 듣는 성품을 성취시켜 여섯 개의 감각기관을 없애고 다시 회복시켜 소리를 듣는 것과 같으므로 모든 중생으로 하여금 피해를 입게 되더라도 칼이 동강동강 부러져서 병장기로 하여금 물을 베이는 듯하고 또한 빛을 발하는 듯하여 본래의 성품이 흔들림이 없게 하겠나이다.

여섯째는 듣는 것을 훈습함이 정밀하고 밝아서 그 밝음이 법계에 두루 비치어 모든 어두움이 그 성품을 온전하게 보전하지 못하므로 모든 중생으로 하여금 야차·나찰·구반다·귀신·비사자·부단나 등이 비록 그 곁에 가까이 가더라도 눈으로 볼 수 없게 하겠나이다.

일곱째는 소리의 성품이 원만하게 사라지고 보고 듣는 것을 돌이켜 들어가서 모든 허망한 대상인 물질의 현상을 여의었으므로 모든 중생들로 하여금 구금하여 얽어매고 가두고 구속함

능엄경

이 조금도 붙을 수 없게 하겠나이다.

여덟째는 소리가 없어지고 들음이 원융하게 되어 인자한 힘을 두루 내므로 모든 중생으로 하여금 험악한 길을 지나게 하더라도 도적이 겁탈할 수 없게 하겠나이다.

아홉째는 듣는 것을 훈습하고 대상인 물질을 여의어서 색(色)이 겁탈하지 못하므로 일체의 많은 음욕으로 성품에 장애가 생긴 모든 아전가로 하여금 탐욕을 영원히 여의도록 하겠나이다.

열째는 음성이 순수하여 허망한 티끌이 없어서 감각기관과 그 대상이 원융해져서 상대하는 것과 상대될 대상이 없으므로 성내고 한을 품은 성품의 장애가 있는 모든 아전가들로 하여금 진에(瞋恚)에서 영원히 벗어나게 하겠나이다.

열한째는 허망한 티끌이 사그러지고 밝음을 돌이켜서 법계와 몸과 마음이 마치 유리처럼 맑아서 밝게 사무쳐 막힘이 없으므로 어둡고 둔하며 싱품이 막힌 모든 아진가로 하여금 이리석음에서 영원히 벗어나게 하겠나이다.

열두째는 형상이 원융하고 듣는 것을 회복시켜 도량을 동요하지 아니하고 세간에 들어가되 세계를 무너뜨리지 아니하고 시방에 두루하여 작은 티끌처럼 많은 모든 부처님을 공양하고 각각 부처님의 곁에서 법왕자가 되었으므로 법계의 자식이 없는 중생들이 남자를 구하는 자로 하여금 복덕이 있고 지혜가 많은 남자가 태어나게 하겠나이다.

열셋째는 여섯 개의 감각기관이 원만하게 통해서 밝게 비침이 둘이 아니므로 시방의 법계를 포함하여 대원경(大圓鏡)[117]과

공여래장(空如來藏)[118]을 성립하여 시방의 작은 먼지같이 많은 부처님의 비밀스러운 법문을 순종하여 그를 이어받아 잃지 않았으므로 법계에 자식이 없는 중생들이 여자를 구하려는 자로 하여금 단정하고 복덕이 있고 유순하여 모든 사람들이 사랑하고 공경할 만한 잘생긴 딸을 탄생하게 하겠나이다.

열넷째는 이 삼천대천세계의 백 억이나 되는 해와 달에서 세간에 현재 머무는 모든 법왕자가 육십이 억의 항하의 모래같이 많이 있으니 법을 닦고 모범을 보여서 중생을 교화시키며 중생을 잘 따르게 하는 방편과 지혜가 각각 같지 않지만, 제가 얻은 원만하게 통한 근본이 오묘한 귀로부터 발생한 다음에 몸과 마음이 미묘하게 포용해서 법계에 두루하였으므로 중생으로 하여금 저의 이름만 불러도 저들이 육십이 억의 법왕자를 함께 부르는 것과 그 복덕이 똑같아서 다를 것이 없을 것이다.

세존이시여, 저 한 사람의 이름이 저렇게 많은 이의 이름과 다름이 없는 것은 제가 닦아 익혀서 참으로 원만하게 통함을 얻었기 때문입니다. 이것이 열네 가지 두려움 없는 힘을 베풀어 중생에게 복을 주는 것입니다.

세존이시여, 저는 이미 이 원만하게 통함을 얻어서 최상의 도를 닦아 증득하였으므로 또 네 가지 생각으로는 헤아리지 못할 작용이 없는 오묘한 덕을 얻을 수 있었사오니, 첫째는 제가 처음으로 오묘하고 오묘하게 듣는 마음을 얻어 마음이 정밀해져서 들음을 버릴 수가 있게 되었으며, 보고 듣고 깨닫고 느끼는 것이 따로이 막히는 것이 없어서 한결같이 원융하고 깨끗한 보배의 깨달음을 이루었으므로 저는 여러 가지 오묘한 용모를 나타내며 그지없는 비밀스러운 신주를 말하나이다.

그 가운데 혹 머리가 하나이거나 셋 또는 다섯·일곱·아홉·열하나로 나타나기도 하며, 이와 같이 백팔에서부터 천·만·팔만사천의 삭가라 머리를 나타내기도 하며, 혹은 팔이 둘·넷·여섯·여덟·열·열둘·열넷·열여섯·열여덟·스물로 나타나며 이와 같이 백팔에서부터 천·만·팔만사천의 모타라 팔을 나타내기도 하고, 혹 눈이 둘·셋·넷·아홉으로 나타나며 이와 같이 백팔에서부터 천·만·팔만사천의 깨끗한 보배의 눈을 나타내기도 해서 때로는 자비, 때로는 위엄, 때로는 선정, 때로는 지혜로 중생들을 구호하되 크게 자재함을 얻게 하겠나이다.

둘째는 제가 듣고 생각하는 것으로 말미암아 여섯 가지 대상인 물질에서 벗어남이 마치 소리가 담을 넘어가는 것과 같아서 이를 막을 수가 없으므로 저의 오묘한 능력이 갖가지 형상을 나티내어 갖기지 주문을 외우되 그 형상과 그 주문이 두려움이 없는 것으로써 중생에게 베푸나니 이 때문에 시방의 작은 티끌같이 많은 국토에서 모두 저를 이름하여 두려움 없이 베푸는 자라고 합니다.

셋째는 제가 본래 오묘하고 원만하게 통한 깨끗한 근본을 닦고 익힘으로 말미암아 다니는 세계마다 모든 중생으로 하여금 몸과 귀중한 보배를 버리고 저에게서 '가엾고 불쌍하게 여겨 줌'을 구하도록 하겠습니다.

넷째는 제가 부처님의 마음을 얻어 최후의 것까지 증득하고 여러 가지 귀중한 보배로써 시방의 여래를 공양하며, 그 밖에 법계의 육도중생까지 미쳐서 아내를 구하면 아내를 얻게 하고, 아들을 구하면 아들을 얻게 하고, 삼매를 구하면 삼매를 얻게 하고, 오래 살기를 구하면 오래 삶을 얻게 하며, 이와 같이 큰 열반을 구하면 큰 열반까지도 얻게 하겠나이다.

부처님께서 원만하게 통한 원인을 물으신다면 저의 생각으로는 귀를 따라 원만하게 비추는 삼매로 말미암아 반연하는 마음이 자재하게 되어서 흐름에 들어가는 현상으로 인하여 삼마지를 얻고 보리를 성취하는 것이 제일인가 하나이다.

세존이시여, 저 부처님께서 원만하게 통하는 법문을 훌륭하게 증득하였다고 찬탄하시고 큰 모임에서 저에게 수기하여 관세음이라고 하였사오니 이는 저의 들음을 관함으로 말미암아서 시방이 원만하게 밝았으므로 관세음이란 이름이 시방세계에 두루 퍼지게 되었습니다."

그때 세존께서 사자좌에서 온몸으로부터 보배의 광명을 내시어 시방의 모든 부처님과 여러 법왕자 보살들의 이마 위에 잇대게 하시고 저 모든 부처님도 온몸에서 함께 보배의 빛을 내시어 티끌처럼 많은 곳을 거쳐와서 부처님의 정상에 잇대시며 아울러 모임 중의 모든 큰 보살과 아라한에게까지 잇대었으니, 숲 속의 나무와 웅덩이 늪까지도 모두 진리를 연설하며 광명이 교차되어 서로 펼쳐짐이 마치 보배의 실로 짠 그물과 같거늘 이 모든 대중들이 일찍이 없었던 일을 얻었으며 널리 금강삼매를 얻게 되었다.

그때 하늘에서 온갖 보배연꽃이 내려서 푸르고 누렇고 붉고 흰 것이 찬란하게 사이사이 섞였으며, 시방의 허공이 일곱 가지 보배의 색깔을 이루었으니 이 사바세계의 땅덩어리와 산과 강은 일제히 보이지 않고 오직 보이는 것은 시방의 작은 티끌처럼 많은 국토가 합하여 한 세계로 된 것이었으니, 범패와 노래소리가 자연히 울려 퍼졌다.

문수보살의 관찰

그때 세존께서 문수사리보살에게 말씀하셨다.

"너는 지금 이 스물다섯 명의 배울 것이 없는 모든 보살들과 아라한을 관찰하여라. 각각 최초의 도를 이룬 방편을 말하되 모두 진실하고 원만하게 통함을 닦았다고 하였으니 그들의 수행은 진실로 우열도 앞뒤의 차별도 없는 것이겠으나 내가 지금 아난으로 하여금 깨닫게 하고자 하나니 스물다섯 가지 수행 중에서 어느 것이 그의 근기에 직당하겠으며, 그리고 내가 멸도한 뒤에 이 세계의 중생들이 보살승(菩薩乘)에 들어가서 최상의 도를 구하려면 어떤 방편의 문이라야 쉽게 성취할 수 있겠느냐?"

문수보살이 부처님의 뜻을 받들어 곧 자리에서 일어나 부처님의 발에 이마를 대어 절하고 부처님의 위엄스럽고 신통함을 받들어 게송을 읊어 부처님께 대답하였다.

깨달음의 바다 그 성품 맑고 둥글어
둥글고 맑은 깨달음이 원래 오묘하더이다

제6권

원래 밝음이 비치어 대상이 생기나니
그 대상이 생기면 밝은 성품 없어지리.

혼미하고 허망하여 허공이 있게 되고
허공을 의지하여 세계가 성립되네
생각이 엉켜서 국토가 이뤄지고
허망한 깨달음으로 중생이 되나이다.

허공이 대각(大覺) 중에서 생겨남이
마치 바다에서 물거품이 일어나는 듯하니
작은 티끌같이 많은 유루의 국토가
모두 허공에 의하여 생기는 것이라네.

물거품이 없어지면 허공도 본래 없을 것이거늘
더구나 다시 삼유(三有, 三界)가 있겠습니까?
본원(本元)으로 돌아가면 성품이 둘이 아니나
돌아가는 방편으론 여러 문이 있다네.

성인의 성품으로는 통하지 않음이 없어
순하고 거스름이 모두가 방편이지만
초심자로서 삼매에 들어갈 적엔
더디고 빠름이 같지 않다네.

색(色)은 생각이 맺히어 이루어진 티끌

정밀하고 또렷함으로도 통할 수가 없으니
이렇게 명철(明徹)하지 못한 것으로
어떻게 원만하게 통함을 얻을 수 있겠습니까?

음성이 섞여진 언어이므로
다만 이름과 구절과 의미뿐이니
한 마디 말이 일체를 포함할 수 없거늘
어떻게 원만하게 통함을 얻을 수 있겠습니까?

냄새는 코와 만나야만 느낄 수 있고
코를 떠나서는 본래 있는 것이 아니니
항상 느끼는 것이 아니거늘
어떻게 원만하게 통함을 얻을 수 있겠습니까?

맛보는 성품은 본래 사언 그대로가 아니라서
맛볼 때에만 있는 것이니
그 느낌이 항상한 것이 아니거늘
어떻게 원만하게 통함을 얻을 수 있겠습니까?

감촉은 감촉하는 대상으로 인해 느끼고
그 감촉의 대상이 없으면 감촉을 느낄 수가 없나니
합하고 여읨에 성품이 일정치 않거늘
어떻게 원만하게 통함을 얻을 수 있겠습니까?

법은 내진(內塵)이라고 하는데
내진에 의한 것이면 반드시 처소가 있으리니
주체와 객체가 널리 통하지 못하거늘
어떻게 원만하게 통함을 얻을 수 있겠습니까?

보는 성품이 비록 밝다고 하여도
앞만 밝고 뒤는 밝지 못하여
사유(四維, 四方)에서 하나 반이 모자라거니
어떻게 원만하게 통함을 얻을 수 있겠습니까?

코로 숨쉬는 것은 들고남에 통하기는 하나
교차하는 순간에는 기운이 없어
연속하여 들어가지 못하나니
어떻게 원만하게 통함을 얻을 수 있겠습니까?

혀는 무단히 들어가지 않는지라
맛을 통해야만 느낌이 생기나니
그 맛이 없으면 느끼는 것이 없게 되거늘
어떻게 원만하게 통함을 얻을 수 있겠습니까?

몸은 감촉하는 대상과 같아서
각각 원만하게 깨닫고 보지 못하나니
몸과 감촉은 한계가 있어 서로 합하지 못하거늘
어떻게 원만하게 통함을 얻을 수 있겠습니까?

지근(知根)은 어지러운 생각이 섞이어
밝은 지혜를 보지 못하나니
허망한 생각을 벗어나지 못하거늘
어떻게 원만하게 통함을 얻을 수 있겠습니까?

보는 의식은 세 가지 조화가 섞인 것이라
근본을 따져 보면 실상이 아니니
자체가 애당초 결성됨이 없거늘
어떻게 원만하게 통함을 얻을 수 있겠습니까?

마음으로 들음이 시방세계에 통하는 것은
큰 인연의 힘에서 생긴 것이니
초심자로는 들어갈 수가 없거늘
어떻게 원만하게 통함을 얻을 수 있겠습니까?

코에 생각을 두라 함은 본래가 방편으로서
다만 마음을 붙들어서 머물게 하심이니
마음이 머무는 것이거늘
어떻게 원만하게 통함을 얻을 수 있겠습니까?

법을 설하여 말과 글로 희롱함은
깨달아 앎을 먼저 이룬 것이니
말과 글귀는 번뇌가 없어짐이 아니거늘
어떻게 원만하게 통함을 얻을 수 있겠습니까?

계율을 지킴은 몸만을 단속하는 것
몸이 아니면 단속할 대상이 없으니
원래가 일체에 두루하지 아니한 것이거늘
어떻게 원만하게 통함을 얻을 수 있겠습니까?

신통은 본래 숙세의 인연이니
법진을 분별함과 무슨 관계가 있으리까?
생각과 인연은 물질을 여읜 것이 아니거늘
어떻게 원만하게 통함을 얻을 수 있겠습니까?

만약 땅의 성품으로 관찰하건댄
굳게 막혀서 통달함이 아니며
작위(作爲)가 있으면 성인의 성품이 아니거늘
어떻게 원만하게 통함을 얻을 수 있겠습니까?

만약 물의 성품으로써 관찰하건댄
상념(想念)은 진실함이 아니고
여여(如如)는 느끼고 보는 대상이 아니거늘
어떻게 원만하게 통함을 얻을 수 있겠습니까?

만약 불의 성품으로 관찰하건댄
있음을 싫어함이 진정한 여읨이 아니며
초심자에게 맞는 방편이 아니거늘
어떻게 원만하게 통함을 얻을 수 있겠습니까?

만약 바람의 성품으로 관찰하건댄
움직이고 고요함이 상대가 없지 아니하니
상대가 있음은 최상의 깨달음이 아니거늘
어떻게 원만하게 통함을 얻을 수 있겠습니까?

만약 허공의 성품으로 관찰하건댄
혼둔(昏鈍)한 것이지 애당초 깨달음이 아니니
깨달음이 없는 것은 보리와 다르거늘
어떻게 원만하게 통함을 얻을 수 있겠습니까?

만약 의식의 성품으로 관찰하건댄
관찰할 의식이 항상 머물지 아니하며
마음을 붙들어 둔다는 것이 허망한 것이거늘
어떻게 원만하게 통함을 얻을 수 있겠습니까?

모든 행동은 항상함이 없는 것이며
생각하는 성품은 본래 나고 죽는 것이니
인과가 지금 다르게 느껴지거늘
어떻게 원만하게 통함을 얻을 수 있겠습니까?

제가 지금 세존께 아뢰옵니다
부처님께서 사바세계에 오시니
이곳에서 진실한 가르침의 실체는
깨끗함이 소리를 듣는 데 있는 듯하옵니다.

삼마지를 닦아서 취하고자 하면
사실 듣는 것으로부터 들어가야 할 것입니다
고통에서 벗어나 해탈을 얻게 하나니
훌륭하여라. 관세음이여.

항하의 모래같이 수없이 오랜 겁 가운데
작은 티끌처럼 많은 불국에 들어가서
크게 자재하는 신력을 얻어
두려움 없음을 중생에게 베푸옵니다.

오묘한 소리와 관세음과
범음(梵音)과 해조음(海潮音)으로
세상을 구제하여 다 편안케 하며
세상을 벗어나 항상 머무름을 얻게 하옵나이다.

제가 지금 부처님께 아뢰옵나니
관음께서 말씀한 것과 같아서
비유하면 사람들이 조용히 쉬고 있을 때
시방에서 한꺼번에 북을 치면
열 곳의 소리를 일시에 듣는 것과 같나니
이는 곧 원만한 진실인가 하나이다.

눈은 담장 밖의 것을 보지 못하며
입과 코도 역시 마찬가지일세

능엄경

몸은 접촉하는 대상과 합해야 느낌이 생기며
마음과 생각은 분잡하여 두서가 없네.

담장이 가렸어도 음향을 듣는 데 있어서는
멀거나 가깝거나 다 들을 수 있으니
다섯 개의 감각기관이 모두가 능하지 못하되
이것만이 원만하게 통하는 진실인가 하나이다.

소리의 성품은 움직이고 고요해서
듣는 중에 있기도 하고 없기도 하니
소리가 없으면 들음이 없다고 할지언정
진실로 듣는 성품이 없는 것은 아니네.

소리가 없더라도 없어진 것이 아니요
소리가 있어도 생긴 것이 아니라네
생과 멸을 다 여의었으니
이는 곧 항상하고 진실한가 하나이다.

비록 꿈 속에 있을지라도
생각하지 않는다고 없는 것은 아니니
깨닫고 보는 것이 생각에서 벗어나서
몸이나 마음으론 미칠 수가 없습니다.

지금 이 사바세계는

말로써 논란해야만 밝힐 수 있나이다
중생들이 본래의 듣는 성품 혼미하여
소리만을 따라가므로 흘러 전전합니다.

아난이 비록 억지로 기억한다 하더라도
간사한 생각에 떨어짐을 면치 못함이
어찌 빠짐을 따르기 때문이 아니겠습니까?
흘러 전전함을 돌이켜야만 허망함이 없게 될 것입니다.

아난아, 너는 자세히 들어라
내가 지금 부처님의 위력을 받들어
금강왕인 허깨비같이 헤아릴 수 없는
부처님의 모체인 진실한 삼매를 말하고자 하노라.

네가 비록 모든 부처님의
일체 비밀스런 법문을 들었다고 하나
욕애 때문에 번뇌를 제거하지 못하였으므로
많이 들은 것만 쌓여 과오가 되었구나.

많이 들음을 가지고 부처님의 법을 지키면서
어찌하여 스스로 듣는 주체를 듣지 못하느냐?
듣는 주체가 저절로 생긴 것이 아니라
소리로 인하여 그 이름이 생기게 되었네.

듣는 것을 돌이켜 소리에서 벗어나면
해탈한 것을 무엇이라 이름하랴
하나의 감각기관이 본원으로 돌아가면
여섯 개의 감각기관이 해탈을 이루게 되리라.

보고 들음이 허깨비에 가려진 것 같으며
삼계가 허공의 헛꽃과 같나니
들음이 회복되면 가려진 감각기관이 없어지고
허망한 티끌이 없어지면 깨달음이 깨끗하리라.

맑음이 지극하면 광명이 통달해서
고요하게 비침이 허공을 삼키니
돌아와 세간을 보건댄
마치 꿈 속의 일과 같다네.

마등가도 꿈 속에 있거니
누가 너의 형체를 머물게 하랴
마치 세상의 교묘한 요술쟁이가
요술로 만들어 놓은 남자와 여자 같구나.

비록 모든 감각기관을 움직일 수 있을지라도
요점은 한 고동을 트는 데에 달렸으니
그 고동을 멈추어 움직이지 않게 하면
모든 요술로 된 것은 성품이 없으리.

여섯 개의 감각기관도 이와 같아서
원래는 하나의 정밀하고도 밝은 것에 의지하여
이것이 나뉘어 여섯 개와 화합하나니
한 곳이 회복함을 이루면
여섯 작용이 다 이루어질 수 없어서

티끌과 때가 생각을 따라 없어지나니
원만하게 밝아지고 깨끗하고 오묘하게 되리라
남은 티끌은 아직도 배워야 하지만
밝음이 지극하면 곧 부처이니라.

대중이여, 아난이여,
너의 거꾸로 듣는 기관을 돌이켜라
듣는 주체를 돌이켜 자성을 들으면
그 성품이 최상의 도를 이룰 것이니
원만하게 통함이 사실 그러하니라.

이것이 티끌같이 많은 부처님께서
열반에 들어가신 유일한 길이라네
과거의 모든 부처께서도
이 문으로 이미 성취하셨고

현재의 모든 보살도
지금 각각 원만하게 밝은 데로 들어가며

미래의 수행하는 사람들도
마땅히 이 법문을 의지할 것이라네.

나도 그것을 따라 중득했으니
관세음보살뿐만이 아니니라
진실로 불세존께서
나에게 온갖 방편을 물으시어

모든 말법세상에
세간에서 벗어나기를 구하는 사람을 구제한 것과 같네
열반의 마음을 성취하려면
관세음보살이 최고이고

그 나머지 모든 방편은
모두가 부처님의 위임 있고 신비함으로
일에 나아가 진로(塵勞)를 버리게 할지언정
이것은 영원히 닦을 것이 못되며
얕고 깊은 근기에게 함께 말할 법은 아니라네.

여래장으로서 번뇌가 없어진
생각으로는 헤아릴 수 없음에 절하옵니다
미래의 중생에게 가피를 내리시어
이 문에 의혹이 없게 하소서.

방편을 쉽게 성취하여
감히 아난과 말겁에 헤매는 중생을 가르치겠사오니
다만 이 감각기관으로 닦으면
원만하게 통함이 다른 것보다 뛰어나리니
진실한 마음이 이와 같나이다.

번뇌를 없애는 세 가지 학문[戒·定·慧]

그때 아난과 모든 대중들이 몸과 마음이 뚜렷이 밝아져서 크게 열어 보이심을 얻어 부처님의 보리와 큰 열반을 관찰함이 마치 어떤 사람이 볼 일이 있어 멀리 갔다가 미처 돌아오지는 못했으나 그 집으로 돌아가는 길은 환하게 알고 있는 것과 같으며, 그 모임의 대중에 천룡팔부(天龍八部)[119]와 더 배워야 할 이승(二乘)[120]과 새로 발심한 보살들이 그 수효가 무릇 열 개의 항하사 수와 같았는데 모두 본심을 깨달아서 티끌과 때를 멀리 여의고 법안이 깨끗하게 되었으며, 비구니 마등가[性比丘尼]는 이 게송을 듣고 아라한이 되었으며, 한량없는 대중들이 모두 비길 데 없는 아뇩다라삼먁삼보리의 마음을 발하였다.

아난이 의복을 정돈하고 대중 속에서 합장하며 이마를 대어 절하고 마음의 자취가 원만하게 밝아지며 슬픔과 기쁨이 서로 엉켜서 미래의 모든 중생을 유익하게 하고자 하여 머리를 조아려 부처님께 아뢰었다.

"크게 자비하신 세존이시여, 제가 지금 부처가 되는 법을 이미 깨달아 법대로 수행함에 의혹이 없어졌습니다. 늘 듣기로는 부처님께서 다음과 같이 말씀하셨습니다.

'자기는 제도되지 못하였으나 남을 먼저 제도하는 것은 보살의 발심이고 스스로 깨달음이 이미 원만하게 되고 다른 이를 깨닫게 하는 것은 부처님께서 세상에 응하는 것이다.' 저는 비록 제도되지는 못하였으나 말겁의 모든 중생을 제도하고자 하나이다.

세존이시여, 이 모든 중생이 부처님께서 떠나신 지 점점 멀어지면 사악한 스승의 설법이 항하의 모래와 같이 많으리니 그 마음을 가다듬어 삼마지에 들어가고자 하면 그로 하여금 어떤 방법으로 도량을 편안히 세워서 모든 악마의 일을 멀어지게 하며, 또한 보리심에서 후퇴하여 물러남이 없게 할 수 있겠습니까?"

그때 세존께서 대중이 있는 가운데 아난을 칭찬하시며 말씀하셨나.

"훌륭하고 훌륭하다. 네가 물은 것처럼 도량을 편안히 세워서 말겁시대에 방황하는 중생들을 구호하려고 한다면 너는 지금 자세히 들어라. 마땅히 너를 위해 설명하리라."

아난과 대중들이 대답하였다.

"가르침을 받겠습니다."

부처님께서 아난에게 말씀하셨다.

"너는 내가 비내야(毘奈耶, 계율) 가운데 수행하는 세 가지 결정한 뜻을 설명하는 것을 늘 들었을 것입니다. 이른바 마음을 항복받는 것으로 계를 삼고 그 계를 인하여 선정이 생기며 그 선정을 인하여 혜(慧)가 발하나니 이것을 '번뇌를 없애는 세 가지 학문'이라고 한다.

음욕을 갖지 말아라

아난아, 어떻게 마음을 가지는 것을 내가 계율이라고 이름하는고. 만약 모든 세계의 육도중생들이 그 마음이 음란하지 아니하면 나고 죽음이 서로 계속되는 것을 따르지 않으리라.

네가 삼매를 닦는 것은 본래 번뇌[塵勞 : 여덟 가지 고통]에서 벗어나고자 함이거늘 음란한 마음을 제거하지 못하면 번뇌에서 벗어나지 못할 것이다. 비록 지혜가 많아서 선정이 앞에 나타난다고 하더라도 만일 음욕을 끊지 못하면 반드시 마구니의 무리에 떨어지리니, 크게 잘 되어야 마왕이 되고 중간쯤 되면 마왕의 신하이며 하품은 마왕의 백성이니 그 마구니들도 역시 무리가 있어서 각각 스스로 '최상의 도를 성취했노라'고 하느니라.

내가 멸도한 뒤 말법 가운데 이러한 악마가 세상에 많이 번성하여 음욕을 탐하여 널리 음행을 행하면서 선지식이라고 말하여 모든 중생으로 하여금 애욕의 구덩이에 떨어지게 하여 보리의 길을 잃게 할 것이다.

네가 세상 사람을 시켜서 삼마지를 닦게 하려면 먼저 마음의 음욕을 끊게 해야 할지니 이것이 여래와 과거 모든 부처님께서 제일로 결정하신 깨끗하고 분명한 가르침이니라.

그러므로 아난아, 만약 음욕을 끊지 않고서 선정을 닦는 이는 비유하면 마치 어떤 사람이 모래를 끓여서 밥을 짓는 것과 같으니 백천 겁을 지내더라도 다만 뜨거운 모래라고 이름할 뿐이니, 왜냐하면 이는 밥이 되는 근본이 아닌 모래로써 밥을 지으려 하기 때문이다.

네가 음란한 몸으로 부처님의 오묘한 과업을 구한다면 비록 오묘한 깨달음을 얻었다고 하더라도 이는 모두 음욕의 근본이 된다. 근본이 음욕으로 이루어졌으므로 삼도에 전전하며 윤회해서 반드시 해탈할 수 없을 것이니 부처님의 열반을 어떻게 닦아 증득하겠느냐?

반드시 음란한 기미를 제어하여 몸과 마음에서 모두 끊어버리고 끊었다는 성품마저도 없어져야 부처님의 보리를 바라볼 수 있으리라.

나와 같이 이렇게 하는 말은 부처님의 말이라고 할 것이요, 이와 같지 않은 말은 곧 파순(波旬)[121]의 말이니라.

살생할 생각을 갖지 말아라

아난아, 모든 세계의 육도중생들이 그 마음에 살생할 생각이 없으면 나고 죽음이 서로 계속되는 것을 따르지 않으리라.

네가 삼매를 닦는 것은 본래 번뇌에서 벗어나고자 함이거늘 살생할 마음을 제거하지 못하면 번뇌에서 벗어나지 못할 것이니 비록 지혜가 많아서 선정이 앞에 나타난다고 하더라도 만일 살생할 마음을 끊지 못하면 반드시 귀신의 세계에 떨어지리니,

크게 잘 되어야 큰 힘을 지닌 귀왕이 되고 중간쯤 되면 날아다니는 야차나 그 밖에 여러 가지 귀신의 장수가 되고 하품이 되면 땅에서 다니는 나찰이 될지니 저 귀신들도 역시 무리가 있어서 각각 스스로 최상의 도를 성취했노라고 하느니라.

내가 멸도한 뒤 말법 가운데 이러한 귀신들이 세상에 많이 번성하여 스스로 말하기를 '고기를 먹어도 보리의 길을 얻는다'고 하리라.

아난아, 내가 비구들로 하여금 다섯 가지 깨끗한 고기[122]를 먹게 하였으니 이 고기는 다 나의 신력으로 화생한 것이라서 본래 생명이 없는 것이니라. 너 바라문들아, 이곳은 토지가 무더운 데다가 습한 기운이 많고 더구나 사토까지 겹쳤으므로 풀이나 채소가 생장하지 못하기 때문에 내가 크게 자비로운 신력으로 만들어 낸 것이니 대자비의 이름을 빌어 이를 고기라고 하였으며 너희들은 그것을 먹을 수 있었던 것이다. 그런데 어찌하여 부처님이 멸도한 뒤 중생들 가운데 고기를 먹는 자를 불자라고 하겠느냐?

너희들은 마땅히 알아야 한다. 이 고기를 먹는 사람이 비록 마음이 열려서 삼마지를 얻은 듯하더라도 이는 모두 큰 나찰에 불과하여 과보가 끝나면 반드시 생사의 고통바다에 빠지게 되어 부처님의 제자가 못되나니, 이러한 사람은 서로 죽이고 서로 잡아먹어서 서로 먹고 먹힘이 그치지 아니할 터이니 이런 사람이 어떻게 삼계를 벗어날 수 있겠느냐?

네가 세상 사람들로 하여금 삼마지를 닦게 하려면 다음으로 살생하는 마음을 끊게 해야 할지니 이것이 부처님과 과거의 불세존께서 두번째로 결정하신 깨끗하고 분명하신 가르침이니라.

그러므로 아난아, 만약 살생할 마음을 끊지 않고서 선정을 닦는 이는 비유하면 마치 어떤 사람이 스스로 자신의 귀를 막고 큰 소리를 지르면서 다른 사람이 듣지 않기를 구하는 것과 같으니 이러한 것을 가리켜 숨기고자 하나 더욱 드러나는 것이라고 하느니라.

청정한 비구와 보살들이 길을 다닐 적에는 살아있는 풀은 밟지도 않거늘 더구나 손으로 뽑는 것이겠느냐? 어찌 크게 자비로운 자가 중생의 피와 고기를 취하여 배부르게 먹을 수 있겠느냐?

만일 모든 비구가 동방의 무명이나 비단이나 명주와 이 땅의 가죽신이나 털옷과 우유나 그것으로 가공한 것 등을 먹거나 입지 아니하면 이러한 비구는 참답고 올바른 불자로서 묵은 빚을 갚고 삼계에 노닐지 않으리니, 어째서 그런가 하면 그 몸의 한 부분으로 이뤄진 것을 먹거나 입으면 모두가 그것들과 인연이 되나니, 마치 사람이 땅에서 생산되는 온갖 곡식을 먹기 때문에 발이 땅에서 떨어지지 못하는 것과 같느니라.

반드시 몸과 마음으로 하여금 모든 중생들의 몸이나 몸의 어느 일부분을 몸과 마음 두 갈래에서 입거나 먹지 아니하면 이런 사람은 참으로 해탈한 자라고 나는 말하리라. 나와 같은 이러한 말은 부처님의 말이라고 할 것이요, 이와 같지 않은 말은 곧 파순(波旬)의 말이니라.

훔칠 생각을 갖지 말아라

아난아, 모든 세계의 육도중생들이 그 마음이 훔칠 생각이 없으면 나고 죽음이 서로 계속되는 것을 따르지 않으리라.

네가 삼매를 닦는 것은 본래 번뇌에서 벗어나고자 함이거늘 훔칠 마음을 없애지 못하면 번뇌에서 벗어나지 못할 것이다. 비록 지혜가 많아서 선정이 앞에 나타난다고 하더라도 만일 훔칠 마음을 끊지 못하면 반드시 사도(邪道)에 떨어지리니, 크게 잘 되어야 정령(精靈)이 되고 중간쯤 되면 요매(妖魅)가 되며 하품이 되면 귀신들린 사람이 된다. 저 사귀들도 역시 무리가 있어서 각각 스스로 최상의 도를 성취했노라고 하느니라.

내가 멸도한 뒤 말법 가운데 이러한 요망한 사귀가 세상에 많이 번성하여 몰래 숨어서 간사하게 선지식이라고 속이면서 제각기 높은 사람의 법을 증득했노라고 말하면서 무식한 자를 현혹하고 위협하여 본마음을 잃게 하고 가는 곳마다 그 집안을 망하게 하리라.

내가 비구를 시켜서 법대로 걸식하게 한 것은 그들로 하여금 탐심을 버리고 보리의 도를 이루게 하려고 함이니 모든 비구들은 스스로 밥을 지어먹지도 않고 남은 생애를 붙어살면서 삼계의 나그네가 되어서 한 번 다녀가고서는 아주 가고 돌아오지 않을 것을 보여 주는 것이거늘 어찌하여 많은 도둑들이 나의 옷을 빌어 입고 부처님을 팔아 갖가지 죄업을 지으면서 모두가 부처님의 법이라고 말하고, 문득 출가하여 구족계를 받은 비구를 소승의 도라고 비방하며 한량없는 중생을 의혹하느냐?

그러므로 목숨이 끝날 때는 모두 무간지옥에 떨어지게 되리라.

만약 내가 멸도한 후에 어떤 비구가 발심하여 삼마지 닦기를 결정하고, 부처님의 형상 앞에 몸소 한 등을 켜거나 손가락을 태우거나 몸 위에 향 한 개비 사르면, 이 사람은 시작 없는 과거로부터 묵은 빚을 한꺼번에 갚고 이 세상을 영원히 하직하고 모든 번뇌를 끊어 해탈했다 하리니, 비록 최상의 깨달음에 이르는 길을 밝히지 못하였다 하더라도 이 사람은 이미 법에 대하여 마음을 결정했다고 하리라.

만일 이렇게 몸을 버리는 작은 원인이라도 짓지 않으면 비록 무위(無爲)를 이루었더라도 반드시 인간으로 태어나서 묵은 빚을 갚되 내가 마맥(馬麥)을 먹는 일과 같으리라.

네가 세상 사람들로 하여금 삼마지를 닦게 하려면 더욱더 훔치려는 마음을 끊게 해야 할지니 이것이 부처님과 과거 불세존께서 세번째로 결정하신 깨끗하고 분명한 가르침이시니라.

그러므로 아난아, 만약 두둑질한 마음을 끊지 않고서 선정을 닦는 이는 비유하면 마치 어떤 사람이 새는 잔에다 물을 부으면서 가득 차기를 바라는 것과 같으니 비록 수많은 겁을 지낸다고 하더라도 끝내 가득 채우지 못하리라.

만약 모든 비구들이 입을 옷과 바루 외에는 푼촌만한 것도 쌓아두지 말고 걸식하되 남은 것은 굶주린 중생에게 나누어주며, 큰 집회에서 대중에게 합장하고 예배하고 사람들이 때리고 욕을 하더라도 오히려 칭찬처럼 여기며, 반드시 몸과 마음을 부리고 두 가지를 다 버려서 힘이 드는 모든 일을 도반들과 함께 하며, 부처님의 이치에 맞지 않는 방편의 말씀을 가져다가 자기 멋대로 해석해서 초학을 그르치지 아니하면 부처님께서 인정하시기를 이 사람은 참다운 삼매를 얻은 사람이라 하리니, 나와 같은 이러한 말은 부처님의 말이라고 할 것이요, 이와 같지 않은 말은 파순의 말이라 하느니라.

거짓을 말하지 말아라

아난아, 이러한 세계의 육도중생이 비록 몸과 마음에 음욕과 살생과 도적질이 없어져서 세 가지 행실이 이미 원만하게 되었더라도 만약 거짓말을 하게 되면 곧 삼마지에서 깨끗함을 얻지 못해서 애견(愛見)[123]의 마(魔)를 이루어서 여래의 종자를 잃으리니 이른바 얻지도 못한 것을 얻었다고 하거나 증득하지도 못한 것을 증득하였다고 하며, 혹은 세간에서 제일 가는 높고 수승함을 구하여 앞사람에게 말하기를 '내가 지금 이미 수다원과·사다함과·아나함과·아라한도·벽지불승·십지·지전(地前)의 모든 보살의 지위를 얻었다'고 하여 저들이 예 올리고 참회하기를 구하며 그들의 공양을 탐하리라.

이러한 일전가(一顚迦)[124]는 부처가 될 씨앗을 소멸함이 마치 사람이 톱으로 다라나무[多羅木][125]를 자르는 것과 같으리니 '이 사람은 선근이 영원히 소멸되어 다시는 지견(知見)이 없어서 삼계의 고통바다에 빠지고 삼매를 이루지 못한다'고 부처님께서 수기하시느니라.

내가 멸도한 뒤에 모든 보살과 아라한에게 명하여 응하는 몸이 말법세계에 태어나서 갖가지 형상을 지어 윤전하는 모든 이를 제도하게 하되 혹은 승려·백의거사·왕·정승·동남· 동녀가 되기도 하며, 이렇게 음란한 여자·과부·간사한 도둑·도살하는 사람이 되어서 그들과 같이 일을 하며 불승(佛乘)을 칭찬하여 그들의 몸과 마음으로 하여금 삼마지에 들어가게 하되 마침내 스스로 말하기를 '내가 진실한 보살이며 진실한 아라한이다'라고 하여 부처님의 비밀한 법[密印]을 누설해서 말학에게 경솔하게 말하지 못하게 하고, 오직 죽을 적에 가만히 유언으로 부탁하게 할 것이니라. 그렇게 하면 어떻게 그 사람이 중생을 현혹하고 혼란하게 하여 큰 거짓말을 하겠느냐?

네가 세상 사람들로 하여금 삼마지를 닦게 하려면 또다시 큰 거짓말을 끊게 하여야 할지니 이것이 부처님과 과거 불세존께서 네번째로 결정하신 깨끗하고 분명한 가르침이니라.

그러므로 아난아, 만약 큰 거짓말을 끊지 못한 사람은 마치 사람의 똥을 깎아 전단의 형체를 만들려는 것과 같으니 향기를 구하고자 하여도 그렇게 될 리가 없느니라.

내가 비구를 가르치되 정직한 마음이 도량이라 하노니 행하고 머물고 앉고 눕는 네 가지 거동과 모든 행동 가운데 오히려 조금도 거짓됨이 없거늘 어떻게 스스로 상인(上人)의 법을 얻었다고 하겠느냐?

비유하면 마치 가난한 사람이 거짓으로 제왕이라고 자칭하다가 스스로 벌을 받는 것과 같거든, 더구나 법왕을 어떻게 거짓으로 도둑질하리오? 원인의 터전이 정직하지 못하면 결과가 얽히고 굽음을 초래하리니 부처님의 보리를 구하려 하여도 배

꿈을 깨무는 사람과 같을 것이니 어떻게 성취할 수 있겠느냐?

만약 모든 비구가 마음이 활줄과 같이 곧으면 모두가 진실해서 삼마지에 들어가 영원히 악마의 일이 끊어지리라. 나는 인정하기를 이 사람은 보살의 최상의 깨달음을 닦아 증득하리라고 하리라. 나와 같은 이러한 말은 부처님의 말이라고 할 것이요, 이와 같지 않은 말은 곧 파순의 말이니라."

제7권

지켜야 할 청정한 계율

"아난아, 네가 마음을 바로잡는 법을 물으므로 내가 지금 삼마지에 들어가 닦고 배우는 오묘한 문을 먼저 말하리라. 보살의 도를 구하려고 한다면 먼저 이 네 가지 계율을 지키되 마치 얼음이나 서릿발처럼 깨끗이 하면 자연히 모든 곁가지나 잎사귀가 날 수가 없을 것이며, 마음으로 짓는 세 가지와 입으로 짓는 네 가지가 굳이 생길 원인이 없어질 것이다.

아난아, 네 가지 일[律儀]을 만약 잃어버리지 않는다면 마음에 오히려 빛·소리·냄새·맛·촉감·법진도 반연하지 않을 것이거늘 모든 마구니의 일이 어떻게 발생하겠느냐?

만약 숙세에 익혀 온 습기를 제거하여 없애지 못하는 자가 있거든 너는 그 사람을 시켜서 일심으로 나의 불정광명마하실달다반달라(佛頂光明摩訶悉怛多般怛囉)의 더할 나위 없이 신비한 주문을 외우게 하라. 그것은 부처님의 볼 수 없는 정수리에서 작위가 없는 마음의 부처가 정수리로 나오셔서 보배의 연꽃

위에 앉아서 설하신 신비한 주문이니라.

또 네가 숙세에 마등가와 여러 겁을 지내온 인연 때문에 은애(恩愛)의 습기가 한 생이나 한 겁의 일이 아니었건만 내가 한 번 신비한 주문을 선양함에 사랑하는 마음이 완전히 없어져서 아라한이 되었으니, 저 마등가는 오히려 음란한 여자라서 수행할 마음이 없었는데도 신비한 힘을 입어 더 배울 것이 없는 경지를 빨리 증득하였거늘 하물며 너희들처럼 이 모임에 있는 성문들로서 최상승(最上乘)을 구함이겠느냐? 분명 부처가 될 것이다. 비유하면 마치 먼지를 순풍에 날려보내는 것과 같으니 무슨 어려움이나 험난함이 있겠느냐?

만약 말세에 도량에 앉고자 하거든 먼저 비구의 계율을 깨끗하게 지켜야 하는데, 마땅히 계행이 깨끗한 제일가는 사문(沙門)을 선택하여 스승으로 삼아야 할지니 만약 참으로 깨끗한 스님을 만나지 못하게 되면 너의 계율을 반드시 성취하지 못하리라. 계율을 성취한 뒤에는 새로 지은 깨끗한 옷을 입고 향을 피우고 한가롭게 앉아서 이 마음의 부처님이 말씀하신 신비한 주문을 백팔 번 외운 다음에 결계(結界)[126]를 하고 도량을 건립하여 시방국토에 현재 머무시는 가장 높은 여래께서 큰 자비의 광명을 내시어 정수리에 대어주기를 구해야 할 것이니라.

아난아, 이와 같이 말세에 깨끗한 비구거나 비구니거나 세속에 있으면서 시주하는 사람이거나 어느 누구든지 마음에 탐욕과 음욕을 없애고 부처님의 계율을 깨끗하게 지켜서 도량에서 보살의 서원을 발하고, 출입할 적마다 반드시 목욕하고 여섯 시간은 도를 행하되 그렇게 잠을 자지 않고 삼칠일을 지내면 내가 몸을 나타내어 그 사람 앞에 이르러 정수리를 만지며 위로해서 그로 하여금 깨달음이 열리게 하리라."

아난이 부처님께 아뢰었다.

"세존이시여, 저는 부처님의 가장 큰 자비의 가르침을 받자옵고 마음이 열려 이미 깨달아서 스스로 배울 것이 없는 도를 닦아 증득하여 성취하는 방법을 알았습니다만, 말법시대에 수행하는 이로서 도량을 건립하려면 어떻게 결계(結界)하여야만 세존의 깨끗한 법칙에 부합하겠습니까?"

힘센 소의 비유

부처님께서 아난에게 말씀하셨다.

"만약 말세의 사람이 도량을 세우고자 한다면 먼저 눈 덮인 산[127]에서 큰 힘을 가진 흰 소[大力白牛][128]를 구해야 할지니 이 소는 눈 덮인 산의 맑은 물만 마시고 그 산에서 나는 살찌고 기름지고 향내나는 풀만 먹어서 그 똥이 매우 부드럽고 미세하니 그 똥을 가져다가 전단향과 골고루 섞어서 그 지면에 바를지니라.

만약 눈 덮인 산이 아니면 그 소가 냄새나고 더러워서 지면에 바를 수가 없으니 특별히 평평한 언덕에서 땅 거죽을 거두어내고 다섯 자[129] 아래에서 황토를 취해다가 전단향·침수향·소합향·훈육·울금·백교·청목향·영릉향·감송향·계설향[130]과 골고루 섞어서 이 열 가지를 곱게 갈아 가루를 만들어서 황토와 배합하여 진흙을 만들어 도량의 지면에 발라야 하느니라.

수행의 방법

　방원(方圓)이 열여섯에 여덟 각의 단을 만들고 단의 중심에 금·은·구리·나무로 만든 연꽃을 하나 놓아 두고 그 연꽃 속에 바루를 놓고 바루 속에는 먼저 중추(中秋)의 이슬을 담아 놓고 그 물 속에는 꽃잎을 넣어 둘 것이니라.
　여덟 개의 거울을 가져다가 각 방향마다 걸어 놓아 연꽃과 바루를 둘러싸게 하고 거울 밖에는 열여섯 개의 연꽃을 세워 놓고 열여섯 개의 향로를 연꽃 사이사이마다 설치하여 그 향로를 장엄하게 꾸며 놓고 순수한 침수향만을 피우되 불이 보이지 않게 하라.
　흰 소의 젖을 가져다가 열여섯 개의 그릇에 담아 놓고 젖으로 떡을 만들고, 사탕·유병(油餅)·유미(乳糜)·소합(蘇合)·밀강(蜜薑)·순소(純酥)·순밀(純蜜)까지 섞어서 각각 열여섯 그릇을 연화 밖에 둘러놓고 모든 부처님과 큰 보살들을 공양하라.
　매양 밥 먹을 때에나 한밤중에 꿀 반 되와 우유 세 홉을 취하여 단 앞에 따로 작은 화로 하나를 놓고 도루바향(兜樓婆香)을 달인 향수를 가지고 숯을 씻어 이글이글하게 피워 놓고 우유와 꿀을 그 화로에 넣어 연기가 다하도록 태워서 부처님과 보살에게 봉양하라.

저 사방 밖에는 기[幡]와 꽃을 두루 달고 단실[壇室] 가운데 사방 벽에다가 시방의 부처와 모든 보살의 여러 가지 형상을 설치하되 정면에는 노사나불과 석가모니불과 아미타불과 아촉불과 미륵불을 모시고, 여러 가지로 크게 변화하는 관음 형상과 금강장보살은 그 양 옆에 모시며, 범천왕과 제석과 오추슬마와 그리고 남지가(藍地迦)와 군다리(軍茶利)와 비구지(毘俱胝)와 사천왕 등과 빈나(頻那)와 야가(夜迦)는 문 곁 좌우에 벌려 안치하고, 또 거울 여덟 개를 가져다 허공에 엎어 달아 그것이 도 닦는 장소의 주위에 달아 놓은 거울과 서로 마주 대하게 하여 그 형체와 영상이 거듭거듭 서로 나타나게 하라.

처음 칠 일 동안은 지극한 정성으로 시방의 부처님과 큰 보살과 아라한의 이름에 이마를 대어 절하고 항상 여섯 시간 동안 주문을 외우며 단을 돌아 지극한 정성으로 도를 행하되 한 시간에 항상 백팔 번씩 시행하고, 두번째 칠 일 동안에는 한결같이 마음을 오로시하여 보살의 소원을 발하되 마음에 끊심이 없게 할 것이니 나의 비내야(毘奈耶, 계율) 가운데 먼저 소원에 대한 가르침이 있느니라.

세번째 칠 일 동안은 하루 종일 한결같이 부처님의 반다라 주문을 지송하면 칠 일째 되는 날에 시방의 부처님이 일시에 출현하여 거울 빛이 교차하는 곳에서 부처님이 정수리를 만져 주심을 받들고 도량에 나아가 삼마지를 닦아라. 이와 같이 말세에 수학하는 자로 하여금 몸과 마음이 맑고 깨끗하게 됨이 마치 유리와 같게 할 것이다.

아난아, 만약 이 비구가 본래 계를 받은 스님이거나 함께 모인 가운데 열 비구 중 어느 누구라도 깨끗하지 못한 자가 있으면 이와 같은 도량은 대부분 성취하지 못하느니라.

삼칠일이 지난 후부터는 단정히 앉아 편안히 기거하면서 일백 일을 지나게 되면 예리한 근기를 가진 자는 자리에서 일어나지 않고서 수다원과를 얻을 것이다. 비록 그 몸과 마음에 성과(聖果)가 이루어지지 아니하였더라도 틀림없이 성불할 것임을 알 것이니 네가 물어본 도량을 건립하는 일이 이와 같느니라."

아난이 부처님의 발에 이마를 대어 절하고는 부처님께 아뢰었다.

"제가 출가한 이후로 부처님의 사랑을 믿고 교만해져서 많이 듣기만 하였으므로 작용이 없는 경지를 증득하지 못하여 범천의 삿된 술수에 걸렸사오니 마음은 비록 밝고 또렷하였으나 자유롭게 움직일 힘이 없었더니 문수보살의 힘을 입어 나로 하여금 풀려나게 하셨으니, 비록 부처님 정수리에서 나온 신비한 주력의 힘을 입사와 나도 모르는 사이에 그 힘을 얻었사오나 아직 친히 듣지 못하였습니다. 바라옵건대 큰 자비로써 거듭 말씀하시어 이 모임에서 수행하는 모든 자와 앞으로 윤회하는 모든 사람으로 하여금 부처님의 비밀한 법을 듣고서 몸과 마음이 해탈할 수 있게 해 주소서."

그리고 이 모임 가운데 있는 모든 대중이 함께 예배하고 부처님의 비밀스런 글귀를 들으려고 기다렸다.

그때 세존께서 육계(肉髻)로부터 한 줄기 백보광명을 방출하시고 그 광명 속에는 일천 잎새나 되는 보배의 연꽃이 솟아나게 하셨다. 화신여래가 그 보배의 연꽃 위에 앉아 계시면서 정수리로 열 줄기의 백보광명을 방출하시니 그 광명마다 열 항하사 금강밀적(金剛密跡)이 나타나서 산을 받쳐 들고 금강저(金剛杵)를 잡은 것이 허공세계에 가득하거늘 대중들이 그것을 쳐다보고서 두려움과 사랑스런 마음이 한데 어울려 부처님의 도움을 간절히 기다리며 일심으로 부처님의 무견정상(無見頂上)에서 광명 속에 나타난 부처님께서 설하시는 신비한 주문을 듣고 있었다.

다라니의 공덕(楞嚴呪)

　나무사다타소가다야아라하뎨삼먁삼볻다샤　사다타붇다구지스니삼　나무살바붇다부디사바볘뱌　나무사다남삼먁삼볻다구지남　사스라바가싱가남　나무로계아라한다남　나무소로다파나남　나무사가리다가미남　나무로셰삼먁가나남　삼먁가파라디파다나남　나무뎨바리시난　나무신다야비디야다라리시난　샤바노게라하사하사라마타남　나무바라하마니　나무인다라야　나무바가다뎨　로다라야　오마바뎨　사혜야야　나무바가바뎨　나라야나야　반자마하삼모다라　나무신가리다야　나무바가바뎨　마하가라야　디리바라나가라　비다라바나가라야　아디목뎨　시마샤니바시니　마다리가나　나무신가리다야　나무바가바뎨　다타가다구라야　나무바두마구라야　나무발사라구라야　나무마니구라야　나무가사구라야　나무바가바뎨　뎨리다슈라셰나　파라하라나라사야　다타가다야　나무바가바뎨　나무아미다바야　다타가다야　아라하뎨　삼먁삼볻다야 나무바가바뎨 아추뼤야 다타가다야 아라하뎨 삼먁삼볻다야 나무바가바뎨 뼤사사야구로뼤쥬리야 바라바라사야 다타가다야 나무바가바뎨 삼보스비다 살린나라라사야 다타가다야 아라하뎨삼먁삼볻다야 나무바가바뎨 샤계야모나예 다타가다야 아라하뎨 삼먁삼볻다야 나무바가바뎨 라다나계도라사야 다타가다야 아라하뎨 삼먁삼볻다야 뎨뵤나무사가리다 이담바가바다 사다타가도스니삼 사다다바다람 나무아바라시담 바라뎨양기라 사라바부다게라하 니가라하게가라하니 바라비디야치다니 아가라미리쥬 바리다라야닝게리 사라바반다나목차니 사라바도시다 도시법바나니버라니 쟈도라시뎨남 가라하사하사라야사 비다봉사나가리 아시다빙샤뎨남 낙사차다라야사 파라사다나가리 아시다남 마하게라하야사 비다붕사나가리 살바샤도로니바라야사 호람도시법난자나샤니 비사샤시다라 아기니오다가라야사 아파라시다구람 마하바라전지마하딥다 마하뎨사 마하세다사바라 마하바라반다라바시니 아리야다라 비리구지 서바비사야 비사라마례디 비샤로다 부드마가 바사라제하나아자 마라졔바파라짇다 바사라단지 비샤라자 선다샤뼤바부시다 소마로파 마하세다 아리야다라 마하바라아파라 바사라샹가라제바 바사라구마리 구람다리 바사라하사다자 비디야건자나마리가 구소모바가라다나 비로자나구리야 야토스니삼 비지람바마니자 바사라가나 가파라바 로사나바사라돈치자 세다자가마라 차샤시파라바이뎨이뎨 모다라가나 사볘라참 굴반도 인토나마마샤 (외우는 이 여기서 제자 아무 지닙니다) 옴 리시게나 파라샤싣다 사다타가도스니삼 훔 도로옹 졈바나 훔 도로옹 싣담바나 훔도

능엄경
224

로옹 파라비디야삼박차나가라 훔 도로옹 살바야차하라차사 게라하야사 비등븡사나가라 훔 도로옹 쟈도라시디남 게라하사하사라남 비등븡사나라 훔 도로옹 라차 바가범 사다타가도스니삼 파라뎜사기리 마하사하사라 부수사하사라시리사 구지사하살니뎨례 아뼤뎨시바리다 다타냥가 마하바사로다라 뎨리부바나 만다라 옴 사시뎨바바도 마마 인토나마마사(여기서도 전처럼 이름을 부르라 속인이면 제자 아무) 라사바야 주라바야 아기니바야 오다가바야 비사바야 샤사다라바야 바라자가라바야 돌비차바야 아샤니바야 아가라미리쥬바야 다라니부미검파가바다바야 오라가바다바야 라사단다바야 나가바야 비됴다바야 소바라나바야 야차게라하 라차사게라하 피리다게라하 비샤자게라하 부다게라하 구반다게라하 부단나게라하 가타부단나게라하 시간도게라하 아파시마라게라하 오단마다게라하 챠야게라하 혜리바뎨게라하 사다하리남 게바하리남 로디라하리남 망사하리남 메다하리남 마사하리남 사다하리녀 시비다하리남 비다하리남 바다하리남 아슈쟈하리녀 짇다하리녀 예삼살뼤삼 살바게라하남 비다야사친다야미 기라야미 파리바라쟈가그리담 비다야사친다야미 기라야미 다연니그리담 비다야사친다야미 기라야미 마하파슈파다야 로다라그리담 비다야사친다야미 기라야미나라야나그리담 비다야사친다야미 기라야미 다타가로다세그리담 비다야사친다야미 기라야미 마하가라마다리가나그리담 비다야사친다야미 기라야미 가파리가그리담 비다야사친다야미 기라야미 사야가라마도가라 살바라다사다나그리담 비다야사친다야미 기라야미 자도라바기니그리담 비다야사친다야미 기라야미 비리양그리지 난다계사라가나파뎨 사혜야그리담 비다야사친다야미 기라야미 나게나사라바나그리담 비다야사친다야미 기라야미 아라한그리담비다야사친다야미 기라야미 바다라가그리담 비다야사친다야미 기라야미바사라파니 구혜야구혜야 가디파뎨 그리담 비다야사친다야미 기라야미 라차망 바가밤 인토나마마샤(여기서도 전처럼 제자 아무라 하라) 바가밤 사다다파다라 나무수도뎨 아시다나라라가 파라바시보타 비가사다다바뎨리 스부라스부라다라다라 빈다라빈다라친다친다 훔 훔 반닥 반닥반닥 반닥반닥 사바하 혜혜반 아모가야반 아파라뎨하다반 바라파라다반 아소라비다라파가반 살바뎨볘뱌반 살바나가뱌반 살바야차뱌반 살바간달바뱌반 살바부다나뱌반 가탁부다나뱌반 살바도랑기뎨뱌반 살바도스비리그시뎨뱌반 살바시바리 뱌반 살바아파시마리 뱌반 살바사라바나뱌반 살바디뎨계뱌반 살바다마다계뱌반 살바비다야라서자리 뱌반 사야가라마도가라 살바라타사다계뱌반 비디야자리뱌반 쟈도라바기니뱌반 바사라구마리 비다야라서뱌반 마하파라딩양차기리뱌반 바사라샹가라야 파라댱기라사야반 마하가라야 마하마다리가나 나무사가리다야반 비시나비예반 부라하모니예반 아기니예반 마하가리예반 가다단디예반 메다리예반 로다리예반 자문다예반 가라라다리예반 가파리예반 아디목지다가시마샤나 바사니예반 연기짇 살타바샤 마마인토나마마샤 (여기서도 전처럼 제자 아무라 하라) 도시다짇다 아마다리짇다 오사하라 가바하라 로디라하라 바사하라 마사하라 사다하라 시비다하라 바랴야하라 간다하라 포사파하라 파라하라 사샤하라 파바짇다 도시타짇다 로다라짇다 야차그라하

능엄경
226

라차사그라하 폐례다그라하 비사자그라하 부다그라하 구반다
그라하 시간다그라하 오다마다그라하 차야그라하 아파사마라
그라하 타카혁다기니그라하 리붇데그라하 사미가그라하 샤구
니그라하 모다라난디가그라하 아람바그라하 간도파니그라하
시버라예가혜가 듀뎨야가 다례뎨야가 쟈돌타가 니뎨시버라비
사마시버라 박디가 비디가 시례시미가 사니파뎨가살바시버라
시로기뎨 말다볘다로제검 아기로검 목카로검 가리도로검 게라
하그람 갈나슈람 단다슈람 흐리야슈람 말마슈람 바리시바슈람
비리시다슈람 오다라슈람 가디슈람 바시뎨슈람 오로슈람 샹가
슈람 하시다슈람 바다슈람 사방앙가파라댱가슈람 부다비다다
다기니시바라 다도로가건도로기디바로다비 살파로하링가 슈사
다라사나가라 비사슈가아기니오다가 마라볘라건다라 아가라미
리두다렴부가 디뮤라탁 비리시진가 살바나구라 사잉가뱌그라
리야차다라츄 마라시볘뎨삼사볘삼 시다다파다라 마하바사로스
니삼 마하파라댱기람 야바노다샤유사나 변나례나 비다야반딤
가로미 뎨슈반담가로미 파라비다반담가로미 다냐타 옴 아나례
비샤뎨 볘라바사라다리 반다반다니 바사라방니반 훔 도로옹반
사바하

"아난아! 이 불정광취실달다반달라 비밀가타 미묘장구는 시
방의 모든 부처를 출생시켰나니 시방의 부처님이 이 심주(心呪)
로 인하여 최상의 정변지각(正遍知覺)을 이루었으며, 시방의 부
처님이 이 심주로 모든 마구니를 항복 받으시고 외도들을 견제
하시며, 시방의 부처님이 이 심주를 타고서 보련화에 앉아 작은

티끌같이 많은 국토에 응하시며, 시방의 부처님이 이 심주를 머금어서 작은 티끌같이 많은 국토에서 큰 법륜을 굴리시며, 시방의 부처님이 이 심주를 가지고 시방에서 이마를 만지며 수기하시고, 스스로 과업을 이루지 못하였더라도 시방에서 부처님의 수기를 받으시며, 시방의 부처님이 이 심주에 의지하여 시방에서 여러 가지 고통을 구제하시나니, 이른바 지옥과 아귀와 축생과 봉사와 귀머거리와 벙어리와 절름발이와 원수와, 미운 사람을 만나는 괴로움과, 사랑하면서 이별하는 괴로움과, 구해도 얻지 못하는 괴로움과, 오음이 불꽃같이 무성함과 크고 작은 횡액을 동시에 해탈하게 하시고, 도적의 난리와 전쟁과 법망에 걸리는 것과 갇히는 재난과 바람과 불·물의 재난과 목마르고 배고프며 가난함을 생각에 따라 없어지게 하느니라.

시방의 부처님이 이 심주를 따라 시방에서 선지식을 잘 섬기되 네 가지 행동 가운데 뜻대로 공양하며 항하의 모래와 같이 많은 부처님의 모임 중에서 큰 법왕자로 추대되시며, 시방의 부처님이 이 심주를 행하여 시방에서 친하고 인연이 있는 자를 맞아들여서 모든 소승으로 하여금 비밀한 법을 듣고도 놀라움이 생기지 않게 하시느니라.

시방의 부처님이 이 심주를 외워서 최상의 깨달음을 이루고 보리수 아래에 앉아서 큰 열반에 들어가셨으며, 시방의 부처님이 이 심주를 전하여 멸도하신 후에 불법을 부촉하여 최후까지 굳게 지키게 하시고, 계율을 엄하고 깨끗하게 지켜서 모든 것을 깨끗하게 하시나니, 만약 내가 불정광취반달라주(呪)의 한량없는 공덕을 말하고자 한다면 아침부터 저녁까지 쉬지 않고

자구 중간에 하나도 중첩되지 않게 하여 항하사 겁을 지내도록 설명하더라도 마침내 다할 수 없느니라.

여기에서 설하신 주문은 여래정(如來頂)이라고도 이름하나니 너희 유학들이 윤회를 완전히 끊지 못하였으므로 지성으로 발심해서 아라한을 이루고자 할진댄 이 주문을 가지지 않고 도량에 앉아서 몸과 마음으로 하여금 마구니의 일을 멀리 하려는 것은 옳지 못하느니라.

아난아, 만약 모든 세계에서 국토를 따라 저 국토에 있는 중생들이 그 나라에서 생산되는 벚나무 껍질이나 패다라나무 잎새나 또는 종이에나 흰 비단에다 이 주문을 써서 향기 나는 주머니에 넣어둘지니, 혹 그 사람의 마음이 혼미해서 외울 수가 없으면 몸에 지니거나 집안에 써 간직하면 그러한 사람은 한평생이 다하도록 모든 독이 조금도 해치지 못한다는 것을 마땅히 알아야 할지니라.

아난아, 내가 지금 너를 위하여 다시 말하나니 이 주문은 세상 사람을 구호하여 크게 두려움이 없음을 얻게 하며, 중생이 세간을 해탈할 수 있는 지혜를 성취하게 하느니라.

아난아, 만약 내가 멸도한 뒤에 말세중생들이 스스로 외우거나 혹은 다른 사람을 시켜서 외우게 하면 알아야 한다.

이와 같이 지송하는 사람은 불에 타지 않고 물에 빠지지 않으며, 크고 작은 독기가 해치지 못하고 나아가 하늘·용·귀신·정기(精祇)[131]·마구니와 도깨비의 악한 주문이 모두 붙을 수가 없어서 마음에 정수(正受, 삼매)를 얻어 모든 주문의 저주나 염고(厭蠱)[132]·약독·금독·은독과 풀·나무·해충·뱀 등

온갖 물체의 독기가 그 사람의 입에 들어가면 감로의 맛으로 변하며, 일체의 사악한 별과 모든 귀신이 악한 마음으로 사람을 해치려고 하여도 그러한 사람에게는 침범할 수가 없으며, 빈나와 야가와 모든 악귀의 왕과 아울러 그의 권속들이 모두 깊은 은혜를 받고서 항상 수호하느니라.

 아난아, 마땅히 알아야 한다. 이 신비한 주문은 항상 팔만사천 나유타 항하사 구지의 금강장왕보살의 종족과 하나하나 모든 금강의 무리가 그 권속이 되어서 밤낮으로 보호하느니라. 가령 어떤 중생이 산란한 마음으로 삼마지가 아닌 데에서 기억하거나 외우더라도 이 금강왕이 항상 저 선남자를 따라다니거든 더구나 보리심이 결정된 자이겠느냐? 이 모든 금강장왕보살은 정밀한 마음이 가만히 신속하게 신비한 의식을 발하므로 이 사람이 그때를 따라 능히 팔만사천 항하사 겁을 기억하여 분명하게 두루 알게 되고 의혹이 없게 될 것이다.

 제일 겁으로부터 후신(後身)에 이르기까지 세세생생에 야차와 나찰과 부단나와 가타부단나·구반다·비사자 등과 모든 아귀와 형체가 있는 것이거나 없는 것, 생각이 있는 것이거나 없는 것, 그러한 나쁜 곳에는 태어나지 않으리라. 저 선남자가 이 주문을 읽거나 외우거나 써서 지니고 다니거나 간직하거나 여러 가지로 공양하면, 어느 생이라도 가난하거나 하급, 천한 곳 즐겁지 못한 곳에는 태어나지 않느니라.

 이 모든 중생들이 비록 그 자신은 복을 짓지 못하였어도 시방의 부처님이 소유하고 있는 공덕을 그 사람에게 다 주시나니, 이로 말미암아 항하사 아승지 이루 말할 수 없이 많은 겁에 항상 모든 부처님들과 한곳에 있으면서 한량없는 공덕이 악차열매가 모여 있는 것과 같아서 한곳에서 공부하고 수행하며 영원히 흩어짐이 없느니라.

그러므로 계를 깨뜨린 사람에게는 계의 근본을 깨끗하게 하며, 계를 받지 아니한 자에게는 계를 받게 하며, 정진하지 못하는 자에게는 정진하게 하며, 지혜가 없는 자에게는 지혜를 얻게 하며, 청정하지 못한 자에게는 청정함을 얻게 하며, 재계하지 못한 자에게는 재계가 이루어지게 하느니라.

아난아, 저 선남자가 이 주문을 지니고 있을 적에는 가령 주문을 받지 아니하였을 적에 범한 계율이라 하더라도 주문을 지닌 뒤에는 모두 계를 깨뜨린 죄가 가볍고 무거움을 막론하고 일시에 소멸할 것이며, 비록 술을 마시고, 오신채(五辛菜)를 먹어서 갖가지 부정한 행위가 있더라도 모든 부처와 보살과 금강왕·하늘·신선·귀신이 허물삼지 않을 것이며, 가령 부정하고 해진 옷을 입었더라도 한 번 거동하고 머무는 것이 모두 깨끗할 것이며, 비록 단(壇)을 만들지 않고 도량에 들어가지 않으며 도를 닦지 않더라도 이 주문을 지녀 외우면 단에 들어가 도를 닦은 공덕과 조금도 다름이 없을 것이니라.

만약 큰 무간지옥에 들어갈 만한 오역(五逆) 중죄와 모든 비구와 비구니의 사기(四棄)·팔기(八棄)[133]의 죄를 지었다고 하더라도 이 주문을 지녀 외우면 그러한 죄업도 마치 사나운 바람에 모래가 날아가듯이 모두 없어져서 털끝만큼도 남아 있지 않을 것이다.

아난아, 만약 어떤 중생이 한량없이 무수한 겁으로부터 소유한 일체의 가볍거나 무거운 죄와 업장에 대하여 지나간 세상으로부터 지금까지 참회하지 못했다 하더라도 만약 이 주문을 외우거나 베껴서 몸에 지니든지 또는 거처하는 집안이나 별장에 간직하면 이렇게 쌓인 업장이 마치 끓는 물에 눈이 녹듯하여 오래지 않아 모두 무생법인(無生法忍)을 깨닫게 될 것이다.

아난아, 만약 어떤 여인이 자녀를 낳지 못하여 잉태하기를 원하는 지극한 마음으로 이 주문을 생각하거나 혹은 몸에다가 이 실달다반달라주를 지니고 다니면 문득 복덕이 있고 지혜가 있는 자녀를 낳을 것이며, 장수하기를 원하는 자는 곧 장수하게 될 것이요, 과보가 속히 원만해지기를 구하는 자는 즉시 원만하게 될 것이며, 몸과 목숨과 색질과 힘도 그와 같고 죽은 뒤에는 소원대로 시방의 국토에 왕생하며, 필연코 변두리 땅이나 하급, 천한 곳에는 태어나지 아니할 것이거늘 더구나 잡다한 형상이겠느냐?

아난아, 만약 모든 국토의 주현(州縣)이나 작은 마을에 흉년이 들거나 염병이 돌거나 혹은 난리가 나든지 도적이 들었든지 또는 싸움이 생기거나 그 밖에 일체의 액난이 있는 곳에 이 신비한 주문을 써서 성의 사대문과 깨끗한 도량[支提]이나 깃발[脫闍] 위에 봉안해 두며, 또는 그 국토의 중생으로 하여금 이 신주를 받들어 맞아 예배하고 공경해서 한결같은 마음으로 공양하며, 그 인민들로 하여금 각각 몸에 지니고 다니거나 그들이 거처하는 집안에 봉안하면 일체의 재앙과 액운이 모두 사라질 것이다.

아난아, 어느 곳에 있든지 어느 국토의 중생이든지 이 주문을 따르면 하늘과 용이 기뻐하고 비바람이 순조로워서 오곡이 풍년이 들고 백성이 안락하며, 또다시 일체의 악한 별이 곳곳에서 일으키는 변괴를 진압하여 재앙이나 장애가 일어나지 아니하며, 사람들도 횡액과 일찍 죽는 일이 없으며, 어떠한 형틀도 몸을 구속하지 못할 것이며, 밤낮으로 편안히 잠을 잘 수 있으며 언제나 악몽이 사라질 것이다.

아난아, 이 사바세계에 팔만사천의 재변을 일으키는 악한 별이 있는데 스물여덟 개의 큰 악한 별이 그 우두머리가 되고, 다시 여덟 개의 큰 악한 별이 주장이 되어서 갖가지 형상으로 세상에 나타날 적에 중생에게 온갖 액난을 가져다 주나니, 이 주문이 있는 곳에는 이러한 액난이 모두 다 사라져서 십이 유순(由旬)이 결계지(結界地)가 되어 여러 가지 나쁜 재앙이 영원히 들어가지 못하느니라.

그러므로 부처님께서 이 신주를 베풀어 보여서 미래세에 처음 배우는 사람으로서 수행하는 자를 보호하여 심마지에 들이가되 몸과 마음이 태연해져서 매우 편안함을 얻게 하며, 또 다시 일체의 마구니와 귀신, 그리고 시작이 없는 과거로부터 맺어진 원수의 횡액과 묵은 재앙과 오래된 업장과 묵은 빚이 있는 자가 와서 서로 괴롭히거나 해를 끼침이 없게 하나니 너와 대중 가운데 배울 것이 있는 모든 사람과 미래세에 수행하는 모든 사람이 나의 도량에 의지해서 법대로 계를 지키되 계를 받는 주인으로 깨끗한 스님을 만나며, 이 신주의 정밀한 요점에 대하여 의문을 품지 않는데 이러한 선남자가 여기에서 그 부모가 낳아준 몸으로써 마음에 통함을 얻지 못한다면 시방 부처님께서 하신 말씀은 다만 거짓말이 될 것이다."

선신(善神)이 불법을 지킴

이 말씀을 하고 나니 모임 중에 있던 한량없는 백천의 금강역사가 일시에 부처님 앞에 합장하고 이마를 대어 절하며 부처님께 아뢰었다.

"부처님께서 말씀하신 것과 같으니 저희들이 마땅히 정성스런 마음으로 이렇게 보리를 닦는 자를 보호하여 성취하게 하겠습니다."

그때 범왕과 제석과 사천왕도 부처님 앞에 동시에 합장하고 이마를 대어 절하며 아뢰었다.

"참으로 그렇게 닦고 배우는 착한 사람이 있으면 저희들이 마땅히 극진한 마음으로 지성껏 보호하여 그로 하여금 한평생 동안 하는 일이 소원대로 되게 하겠습니다."

또 한량없는 야차왕과 모든 나찰왕・부단나왕・구반다왕・비사자왕・빈나・야가와 모든 큰 귀왕과 여러 귀신의 장수들도 부처님 앞에 합장하고 이마를 대어 절하며 부처님께 아뢰었다.

"저희들도 그렇게 수행하는 사람을 보호하여 그들로 하여금 속히 원만함을 성취하게 하겠습니다."

또 한량없는 일월천자와 바람을 맡은 신과 비를 맡은 신, 구름을 맡은 신과 우레를 맡은 신, 번개를 맡은 신과 연세(年歲)를 순회하는 신과 모든 별들의 권속들도 부처님 앞에서 합장하고 이마를 대어 절하며 부처님께 아뢰었다.

"저희들도 그러한 사람을 보호하여 도량을 편안히 세워서 두려움이 없는 것을 얻도록 하겠습니다."

또 한량없는 산신과 바다를 맡은 신과 일체 토지의 신과 물・육지・공중에 떠다니는 귀신과 만물의 정기(精祇)들과 바람 맡은 귀신의 왕과 무색계천도 부처님의 앞에 합장하고 이마를 대어 절하며 부처님께 아뢰었다.

"저희들도 그렇게 수행하는 사람을 보호하여 보리를 이루도록 하며 영원히 마구니의 일이 없게 하겠습니다."

그때 팔만사천 나유타 항하사 구지의 금강장왕보살이 큰 모임 속에 있다가 자리에서 일어나 부처님의 발에 이마를 대어 절하고 부처님께 아뢰었다.

"세존이시여, 저희들이 닦은 공업을 가지고는 오래도록 닦아서야 보리를 이루었건만 열반에 들지 아니하고 항상 이 주문을 따라다니면서 말세에 삼마지를 닦으며 올바르게 수행하는 사람들을 보호하겠습니다.

세존이시여, 이렇게 마음을 닦아 바른 선정을 구하는 사람이 만약 도량에 있거나 다른 데서 수행하거나 나아가 산란한 마음으로 부락에서 노닐더라도 우리 무리들이 항상 따라다니면서 그 사람을 잘 모시고 호위하겠습니다. 비록 마왕과 대자재천이 그 틈을 노리더라도 마침내 뜻을 이루지 못하게 할 것이며, 모든 작은 귀신들을 이 착한 사람에게서 십 유순이나 먼 밖으로 떠나게 하겠으나, 저들이 발심하여 선정 닦기를 좋아하는 자는 그 대상에서 제외하겠습니다.

세존이시여, 만약 어떤 악마와 그 권속이 이 착한 사람을 침해하려는 자가 있으면 저희들이 보배의 철퇴로써 그 머리를 부수어 마치 작은 먼지처럼 가루로 만들고 항상 이 착한 사람으로 하여금 하는 일이 소원대로 이루어지게 하겠습니다."

열두 가지 중생이 생긴 이유

아난이 자리에서 일어나 부처님의 발에 이마를 대어 절하고 부처님께 아뢰었다.

"저희들은 우둔하여 많이 듣는 것만 좋아하고 모든 번뇌에서 벗어나기를 원하지 아니하였었는데 부처님의 자비로운 가르침을 받자옵고 올바르게 익히고 닦아서 몸과 마음이 상쾌하게 되었고 따라서 크게 유익함을 얻었습니다.

세존이시여, 이렇게 부처님의 삼마지를 닦아 증득하되 열반에 이르기 전에 어떤 것을 간혜지(乾慧地)라고 하며, 마흔네 가지 마음에 어떠한 순서를 밟아야 수행하는 명목을 증득하며, 어느 방향으로 나아가야 지(地) 가운데 들어간다고 할 수 있으며 어떤 것을 등각보살이라고 합니까?"

이렇게 말하고는 온몸을 땅에 던지고서 대중과 한마음으로 부처님의 자비로운 진리의 말씀을 기다리며 눈을 똑바로 뜨고 우러러보았다.

그때 세존께서 아난의 말을 찬탄하며 말씀하셨다.

"훌륭하고 훌륭하다. 너희 대중들과 모든 말세의 중생들로서 삼마지를 닦아서 대승을 구하려는 자를 위하여 범부로부터 큰 열반에 이를 때까지 가장 훌륭하고 올바르게 수행하는 길을 미리 보여 주려고 하니 이제부터 자세히 들어라. 너를 위해 말해 주리라."

아난과 대중들이 합장하여 마음을 가다듬고 묵묵히 가르침을 받고자 하니 부처님께서 말씀하셨다.

"아난아, 마땅히 알아야 한다. 오묘한 성품은 원만하고 밝아서 모든 이름이나 모양으로부터 벗어난 것이므로 본래는 세계와 중생이 따로 있는 것이 아니니라.

거짓됨으로 인하여 생겨나고 생겨남으로 인하여 없어짐이 있는 것이니 저 나고 없어짐을 '거짓'이라 하고 거짓이 없어짐을 '참된 것'이라고 한다. 그것을 부처님의 무상보리와 큰 열반인 두 가지 전의호(轉依號)[134]라 하느니라.

아난아, 네가 지금 참다운 삼마지를 닦아서 부처님의 큰 열반에 곧바로 나아가고자 한다면 마땅히 이 중생과 세계의 두 가지 뒤바뀐 원인을 먼저 알아야 할지니 뒤바뀜이 생기지 아니하면 이는 곧 부처님의 참다운 삼마지니라.

아난아, 무엇을 중생의 뒤바뀜이라고 말하느냐? 아난아, 자성의 밝은 마음을 말미암아 성품이 밝고 원만하므로 그 밝음으로 인해서 성품을 일으키나니 이 성품에서 허망한 견해가 생겨나고 필경 아무것도 없는 것을 좇아서 마침내 있는 것을 이루었다.

저 있는 주체와 있는 대상이 원인과 원인이 되는 것이 아니며, 머무는 것과 머무는 대상의 형상이 알고 보면 근본이 없는 것이건만, 이렇게 머무름이 없는 것을 근본으로 하여 세계와 모든 중생이 이루어지느니라.

본래는 원만하게 밝던 것이 혼미해져서 허망함이 생겼으니 그 허망한 성품은 본체가 없는 것이어서 의지할 것이 못 되느니라.

장차 참됨을 회복하여 참다워지려 하면 이미 참다운 진여의 성품이 아니니 참됨이 아닌 것으로 회복하기를 구하는 것은 필연코 옳지 못한 현상이 되어서 옳지 못한 삶·옳지 못한 머무름·옳지 못한 마음·옳지 못한 법이 계속 옮겨가면서 발생하고 발생하는 힘이 발명되나니, 그것이 훈습되어 업장의 원인이 이루어지는 것이다. 따라서 같은 업인끼리 서로 감응하기 때문에 그로 인해 감응하는 업인이 있게 되어 서로 나고 서로 없어지나니 그로 말미암아 중생의 뒤바뀜이 생겨나느니라.

아난아, 어떤 것을 '세계의 뒤바뀜'이라고 하느냐?

있는 것과 있게 되는 것으로 허망하게 분단이 생겨 그 때문에 세계가 성립되고 원인도, 원인이 된 것도 아닌지라 머무름도, 머무르게 되는 것도 없어서 옮겨 흘러 머물지 않으므로 그로 인해 세계가 성립되는 것이니 삼세와 사방이 화합하여 서로 어울려서 변화되는 열두 가지 중생의 종류가 생겨났느니라.

그러므로 세계가 동요함으로 인하여 소리가 생기고 그 소리로 인하여 색질이 존재하며, 그 색질로 인하여 향기가 있고 그 향기로 인하여 접촉이 있으며, 그 접촉으로 인하여 맛이 있고 그 맛으로 인하여 법을 느끼나니 여섯 가지 어지러운 망상이 업장의 성품을 이루기 때문에 열두 가지의 구분도 그로 말미암아 변화하는 것이다. 그러므로 세상의 빛과 소리, 향기와 맛,

접촉과 법이 열두 번 변함을 다하여 한 바퀴 돌곤 하느니라.

이렇게 굴러 도는 뒤바뀐 형상에서 벗어나지 못하므로 이 세계에는 알로 태어나는 것, 태로 태어나는 것, 습한 데서 생기는 것, 변화해서 생기는 것, 형체가 있는 것과 없는 것, 생각이 있는 것과 없는 것, 형체가 있는 것도 아닌 것과 없는 것도 아닌 것, 생각이 있는 것도 아닌 것과 없는 것도 아닌 것 같은 종류가 생겨나게 되었느니라.

아난아, 세계에서 허망으로 윤회하는 것은 움직임의 뒤바뀜에 원인을 두었기에 그 기운과 화합해서 팔만사천 가지의 날고 잠기는 어지러운 생각을 이루나니 그러므로 알로 태어나는 갈라람이 국토에 흘러 변하여 고기나 새로 거북이나 뱀 같은 그런 종류가 가득 차게 되었느니라.

이렇게 세계에 뒤섞인 더러움으로 윤회하는 것은 애욕의 뒤바뀜을 말미암았으므로 촉촉함과 화합하여 팔만사천 가지의 가로로 되거나 세로로 된 어지러운 생각을 이루나니 그러므로 태로 태어나는 알포담이 국토에 흘러 변하여 사람이나 축생이나 용이나 신선 따위의 그런 종류들이 가득 차게 되었느니라.

세계에서 집착으로 윤회하는 것은 취향의 뒤바뀜에 원인을 두었기에 따뜻함과 화합하여 팔만사천 가지의 젖혀지고 엎쳐진 어지러운 생각을 이루나니 그런 까닭에 습한 모양의 폐시(蔽尸)[135]가 국토에 흘러 변해서 움츠리거나 꿈틀거리는 그런 종류들이 가득 차게 되었느니라.

세계의 변하고 바뀜으로 윤회하는 것은 의탁하는 것의 뒤바뀜에 원인을 두었기에 접촉과 화합하여 팔만사천 가지의 새롭거나 오래된 어지러운 생각을 이루나니 그러므로 변화하는 형상인 갈남(羯南)이 국토에 흘러 변해서 허물을 벗거나 날아다니는 그런 종류가 가득 차게 되었느니라.

세계의 걸림이 있는 형태로 윤회하는 막힘으로 뒤바뀐 것에 원인을 두었기에 나타나려는 것과 화합해서 팔만사천 가지의 정밀하고 빛나는 어지러운 생각을 이루나니 그러므로 빛깔이 있는 갈남이 국토에 흘러 변화해서 길하거나 흉한 정명(精明)의 종류가 가득 차게 되었느니라.

세계의 없어지고 흩어짐으로 윤회하는 것은 미혹한 뒤바꿈에 원인을 두었기에 어두움과 화합하여 팔만사천 가지의 그늘지고 감추어진 생각을 이루나니 그러므로 빛깔 없는 갈남이 국토에 흘러 변해서 공중에 흩어지거나 가라앉아 없어지는 그런 종류가 가득 차게 되었느니라.

세계의 형상이 없는 것으로 윤회하는 것은 그림자 같은 뒤바꿈에 원인을 두었기에 기억하는 것과 화합하여 팔만사천 가지의 잠겨 맺히는 어지러운 생각을 이루나니 그러므로 생각이 있는 갈남이 국토에 흘러 변화해서 귀신이나 정령 같은 그런 종류가 가득 차게 되었느니라.

세계의 우둔함으로 윤회하는 것은 어리석게 뒤바꿈에 원인을 두었기에 미련함과 화합하여 팔만사천 가지 마르고 딱딱한 어지러운 생각이 이루어지나니 그러므로 생각이 없는 갈남이 국토에 흘러 변화해서 정신이 화하여 흙이나 나무나 쇠붙이나 돌 등 그런 종류가 가득 차게 되었느니라.

세계에 서로 기다림으로 윤회하는 것은 거짓된 뒤바꿈에 원인을 두었기에 더러움과 화합하여 팔만사천 가지 기대고 의지하는 어지러운 형상이 이루어지나니 그러므로 색질이나 형상이 있지는 아니하나 색깔이 있는 갈남이 국토에 흘러 돌아서 모든 새우로 눈을 삼는 수모 같은 종류가 가득 차게 되었느니라.

세계에 서로 끌어들임으로 윤회하는 것은 성품이 뒤바뀜에 원인을 두었기에 주술과 화합하여 팔만사천 가지의 어지러운 생각이 이루어지나니 그러므로 빛깔과 형상이 없는 것은 아니나 색깔이 없는 갈남이 국토에 흘러 변해서 주저(呪詛)와 염생(厭生)하는 그런 종류가 가득 차게 되었느니라.

세계에 허망한 것과 부합되어 윤회하는 것은 아득한 뒤바뀜에 원인을 두었기에 다른 것과 화합하여 팔만사천 가지 서로 돌아가는 어지러운 생각을 이루나니 그러므로 생각이 있지는 아니하나 생각을 이룬 갈남이 국토에 흘러 변해서 저 나나니 등과 같이 바탕이 다른 것끼리 서로 이루어지는 그런 종류가 가득 차게 되었느니라.

세계에 원수가 되어 서로 해치면서 윤회하는 것은 살해의 뒤바뀜에 원인을 두었으므로 괴이함과 화합하여 팔만사천 가지 부모를 잡아먹는 어지러운 생각을 이루나니 그러므로 생각이 없는 것은 아니나 생각이 없는 갈남이 국토에 흘러 변하니 마치 올빼미 등은 흙덩이를 품어서 새끼를 까며, 파경조(破鏡鳥)가 독이 있는 나무의 열매를 품어서 새끼를 만드는 것과 같으니 새끼가 자라면 부모가 다 잡아먹히는 그런 종류가 가득 차게 되었느니라.

이상의 것을 중생의 열두 가지 종류라고 이름하느니라."

제8권

점진적으로 닦아 가는 세 가지 법

"아난아, 이러한 중생 하나하나의 종류 가운데 각각 열두 가지 뒤바뀜을 갖춘 것이 마치 눈을 비비면 허공에 어지러이 헛꽃이 생기는 것과 같아서 오묘하고 원만하고 참되고 깨끗하고 밝은 마음이 뒤바뀌어서 이와 같이 허망하고 어지러운 생각을 완전히 갖추게 되었느니라.

네가 지금 부처님의 삼마지를 닦아 증득하려면 그 근본 원인이 되는 원래의 어지러운 생각에 세 가지 점진적 순서를 세워 놓아야 비로소 제거하여 없앨 수 있으리니, 이는 마치 깨끗한 그릇에 담겨 있는 독한 꿀을 제거하고 끓인 물에 재와 향을 섞어 그 그릇을 깨끗이 씻어낸 다음에야 감로를 담을 수 있는 것과 같느니라.

무엇을 세 가지 점진적인 순서라고 하는가?

첫째는 닦고 익힘이니 도 닦는 데 방해되는 근본을 제거하는 것이요, 둘째는 참된 수행이니 그 정성(正性)[136]을 없애는 것이요, 셋째는 더욱 정진하여 나아가는 것이니 그 현재의 업을 어기고 역으로 나아가는 것이다.

　어떤 것을 도와 주는 원인이라고 하는가 하면, 아난아, 이 세계에 열두 가지 종류의 중생이 스스로 완전할 수가 없어서 네 가지 식사방법에 의하여 살아가나니 그것은 이른바 씹어 먹는 것과 접촉으로 먹는 것과 생각으로 먹는 것과 의식으로 먹는 것이다. 그러므로 부처님께서 모든 중생들은 모두가 먹는 것을 의지하여 살아간다고 하신 것이다.

　아난아, 일체중생은 단 것을 먹기 때문에 살고 독한 것을 먹기 때문에 죽나니 이 모든 중생들이 삼마지를 구하고자 한다면 마땅히 세상의 다섯 가지 냄새나는 채소를 끊어야 하느니라.

　저 다섯 가지 매운 채소는 익혀 먹으면 음란한 마음을 발생시키고 날 것으로 먹으면 성내는 마음이 더해지나니 그러므로 이 세계에서 매운 채소를 먹는 사람은 비록 십이부(十二部) 경전을 설법한다고 하더라도 시방의 하늘이나 신선들이 그 냄새를 싫어하여 모두가 멀리 떠날 것이요, 모든 아귀들은 그가 밥 먹을 적에 그 입술을 핥으므로 항상 귀신과 함께 있게 되어 복덕이 날로 사라져서 영원히 이익이 없을 것이니라.

　또 매운 채소를 먹는 사람은 삼마지를 닦더라도 보살과 하늘과 신선, 그리고 시방의 선신들이 와서 수호하지 아니하므로 힘센 마구니의 왕이 그 틈을 타서 부처님의 몸으로 가장하고 나타나서 설법을 하되 금하는 계율을 그르다고 비방하고 음행·성냄·어리석음을 찬양하리니, 죽어서는 마왕의 권속이 되었다가 마구니의 복을 다 받게 되면 무간지옥에 떨어질 것이다.

아난아, 보리를 닦는 이는 이 다섯 가지 매운 채소를 영원히 끊어야 하나니 이것은 수행을 증진해 나아가는 첫번째 차례라고 하느니라.

어떤 것을 정성(正性)이라고 하는가 하면, 아난아, 이 중생들이 삼마지에 들어가려면 먼저 깨끗한 계율을 엄하게 지켜서 음욕의 마음을 영원히 끊고 술과 고기를 먹지 않으며, 불로써 음식을 깨끗이 하여 날 것의 기운을 먹지 말아야 한다.

아난아, 저 수행하는 사람이 만약 음란한 마음과 살생할 마음을 끊지 않고서는 삼계에서 벗어나는 그러한 이치가 없나니, 마땅히 음욕을 독사보다 더 무섭게 여기거나 원수와 도적을 보는 것처럼 해야 할 것이니라.

먼저 성문의 네 가지 또는 여덟 가지 내침을 당하는 계율을 잘 지켜서 몸을 가다듬어 흔들리지 말고 그런 다음에 보살의 깨끗한 율의(律儀)를 행하여 마음을 가다듬어 일어나지 않게 해야 하느니라.

금하는 계율을 성취하면 이 세상에서 서로 낳고 서로 죽이는 일이 영원히 없어질 것이요, 훔치는 것과 겁탈을 행하지 아니하여 서로 빚을 지는 일이 없으면 역시 세상에서 갚아야 할 묵은 빚도 없어지리라.

이렇게 깨끗한 사람이 삼마지를 닦으면 부모가 낳아 준 육신에 반드시 천안(天眼)이 아니라 하더라도 자연히 시방세계를 볼 수 있게 되어 부처님을 뵈옵고 법문을 들으며, 직접 성인의 뜻을 받들어서 큰 신통을 얻어 시방세계에 노닐면서 숙명(宿命)이 맑아지고 어렵고 험함이 없어지리니 이것이 수행을 증진해 나아가는 두번째 차례라고 하느니라.

어떤 것을 현재의 업장이라고 하는가 하면, 아난아, 이렇게 깨끗하게 금하는 계율을 지키는 사람이 마음에 탐욕과 음욕이 없어지면 밖의 여섯 가지 대상인 물질에 대다수가 흘러 빠지지 않게 되리니, 흘러 빠지지 않음으로 인하여 근원을 돌려 스스로 돌아가게 되느니라.

여섯 가지 대상인 물질을 반연하지 않으면 여섯 개의 감각기관은 상대할 것이 없어져서 흘러감을 되돌려 전일하게 하며 여섯 가지 작용이 행해지지 아니하며 시방의 국토가 밝고 깨끗함이 마치 유리 속에 밝은 달을 달아놓은 듯하여 몸과 마음이 상쾌해지고 오묘하고 원만하고 평등하여 크게 편안함을 얻게 될 것이요, 모든 부처님의 긴밀하고 원만하며 깨끗하고 오묘함이 다 그 속에 나타나서 이 사람은 즉시 무생법인(無生法忍)을 얻느니라.

이로부터 점점 닦아서 가는 곳마다 행동을 일으켜서 성인의 위치에 편안히 서게 될 것이니 이것이 수행을 증진해 나아가는 세번째 차례이니라.

아난아, 저 선남자가 욕애가 말라버려서 감각기관과 그 대상이 서로 만나지 않으면 앞에 나타나는 남은 바탕이 다시는 계속하여 생기지 않을 것이요, 집착하는 마음이 비고 밝아져서 순수한 지혜만 남게 될 것이며, 지혜로운 성품이 밝고 원만해져서 시방세계가 환하게 통하며 그 지혜가 마른 것을 '간혜지(乾慧地)'라고 하느니라.

욕애의 습기가 처음으로 말라서 부처님의 법류수(法流水)와

접하지 못했으니 이러한 마음으로 가운데로 흘러 들어가면 오묘하고 원만함이 열려 퍼지게 될 것이다. 참되고 오묘하고 원만함을 따라서 거듭 참되고 오묘함이 발생하며 오묘한 믿음이 항상 머물러서 부질없는 모든 생각이 남김없이 없어지고 중도가 순진(純眞)하게 되는 것을 '신심주(信心住)'라고 하느니라.

참된 믿음이 밝고 또렷해서 일체가 원만하게 통하고 오음과 십이처와 십팔계 이 세 가지가 가로막거나 방해하지 못하며 이와 같이 과거부터 미래에 이르기까지 무수한 겁을 지내는 동안 몸을 버리고 몸을 받던 모든 습기가 모두 앞에 나타나게 되면, 이 선남자가 그것을 다 기억해 생각해서 잊어버림이 없는 것을 '염심주(念心住)'라고 하느니라.

오묘하고 원만함이 순수하고 진실하여 참다운 정기가 조화를 발하여 시작 없는 과거로부터의 습기가 하나의 정밀하고 밝음으로 통해지거든 오직 정밀하고 밝음으로써 참되고 깨끗한 데에 나아가는 것을 '정진심(精進心)'이라고 하느니라.

마음의 정기가 앞에 나타나서 순수한 지혜로 되는 것을 '혜심주(慧心住)'라고 하느니라.

지혜의 밝음을 잡아가져서 두루두루 맑고 고요하여 그 고요하고 오묘한 것이 항상 섞여 있는 것을 '정심주(定心住)'라고 하느니라.

선정 속에 빛이 밝음을 발하여 밝은 성품이 깊이 들어가 오직 나아가기만 하고 물러나지 아니함을 '불퇴심(不退心)'이라고 하느니라.

마음으로 나아감이 편안해서 보호하여 지키고 잃지 않아 시방 부처님의 기분과 서로 접촉함을 '호법심(護法心)'이라고 하느니라.

밝은 깨달음을 보호하고 지켜서 능히 오묘한 힘으로써 부처님의 자비광명을 돌이켜 부처를 향해 편안히 머무름이 마치 두 개의 거울이 빛을 서로 마주하는 것과 같아서 그 가운데 오묘한 그림자가 거듭거듭 서로 들어가는 것을 '회향심(廻向心)'이라고 하느니라.

마음의 빛이 가만히 돌아와서 부처님의 가장 오묘하고 깨끗함을 얻어서 작용이 없는 경지에 편안히 머물러서 잃음이 없는 것을 '계심주(戒心住)'라고 하느니라.

계에 머무름이 자재하여 시방에 노닐면서 가는 곳마다 원하는 대로 됨을 '원심주(願心住)'라고 하느니라.

아난아, 이 선남자가 진실한 방편으로 열 가지 마음을 발하고 마음의 정기가 빛을 발해서 열 가지 작용을 거치며 하나의 마음을 원만하게 이루는 것을 '발심주(發心住)'라고 하느니라.

마음 속에서 밝음을 발함이 마치 맑은 유리 속에 정밀한 금을 달아놓은 듯하거든 앞의 오묘한 마음으로 이를 밟아 지반(地盤)을 이루는 것을 '치지주(治地住)'라고 하느니라.

심지(心地)에 들어감과 아는 것이 모두 또렷해지고 밝음을 얻어 시방에 노닐되 머물거나 걸림이 없게 된 것을 '수행주(修行住)'라고 하느니라.

행하는 것이 부처님과 같아서 부처님의 기분을 받음이 마치 중음신이 스스로 부모를 구할 적에 음계의 소식이 가만히 통하는 듯해서 부처님의 종성(種性)으로 들어감을 '생귀주(生貴住)'

라고 하느니라.

이미 도태(道胎)에 들어서 친히 부처님의 아들을 봉양함이 마치 세상의 부녀자가 이미 아이를 배서 사람의 모양으로서 결함이 없는 듯한 것을 '방편구족주(方便具足住)'라고 하느니라.

용모가 부처님과 같으며 마음의 형상도 그와 같은 것을 '정심주(正心住)'라고 하느니라.

몸과 마음이 합해져서 날로 점점 자라나는 것을 '불퇴주(不退住)'라고 하느니라.

십신(十身)의 신령한 모양이 일시에 구족한 것을 '동진주(童眞住)'라고 하느니라.

형체가 이루어지고 태에서 벗어나서 친히 불자가 된 것을 '법왕자주(法王子住)'라고 하느니라.

성인임을 표시함이 마치 국왕이 모든 나라의 일을 태자에게 나누어 맡기며 저 찰리왕이 세자가 장성하면 이마에 물을 붓는 의식을 진행하는 것과 같은 것을 '관정주(灌頂住)'라고 하느니라.

아난아, 이 선남자가 부처님의 아들이 되고 나서 부처님의 한량없이 오묘한 덕을 완전하게 갖추어서 시방에 순하게 따르는 것을 '환희행(歡喜行)'이라고 하느니라.

능히 모든 중생을 이익되게 하는 것을 '요익행(饒益行)'이라고 하느니라.

자신도 깨닫고 남도 깨닫게 하여 거스르고 막는 것이 없음을 증득한 것을 '성냄과 원한이 없는 행[無瞋恨行]'이라고 하느니라.

갖가지 중생들이 생겨남에 따라서 미래제(未來際)가 다하도록 삼세에 평등하며 시방에 통달함을 '다함이 없는 행[無盡行]'이라고 하느니라.

모든 것이 화합하여 동일해져서 갖가지 법문에 차오(差誤)가 없게 되는 것을 '어리석고 어지러움을 벗어난 행위[離癡亂行]'라고 하느니라.

곧 같아진 가운데 여러 가지 다른 것을 나타내며 하나하나 다른 형상에서 각각 보는 것이 같은 것을 '잘 나타내는 행위[善現行]'라고 하느니라.

이와 같이 시방의 허공에 이르기까지 작은 먼지까지도 만족하며 하나하나의 티끌 속에 시방세계를 나타내어 티끌을 나타내고 경계를 나타내어도 서로 머물거나 걸림이 없는 것을 '집착이 없는 행위[無着行]'라고 하느니라.

가지가지 앞에 나타나는 것이 모두 제일의 바라밀다인 것을 '존중행(尊重行)'이라고 하느니라.

이와 같이 원융해서 능히 시방 모든 부처님의 법칙을 성취한 것을 '선법행(善法行)'이라고 하느니라.

하나하나 모든 것이 깨끗하고 번뇌가 없어진지라 한결같이 참되고 작위가 없어서 성품 본래 그대로인 것을 '진실행(眞實行)'이라고 하느니라.

아난아, 저 선남자가 신통력을 만족하게 갖추어서 부처님의 일을 이루고 나서는 순결하게 정진해서 남아 있던 모든 시름이 멀어지거든 마땅히 중생을 제도하되 제도한다는 상(相)을 없애고 작위가 없는 마음으로 돌아가서 열반의 길로 향하는 것을

'일체중생을 구호하되 중생상을 여읜 회향[救護一切衆生離衆生相廻向]'이라고 하느니라.

무너뜨려야 할 것은 무너뜨리고 여의어야 할 것은 여의는 것을 '무너뜨릴 것이 없는 회향[不壞廻向]'이라고 하느니라.

본래 깨달음이 맑고 고요해서 그 깨달음이 부처님의 깨달음과 같음을 '모든 부처님과 같은 회향[等一切佛廻向]'이라고 하느니라.

정밀하고 참된 것이 밝음을 발하여 지위가 부처님의 지위와 같아짐을 '모든 곳에 이르는 회향[至一切處廻向]'이라고 하느니라.

세계와 부처님이 서로 들어가되 걸림이 없는 것을 '다함이 없는 공덕장회향[無盡功德藏廻向]'이라고 하느니라.

부처님의 지위와 같은 데서 그 지위 가운데 각각 깨끗한 원인이 생기고 그 원인에 의해 빛을 발휘하여 열반의 도를 취하는 것을 '평등한 선근을 순종하여 따르는 회향[隨順平等善根廻向]'이라고 하느니라.

참된 선근이 이미 이루어지면 시방의 중생들이 모두 나의 본성인지라 그 성품이 원만하게 이루어져서 중생을 잃지 아니함을 '일체중생을 평등하게 보는 것을 순종하여 따르는 회향[隨順等觀一切衆生廻向]'이라고 하느니라.

모든 법에 나아가며 모든 모양을 여의나니 나아가고 여의는 두 가지에 집착함이 없는 것을 '진여상회향(眞如相廻向)'이라고 하느니라.

참되고 여여한 것을 증득해서 시방에 걸림이 없는 것을 '얽매임이 없이 해탈한 회향[無縛解脫廻向]'이라고 하느니라.

성품의 덕이 원만하게 이루어져서 법계에 한량이 없어진 것을 '법계무량회향(法界無量廻向)'이라고 하느니라.

아난아, 이 선남자가 이렇게 깨끗한 마흔한 가지 마음을 다하고 난 다음에 네 가지 오묘하고 원만한 가행(加行)을 이루느니라.

부처님의 깨달음으로 자기의 마음을 삼아 나갈 듯하면서도 나가지 못함이 마치 불을 피울 적에 그 나무를 태우는 것과 같은 것을 '난지(煖地)'라고 하느니라.

또 자기의 마음으로 부처님께서 밟아오신 것을 이루어서 의지한 듯하면서도 의지하지 않음이 마치 높은 산을 오를 적에 몸은 허공에 들어갔으나 아래는 약간 걸림이 있는 것과 같음을 '정지(頂地)'라고 하느니라.

마음과 부처 그 두 가지가 같아서 중도를 증득한 것이 마치 모든 일에 질 침는 사람이 마음에 품고 있지 않고 밖으로 내보내지도 않는 것과 같음을 '인지(忍地)'라고 하느니라.

헤아림이 없어져서 미각(迷覺)과 중도 그 둘 다 지목할 수 없음을 '세제일지(世第一地)'라고 하느니라.

아난아, 저 선남자가 가장 높은 보리에 대해 잘 통달하여 그 깨달음이 부처님과 통하여 부처님의 경계를 다한 것을 '환희지(歡喜地)'라고 하느니라.

다른 성품이 같은 데로 들어가고 같은 성품도 없어진 것을 '이구지(離垢地)'라고 하느니라.

맑음이 지극하여 밝음이 생김을 '발광지(發光地)'라고 하느니라.

밝음이 극진하여 깨달음이 원만함을 '염혜지(焰慧地)'라고 하느니라.

일체의 같고 다름이 지극하지 못한 것을 '난승지(難勝地)'라고 하느니라.

작위가 없는 진여가 되어서 성품이 맑아지고 밝게 드러나는 것을 '현전지(現前地)'라고 하느니라.

진여의 끝까지를 다한 것을 '원행지(遠行地)'라고 하느니라.

한결같은 진여의 마음뿐인 것을 '부동지(不動地)'라고 하느니라.

진여의 작용을 발하는 것을 '선혜지(善慧地)'라고 하느니라.

아난아, 저 모든 보살들이 이로부터 이전에 닦고 익히는 공부를 마치고서 그 공덕이 원만하여졌으므로 그 경지를 지목하여 '닦아 익히는 지위[修習位]'라고 하느니라.

자비의 그늘과 오묘한 구름이 열반의 바다를 덮은 것을 '법운지(法雲地)'라고 하느니라.

부처님은 흐름을 거스르지만 이러한 보살은 순하게 따라 이르러서 깨달음의 경지에 들어가 어울리는 것을 '등각(等覺)'이라고 하느니라.

아난아, 간혜의 마음에서부터 등각에 이르러야만 그 깨달음이 비로소 금강심 가운데에 첫 간혜지를 얻게 되느니라.

이렇게 거듭거듭 열두 가지를 홀로 겹으로 해야만 바야흐로 묘각을 다하여 최상의 도를 이루느니라.

이 여러 가지 지위에 모두 금강으로 허깨비와 같은 열 가지 깊은 비유를 관찰하여 사마타(奢摩他) 가운데 모든 부처님의 비바사나로써 깨끗하게 닦아 증득해서 점차 깊이 들어가야 하느니라.

아난아, 이것은 모두가 세 가지 증진법으로 수행하였으므로 쉰다섯 개 지위의 참된 보리의 길을 훌륭하게 성취할 수 있는 것이니 이렇게 관찰하는 것은 올바른 관찰이라 하고 이와 다르게 관찰하는 것은 삿된 관찰이라고 하느니라."

이 경의 이름에 대하여

그때 문수사리법왕자보살이 자리에서 일어나 부처님의 발에 이마를 대어 절하고는 부처님께 아뢰었다.

"이 경전의 이름을 무엇이라 해야 하며 저와 중생들이 그것을 어떻게 받들어 지녀야 하겠습니까?"

부처님께서 문수사리에게 말씀하셨다.

"이 경전의 이름은 《대불정실달다반달라무상보인시방여래청정해안(大佛頂悉怛多般怛羅無上寶印十方如來淸淨海眼)》이라고 하며, 또 다른 이름은 친척과 또는 그와 인연 있는 사람을 구호하여 아난과 이 모임 가운데 있는 성비구니를 제도하여 변지해(遍知海)에 들게 하는 것이며, 또 다른 이름은 《여래밀인수중요의(如來密因修證了義)》라고도 하며, 또 다른 이름은 《대방광묘련화왕시방불모다라니주(大方廣妙蓮華王十方佛母陀羅尼呪)》라고도 하며, 또 다른 이름은 《관정장구제보살만행수능엄(灌頂章

句諸菩薩萬行首楞嚴)》이라고 하니 너는 마땅히 받들어 지녀야 한다."

일곱 가지 세계

그때 세존께서 이렇게 경전의 이름을 말씀하시니 그 즉시 아난과 모든 대중들이 부처님께서 열어 보이신 밀인반달라(密印般怛羅)의 이치를 들었사오며, 아울러 이 경의 이치에 걸맞은 이름을 듣고 선나(禪那)로 성인의 지위를 닦아 가는데 차츰 더 해가야 할 오묘한 이치를 확실하게 깨달아서 생각이 비어 엉기게 되었으며 삼계에서 마음을 닦는 여섯 단계의 미세한 번뇌를 끊게 되었다.

곧 자리에서 일어나서 부처님의 발에 이마를 대어 절하고 합장하여 공경하며 부처님께 아뢰었다.

"큰 위엄과 덕을 갖추신 세존이시여, 자비하신 말씀이 막힘이 없어서 중생들의 미세하게 잠긴 의혹을 잘 열어 보이시어 저희들로 하여금 오늘날 몸과 마음이 쾌활해져서 크게 요익함을 얻게 하셨습니다.

세존이시여, 만약 이 오묘하고 밝고 참되고 깨끗한 밝은 마음이 본래 두루두루 원만한 것이라면 이와 같이 큰 땅덩이의 풀·나무와 꿈틀거리는 중생〔含靈〕들이 본래 근본인 진여이므로 이는 곧 여래께서 부처가 된 참다운 실체로서 부처님의 본체가 진실하거늘 어째서 또다시 지옥·아귀·축생·수라·인간·신선·천상 등이 있습니까?

　세존이시여, 이 일곱 가지 세계는 본래 저절로 생긴 것입니까? 아니면 중생의 허망한 습기로 생긴 것입니까?

　세존이시여, 보련향(寶蓮香)비구니 같은 이는 보살계를 지키다가 사사로이 음행을 저지르고 거짓으로 말하기를 '음란한 짓을 하는 것은 살생도 아니고 훔치는 것도 아니므로 업보가 있을 수 없다'고 했는데 그 말을 하자마자 여인의 음근에서 맹렬한 불길이 일어나더니 그 다음에 사지의 마디마다 맹렬한 불이 붙었으며 마침내는 무간지옥에 떨어졌고, 유리대왕과 선성(善星)비구에 대해서도 유리는 구담(瞿曇)족성을 죽여 없앴고 선성은 '모든 법은 없는 것'이라고 망령되게 말하다가 산 몸뚱이 그대로 모두 아비지옥에 빠졌습니다.

　그러한 지옥은 정해진 곳이 있습니까? 아니면 자연히 저마다 업보를 일으켜 각각 스스로 받는 것입니까? 바라옵건대 큰 사비를 베푸시어 어리석고 어두운 자들을 일깨워 주셔서 계율을 지키는 중생들로 하여금 결정한 이치를 듣자옵고 기뻐서 이마로 받들어 조심하고 깨끗이 지켜 범함이 없게 하소서."

　부처님께서 아난에게 말씀하셨다.

　"시원하구나. 그 물음이여, 모든 중생들로 하여금 삿된 소견에 빠지지 않게 하려고 하는 것이니 너는 지금 자세히 들어라. 마땅히 너를 위해 말해 주겠다.

　아난아, 모든 중생이 사실은 본래 참되고 깨끗했건만 허망한 소견으로 인하여 허망한 습기가 생기나니 그것으로 인하여 내분과 외분으로 갈라지느니라.

아난아, 내분이라고 함은 곧 중생의 분내(分內)로서 모든 애욕의 생각으로 인하여 허망한 정이 일어나나니 그 정이 쌓여서 그치지 않으면 능히 애욕의 물이 생긴다. 그러므로 중생들이 마음에 좋은 음식을 생각하면 입 속에서 침이 생기고, 마음으로 앞에 만났던 사람을 생각하여 가엾게 여기거나 원한을 품거나 하면 눈에 눈물이 가득 고이며, 재물과 보배를 탐내거나 구하면 마음으로 침을 흘려서 온몸이 빛나고 윤택해지며 마음에 집착하여 음욕을 행하면 남자와 여자의 음근에 자연히 액체가 흐르느니라.

아난아, 모든 애욕이 비록 서로 다르지만 흐르고 맺힘은 같으니 윤택하고 촉촉한 습기는 올라가지 못하므로 자연히 아래로 떨어지게 되나니 이것을 이름하여 '내분'이라고 하느니라.

아난아, 외분(外分)이라 함은 곧 중생의 분외(分外)이니 모두가 목마르게 우러름으로 인하여 허망한 생각이 발생하게 된다. 그 허망한 생각이 쌓여서 그치지 아니하면 능히 수승한 기운이 생기게 된다. 그러므로 중생이 마음에 금하는 계율을 가지면 온몸이 가볍고 맑아지며, 마음에 주문이나 보인[印]을 가지면 돌아봄이 웅장하고 굳세어지고 마음이 하늘에 나고자 하면 꿈 속에서나 상상 속에 늘 날아다니고 마음 속에 부처님 나라에 살고자 하면 성인의 경지가 아득히 나타나며 선지식을 잘 섬기면 스스로 몸과 목숨을 가벼이 하느니라.

아난아, 모든 생각이 비록 다르지만 가볍게 들리는 것은 마찬가지이다. 날아 움직이는 것은 잠기지 못하기 때문에 자연 뛰어넘게 되나니 이것을 이름하여 '외분'이라고 하느니라.

아난아, 모든 세간에 나고 죽는 것이 서로 계속되어서 나는 것은 습기에 순종함을 따르고 죽음은 변해 흐름을 따르나니 목숨이 끊어지려고 하면서 아직 따뜻한 감촉이 남아 있을 때에 일생의 선과 악이 한꺼번에 나타나서 죽음을 거역하고 삶을 따르는 두 가지 습기가 서로 어울리느니라.

순전한 생각은 위로 날아서 반드시 천상에 나게 되나니 만약 날으는 마음 가운데 복과 지혜를 겸하고 깨끗한 서원까지 겸하였으면 자연히 마음은 열리어 시방의 부처를 볼 수 있게 되고 모든 정토에 서원을 따라 왕생하느니라.

정이 적고 생각이 많으면 가볍게 들리는 것이 멀지 못하여 곧 날아다니는 신선이나 큰 힘을 지닌 귀왕이나 날아다니는 야차나 걸어다니는 나찰이 되어서 사방 하늘에 노닐되 가는 곳마다 걸림이 없느니라.

그 가운데 만약 착한 소원이나 착한 마음이 있어서 나의 법을 살 보호하고 시키며 혹은 금하는 계율을 잘 시켜서 계를 지키는 사람을 따르거나 혹 신주를 보호하여 신주를 가진 사람을 따르며, 혹은 선정을 보호하여 법인을 편안히 보전하면 그러한 사람은 친히 부처님의 자리 아래에 머물게 되느니라.

감정과 생각이 균등하면 날지도 않고 떨어지지도 아니하여 인간에 나게 되는데 생각은 밝아서 총명하고 감정은 어두워서 우둔하게 되느니라.

감정은 많고 생각은 적으면 가로된 중생에 흘러 들어가게 되어서 무거운 것은 털 달린 무리가 되고 가벼운 것은 깃 달린 족속이 되느니라.

정이 칠할이고 생각이 삼할이면 수륜(水輪)에 잠겨 내려가서 화륜(火輪)의 경계에 태어나서 맹렬한 불을 받아 몸이 아귀가 되어서 항상 불에 타게 되며, 물도 몸을 해치므로 먹지도 못하고 마시지도 못하면서 백천 겁(劫)을 지내느니라.

정이 구할이고 생각이 일할이면 밑으로 화륜을 뚫고 내려가서 몸이 바람과 불, 이 둘이 서로 어울려 지나는 곳에 들어가서 가벼우면 유간지옥에 태어나고 무거우면 무간지옥에 태어나는 등 두 가지 지옥이 있느니라.

순전한 정은 곧 잠겨서 가장 큰 아비지옥에 떨어지나니 만약 잠기는 마음 가운데 대승을 비방하거나 부처님께 금하시는 계율을 헐뜯으며 허망하게 거짓 법을 말하거나 헛되이 시주님의 보시를 탐내거나 외람되게 공경을 받거나 오역(五逆)[137]죄나 십중(十重, 열 가지 계율)죄를 지으면 또 시방의 아비지옥에 떨어지느니라.

지은 대로 따르는 악업이 비록 스스로 부른 것이나 모든 같은 분수 가운데 함께 받는 원래의 경지가 있느니라.

지옥의 세계

아난아, 그러한 것들은 모두 저 중생들 스스로가 지은 업보대로 감응된 것이니 열 가지 익힌 버릇이 씨앗이 되어 여섯 가지 교보(交報)를 받느니라.

무엇을 열 가지 원인이라고 하는가?

아난아, 첫째는 음란한 버릇으로 접촉함은 서로가 비비는 데서 생겨나는데 서로 비비기를 그치지 않으므로 맹렬한 불길이 그 가운데서 일어나니 마치 사람이 손을 서로 비비면 뜨거운 기운이 생기는 것과 같다.

두 가지 버릇이 서로 타오르기 때문에 지옥에 들어가서 무쇠 평상과 구리 기둥 등으로 가하는 고통을 받게 되느니라.

그러므로 시방의 모든 부처님께서 음란하고 방탕함을 지목하여 '애욕의 불'이라고 이름하였고 보살은 음욕 보기를 마치 불구덩이를 피하듯이 하느니라.

둘째는 탐욕의 버릇으로 서로 계량함이 서로를 빨아들이는 데서 생기는데 빨아들이는 일을 그치지 아니하므로 추위가 쌓이고 단단한 얼음이 그 가운데서 얼어붙나니, 이는 마치 사람이 입으로 바람을 들이마시면 찬 감촉이 생기는 것과 같은 이치이다.

두 가지 버릇이 서로 업신여기기 때문에 지옥에 들어가서 타타(吒吒)·파파(波波)·라라(羅羅) 등 벌벌 떨면서 청련·적련·백련·한빙 등의 지옥에서 추위에 떠는 고초를 받는다.

그러므로 시방의 모든 부처님께서 많이 구하는 것을 지목하여 '탐냄의 물'이라고 똑같이 이름하였고 보살은 탐욕 보기를 마치 장해(瘴海)를 피하듯이 하느니라.

셋째는 거만한 버릇으로 서로 업신여김이 서로가 뽐내는 데서 생기는데 뽐내는 마음이 치달려서 그치지 아니하기 때문에 허공으로 날고 파도로 달려가서 그 파도가 쌓여 물이 되나니 이는 마치 사람이 입술에 혀를 대고 빨아 맛을 보면 그로 인하여 물이 생기는 것과 같은 이치이다.

　두 가지 버릇이 서로 고동(鼓動)치기 때문에 지옥에 들어가서 핏물·잿물·뜨거운 모래·독기 있는 바다와 구리 녹인 물을 마시는 등의 고통을 받는다.

　그러므로 시방의 모든 부처님께서 거만한 것을 지목하여 '마시기만 하면 바보가 되는 물'이라고 이름하였고 보살은 거만함을 보면 큰물을 피하듯이 하느니라.

　넷째는 성내는 버릇으로서 서로 충돌함이 서로를 거스르는 데서 생기는데 거스름이 맺혀서 그치지 않으면 마음의 열이 불길을 발하여 기운을 녹여서 쇠가 되기 때문에 칼산·쇠곤장·세워진 칼·칼수레·도끼·작두·창·톱 등으로 가하는 고통을 받게 되나니 이는 마치 사람이 원한을 품으면 살기가 날아 움직이는 것과 같다.

　두 가지 버릇이 서로 공격하기 때문에 지옥에 들어가서 거세당하고[宮], 잘리고[割], 목을 베이고[斬], 도끼로 찍히고[斫], 톱으로 썰리고[剉], 찔리고[刺], 몽둥이로 맞고[槌], 치는[擊] 등의 고통을 받게 되느니라.

　그러므로 시방의 모든 부처님께서 성내고 분해하는 것을 지목하여 '예리한 칼날'이라고 이름하였고 보살은 성내는 것 보기를 살해당하는 것을 피하듯이 하느니라.

　다섯째는 간사한 버릇으로 서로 조화하는 데서 생기는데 그렇게 인기(引起)하여 그치지 아니하기 때문에 밧줄과 나무로 목을 조르거나 비트는 듯함을 느끼나니 이는 마치 밭에 물을 대면 풀과 나무가 나서 자라는 것과 같느니라.

능엄경

두 가지 버릇이 서로 뻗어나므로 지옥에 들어가 쇠고랑과 수갑과 항쇄·족쇄와 채찍과 곤장·회초리·방망이 등의 형구로 가하는 고초를 받느니라.

그러므로 시방의 모든 부처님께서 간사함을 지목하여 '참소하여 해치는 것'이라고 이름하였고 보살은 간사한 것 보기를 승냥이나 이리처럼 두려워하느니라.

여섯째는 속이는 버릇으로 서로 속임이 서로를 무고하는 데서 생기는데 무고함이 그치지 않아서 마음을 날려 간사함을 지으므로 티끌과 흙과 똥·오줌 같은 더럽고 깨끗하지 못함을 느끼게 되나니 이는 마치 티끌이 바람에 날려서 아무것도 보이지 않는 것과 같느니라.

두 가지 버릇이 서로 더해지므로 지옥에 들어가서 빠지거나 차 올리는 것과 날았다 떨어졌다 하는 것과 뜨고 가라앉는 것 등의 고통을 받게 된다.

그러므로 시방의 모든 부처님께서 속이는 것을 지목하여 '겁살'이라고 이름하고 보살은 속이는 것 보기를 뱀을 밟는 것처럼 여기느니라.

일곱째는 원망하는 버릇으로 서로 미워함이 서로가 원한을 품은 데서 생기는데 이와 같으므로 돌을 날리고 바위를 던지고 뒤주에 가두고 함거(檻車)에 싣고 독 속에 넣고 부대에 넣어 메치는 등의 고통을 느끼게 되나니 이는 마치 음흉하고 독한 사람이 가슴에 악을 품어 쌓아 두는 것과 같느니라.

두 가지 버릇이 서로 한을 머금고 있으므로 지옥에 들어가서 던지고 차이고 얽어매고 때리고 쏘고 당기고 움켜쥐는 등의 고통을 느끼게 되느니라.

그러므로 시방의 모든 부처님께서 원한 품은 집을 지목하여 '위해귀(違害鬼)'라고 하고 보살은 원한 있는 이를 보기를 마치 독술을 마시는 것처럼 여기느니라.

여덟째는 나쁜 소견으로 서로 변명하는 살가야견(薩迦耶見, 身見)·견취(見取)·계금취(戒禁取) 등, 삿된 깨달음의 모든 업이 서로 어기고 거부하는 데서 생기는데 어겨 배반함이 생겨 나오므로 왕사와 관리가 문서로 증명하고 집행하나니 이는 마치 길 가는 사람이 오가면서 서로 마주 보는 것과 같으니라.

두 가지 버릇이 서로 어우러지기 때문에 심문하고 고문하고 조사하고 수색하고 들추어내고 증거를 대고 선동자·악동자가 손에 문서를 들고 변론하는 일들이 있느니라.

그러므로 시방의 모든 부처님께서 사악한 소견을 지목하여 '소견의 구덩이'라고 이름하였고 보살은 허망하고 편협한 고집쟁이 보기를 마치 독한 구렁에 빠지는 것처럼 여기느니라.

아홉째는 모함하는 버릇으로 서로 모함함이 서로를 비방하는 데에서 생기므로 산과 합하고 돌과 합하며 연자와 맷돌로 갈고 부수는 등의 고통을 느끼게 되나니 이는 마치 남을 모함하여 해치는 사람이 선량한 사람을 핍박하는 것과 같느니라.

두 가지 버릇이 서로 배척하기 때문에 누르고 비틀고 때리고 뭉개고 치고 쥐어짜고 거꾸로 매다는 등의 고통을 받느니라.

그러므로 시방의 모든 부처님께서 모함하고 비방하는 것을 지목하여 '모함하는 범'이라고 이름하였고 보살은 바르지 못한 것 보기를 마치 벼락을 만난 것처럼 여기느니라.

열째는 송사(소송)하는 버릇으로 서로 시끄러움이 서로를 가리고 숨기는 데서 생기므로 거울로 비춰 보고 촛불로 비춤을 느끼게 되나니 이는 마치 햇볕에 그림자를 숨길 수가 없는 것과 같느니라.

두 가지 버릇이 서로 고발하므로 악한 벗, 업보의 거울, 불구슬로 묵은 업보를 파헤치고 대질해서 징험하는 모든 괴로움을 받느니라.

그러므로 시방의 모든 부처님께서 덮어 감추는 것을 지목하여 '음흉한 도적'이라고 이름하였고 보살은 덮어 가리는 것 보기를 마치 높은 산을 머리에 이고 큰 바다를 건너는 것처럼 여기느니라.

어떤 것을 여섯 가지 교보(交報)라고 하는가?

아난아, 모든 중생이 여섯 가지 의식으로 업보를 짓고 불러들이는 악한 과보는 여섯 개의 감각기관을 따라 나오느니라.

이찌하여 악한 과보가 여섯 개의 감가기관으로부터 나온다고 하느냐?

첫째는 보는 업보가 악한 결과를 불러오나니 이 보는 업(業)이 어울리면 곧 죽으려 할 때에 먼저 맹렬한 불길이 시방세계에 가득함을 보게 되고, 죽는 자의 영혼이 날아가 떨어져 연기를 타고서 무간지옥에 들어가 두 가지 모양을 발하여 밝히게 되느니라. 그 하나는 밝게 보이는 것으로 갖가지 흉악한 사물들만 두루 볼 수 있게 되어서 한량없는 두려움이 생기게 되고, 다른 하나는 어둡게 보이는 것이니 깜깜하여 보이지 않아서 한량없는 공포증이 생기는 것이니라.

이와 같이 보는 불이 드는 것을 태우면 끓는 물[鑊湯]과 이글거리는 구리 녹은 물[洋銅]이 되고, 숨을 태우면 검은 연기와 붉은 불꽃이 되며, 맛을 태우면 볶은 철환과 쇳물죽이 되고, 접촉을 태우면 뜨거운 재와 숯이 되며, 마음을 태우면 별똥 불이 한꺼번에 쏟아져서 허공세계에 타오르게 되느니라.

둘째는 듣는 과보가 나쁜 결과를 불러들이나니 이 듣는 업보가 어울리면 죽으려 할 적에 먼저 파도가 천지를 삼키는 것을 보게 되는데 죽은 자의 영혼이 내려 쏟아져 흐름을 타고 무간지옥에 들어가서 두 가지 모양을 발하여 밝히게 되느니라. 그 하나는 귀가 열려서 갖가지 시끄러운 소리를 듣고 정신이 혼란해지는 것이며, 또 하나는 귀가 막혀서 고요하여 듣지 못하므로 넋이 빠져 들어가는 것이니라.

이와 같이 듣는 파도를 듣는 것에 쏟아 부으면 꾸짖고 따지는 것이 되고, 보는 것에 쏟아 부으면 우레가 되거나 성난 소리가 되고 악독한 기운이 되며, 숨쉬는 데 쏟아 부으면 비가 되고 안개가 되며 갖가지 독충을 뿌려서 몸에 두루하게 되고, 맛보는 데 쏟아 부으면 고름이 되고 피가 되며 갖가지 더러운 것이 되고, 접촉에 쏟아 부으면 짐승이 되거나 귀신이 되며 똥이 되거나 오줌이 되고, 뜻에 쏟아 부으면 번개가 되고 우박이 되어서 마음과 혼을 부수느니라.

셋째는 냄새 맡는 업보가 악한 결과를 불러오는 것인데 이 맡는 업보가 어울리면 죽으려 할 적에 먼저 독한 기운이 멀고 가까운 데 꽉 차는 것을 보게 되나니 죽은 자의 영혼이 땅으로부터 솟아올라 무간지옥에 들어가서 두 가지 모양을 발하여 밝히게 되느니라. 그 하나는 코가 열려서 모든 악한 기운을 맡고 숨이 막혀 마음이 흔들리는 것이고, 또 하나는 코가 막혀서 기운이 막혀 숨이 통하지 않아서 답답하여 땅에 기절하는 것이니라.

이와 같이 맡는 기운이 숨쉬는 것과 충돌하면 막힘[質]이 되고 통함[履]이 되며, 보는 것과 충돌하면 불이 되고 횃불이 되며, 듣는 것과 충돌하면 빠지는 것이 되거나 넘치는 것이 되고 끓는 것이 되며, 맛과 충돌하면 썩거나 쉬게 되고, 감촉과 충돌하면 터지거나 끈적거림이 되며 큰 살덩어리산이 되어서 백·천의 눈이 있는데 한량없는 것들이 빨아 먹으며 생각에 충돌하면 재나 유행성 질병이 되거나 나는 모래가 되어서 몸을 부수느니라.

넷째는 맛의 업보가 악한 결과를 불러내는 것인데 이 맛의 업보가 어울리면 죽으려 할 적에 먼저 철망(鐵網)에 맹렬한 불꽃이 사납게 치솟아서 세계를 뒤덮는 것을 보게 되나니 죽은 자의 영혼이 아래로 떨어져 그물에 걸려 그 머리가 거꾸로 매달리며 무간지옥에 들어가서 두 가지 모양을 발하여 밝히느니라. 그 하나는 들이쉬는 기운으로 찬 얼음이 맺혀 살이 얼어 터지는 것이고, 다른 하나는 내뿜는 기운으로서 맹렬한 불길이 날려 골수를 태우는 것이니라.

이와 같이 맛을 보는 것이 맛보는 데 닿으면 받들어 모시거나 참게 되고, 보는 것에 닿으면 타는 쇠나 돌이 되며, 듣는 것에 닿으면 예리한 무기나 칼이 되고, 숨쉬는 것에 닿으면 큰 철장이 되어 국토를 가득 덮으며, 감촉에 닿으면 활이나 화살이 되고 탄알이나 쏘는 것이 되며, 생각에 닿으면 나는 뜨거운 쇠가 되어 공중에서 비오듯 쏟아지느니라.

다섯째는 접촉의 과보가 악한 결과를 불러들이나니, 이 감촉의 업보가 어우러지면 임종할 적에 먼저 큰 산이 사면으로 와서 합함을 보고 죽은 자의 영혼이 큰 철성에 불뱀·불개·호랑이와 이리·사자와 소머리를 한 옥졸과 말머리를 한 나찰이 손에 창을 쥐고 성문으로 몰아 넣어 무간지옥에 들어가 두 가지 모양이 발하여 밝혀지느니라. 그 하나는 접촉과 합하는 것이니 산이 합해져서 몸을 핍박하여 뼈와 살과 피가 무너져 터지는 것이고, 다른 하나는 접촉을 여의는 것이니 칼이 몸에 닿아 심장과 간장이 찢어지는 것이니라.

이와 같이 접촉과 합함이 접촉에 닿으면 길이나 옥문을 지키거나 관청이나 문초하는 곳이 되고, 보는 것에 닿으면 태우거나 사르게 되며, 듣는 것에 닿으면 때리거나 치거나 찌르거나 쏘게 되고, 숨쉬는 것에 닿으면 긁거나 조르거나 고문하거나 얽어매게 되며, 맛보는 것에 닿으면 갈거나 목에 사슬을 씌우거나 베거나 잘리게 되고, 생각하는 것에 닿으면 떨어뜨리거나 날리거나 삶거나 굽게 되느니라.

여섯째는 생각의 과보가 악한 결과를 불러들이는데 이 생각의 업보에 어울리면 임종할 적에 먼저 모진 바람이 불어와 무너뜨리는 것을 보게 되나니 죽은 영혼이 바람에 날려 공중으로 올라갔다가 돌아 떨어지며 바람을 타고 무간지옥에 들어가서 두 가지 모양을 발하여 밝히게 되느니라. 그 하나는 깨닫지 못함이니 미혹함이 지극해지면 거칠어져서 분주하게 달려 쉬지 않는 것이요, 다른 하나는 미혹하지 않음이니 깨달으면 괴로워서 한량없이 삶기거나 태움을 당하는 고통을 받아 참기 어려우니라.

이와 같이 삿된 생각이 생각에 맺히면 방향이나 장소가 되고, 보는 것에 맺히면 거울이나 증명하는 것이 되며, 듣는 데에 맺히면 크게 합하는 돌이 되고, 얼음·서리·흙이나 안개가 되며, 호흡에 맺히면 큰 불수레·불배·불함거가 되고, 맛봄에 맺히면 크게 울부짖고 후회하게 되고 울게 되며, 접촉에 맺히면 크게도 되고 작게도 되어 하루 사이에 만 번 나고 만 번 죽으며 엎치락뒤치락하게 되느니라.

아난아, 이것을 이름하여 지옥의 열 가지 원인과 여섯 가지 결과라고 하나니 모두가 중생들의 미망(迷妄)으로 지어진 것이니라.

만약 모든 중생들이 여섯 개의 감각기관으로 악한 업을 한꺼번에 지으면 이 사람은 즉시 아비지옥에 들어가서 한량없는 고통을 받으면서 끝없는 세월을 지내게 되느니라.

여섯 개의 감각기관이 각각 지었거나 그 지은 것이 대상 물질과 감각기관을 겸했으면 이 사람은 즉시 팔 무간지옥에 들어가느니라.

몸과 입 그리고 뜻, 이 세 가지로 살생·도적질·음행을 행하면 이 사람은 즉시 십팔지옥에 들어가느니라.

세 가지 업보를 겸하지 않고 중간에 혹 한 가지 살생만 하거나 다른 한 가지 도적질만 하였으면 이 사람은 즉시 삼십육지옥에 들어가느니라.

드러나고 드러나서 어느 한 감각기관이 단순하게 하나의 업보만 범하면 이 사람은 즉시 백팔지옥에 들어가느니라.

이로 말미암아서 중생이 따로따로 지었으나 세계에서는 분수가 같은 지옥에 들어가나니 이는 허망한 생각으로 발생한 것이지 본래부터 있던 것은 아니니라.

귀신의 세계

또 아난아, 이 모든 중생들이 계율을 그르다 하여 지키지 아니하였거나 보살계를 범하였거나 부처님의 열반을 헐뜯었거나 그 밖에 여러 가지 업보로 오랜 세월 동안 불에 타는 과보를 받다가 뒤에 다시 죄가 끝나면 모든 귀신의 형체를 받느니라.

만약 본래의 업인에서 물질을 탐하여 죄가 된 이러한 사람은 죄가 끝나면 물질을 만나 형체를 이루나니 그 이름이 '괴귀(怪鬼)'이고, 여색을 탐하여 죄가 된 그러한 사람은 죄가 끝나면 바람을 만나 형체를 이루나니 그 이름이 '발귀'이며, 미혹을 탐하여 죄가 된 그러한 사람은 죄가 끝나면 짐승을 만나 형체를 이루나니 그 이름이 '매귀'이고, 원한을 탐하여 죄가 된 그러한 사람은 죄가 끝나면 곤충을 만나 형체를 이루나니 그 이름이 '고독귀'이다.

기억을 탐하다가 죄가 된 그러한 사람은 죄가 끝나면 쇠퇴한 운수를 만나 형체를 이루나니 그 이름이 '여귀'이고, 거만함을 탐하다가 죄가 된 그러한 사람은 죄가 끝나면 기운을 만나 형제를 이루나니 그 이름이 '아귀'이며, 거짓말을 탐하다가 죄가 된 그러한 사람은 죄가 끝나면 그윽한 어두움을 만나 형체를 이루나니 그 이름이 '염귀'이고, 밝음을 탐하다가 죄가 된 그러한 사람은 죄가 끝나면 정령을 만나 형체를 이루나니 그 이름이 '망양귀'이다.

성취하기를 탐하여 죄가 된 그러한 사람은 죄가 끝나면 밝음을 만나 형체를 이루나니 그 이름이 '역사귀'이고, 파당을 탐하다가 죄가 된 그러한 사람은 죄가 끝나면 사람을 만나 형체를 이루나니 그 이름이 '전송귀'이다.

아난아, 이 사람들은 모두 순수한 감정으로 추락하였다가 업보의 불이 타서 말라지면 위로 올라가서 귀신이 되나니 이러한 것들은 모두가 스스로 망상의 업보로써 불러들인 것이다. 그러니 만약 보리를 깨달으면 오묘한 성품이 원만하게 밝아져서 본래부터 있는 것이 아니니라.

축생의 세계

또 아난아, 귀신의 업보가 이미 다 끝나면 정과 생각이 둘 다 공허하게 되어 비로소 세상에서 원래 빚졌던 사람이나 원수끼리 서로 만나게 되나니 그 몸은 축생이 되어서 묵은 빚을 갚게 되느니라.

물건에 붙었던 괴귀(怪鬼)는 물건이 사라지고 업보가 다하면 세상에 생겨나는데 대부분 올빼미의 종류가 되고, 바람에 붙었던 가뭄 귀신이 바람이 사라지고 업보가 다하면 세상에 생겨나는데 대부분 구징(咎徵)[138] 같은 이상한 종류가 되며, 짐승에게 붙었던 매귀(魅鬼)가 짐승이 죽고 업보가 다하면 세상에 생겨나는데 대부분 여우 같은 종류가 되고, 곤충에 붙었던 고귀(蠱鬼)는 곤충이 죽고 업보가 다하면 세상에 생겨나는데 대부분 독한 종류가 되느니라.

쇠운을 만났던 여귀(癘鬼)는 쇠운이 끝나고 업보가 다하면 세상에 생겨나는데 대부분 회충 같은 종류가 되고, 기운을 받았던 귀신은 어두움이 사라지고 업보가 다하면 세상에 생겨나는데 대부분 잡아먹히는 종류가 되느니라.

어두움에 붙었던 귀신은 어두움이 사라지고 업보가 다하면 세상에 생겨나는데 대부분 의복의 원류를 만드는 종류가 되고, 정령(精靈)과 어울렸던 귀신은 어울림이 사라지고 업보가 다하면 세상에 생겨나는데 대부분 계절을 따라다니는 종류가 되며, 밝음과 어울렸던 귀신은 밝음이 사라지고 업보가 끝나면 세상에 생겨나는데 대부분 좋은 일을 알리는 여러 가지 종류가 되고, 사람에게 의지하였던 귀신은 사람이 죽고 업보가 끝나면 세상에 생겨나는데 대부분 사람을 따르는 종류가 되느니라.

아난아, 이들은 모두가 업보의 불길이 말라버렸으므로 저 묵은 빚을 갚고 다시 축생이 되었으니 그런 것들도 모두가 허망한 업보로 불러들인 것이다. 만약 보리를 깨달으면 곧 이 허망한 인연이 본래 있었던 것이 아니므로 네가 말한 것과 같이 보련향 등과 유리왕과 선성비구와 같은 악업은 본래 스스로 불러일으킨 것이지 하늘에서 내려온 것도 아니요, 땅에서 솟아난

것도 아니며 사람이 준 것도 아니니라. 자신의 허망한 생각으로 불러들인 것이므로 스스로 돌려 받는 것이니 보리의 마음 속에서는 모두 부질없이 허망한 생각으로 엉켜 맺혀진 것이다.

인간의 세계

또다시 아난아, 이러한 축생들이 묵은 빚을 갚을 적에 만약 그 갚는 이가 갚을 것보다 더 갚았으면 그러한 중생들은 다시 사람이 되어서 지난 날 더 갚았던 것을 도로 찾게 되나니, 만약 그 사람이 힘이 있고 겸하여 복덕이 있으면 인간 세상에서 사람의 몸을 버리지 않고 더 받았던 것을 능력껏 갚아 주겠지만 만약 복이 없는 이라면 다시 축생이 되어서 더 받았던 것을 갚느니라.

아난아, 마땅히 알아야 한다. 만약 돈이나 재물을 쓰거나 혹 그 힘을 부릴 적에 보상이 충분하면 그만두어야 하거늘, 만일 그 중간에 상대의 목숨을 죽이거나 그 고기를 먹으면 그러한 것은 티끌같이 오랜 세월을 지내도록 서로 잡아먹고 서로 죽이는 것이 마치 굴러가는 바퀴가 서로 오르락내리락하는 것과 같아서 끊임이 없으리니 사마타를 닦거나 부처가 세상에 출현할 때를 제외하고는 그치게 할 수가 없느니라.

너는 지금 마땅히 알아야 한다. 저 올빼미의 종류가 갚을 만큼 갚고 형상을 회복하여 사람의 세계에 태어나면 어리석고 미련한 무리에 참여하고, 저 흉한 것을 알리는 종류는 갚을 만큼 갚고 형상을 회복하여 사람의 세계에 태어나면 이상한 무리에 참여하며, 저 여우의 종류가 갚을 만큼 갚고 형상을 회복하여 사람의 세계에 태어나면 용렬한 무리에 참여하고, 저 독한 종류가 갚을 만큼 갚고 형상을 회복하여 사람의 세계에 태어나면 사나운 무리에 참여하며, 저 회충의 종류가 갚을 만큼 갚고 형상을 회복하여 사람으로 태어나면 미천한 무리에 참여하고, 저 잡아먹히는 종류가 갚을 만큼 갚고 형상을 회복하여 사람의 세계에 태어나면 유약한 무리에 참여하느니라.

저 의복의 원료가 되던 종류가 갚을 만큼 갚고 형상을 회복하여 사람의 세계에 태어나면 노력하는 무리에 참여하고, 저 때를 알리던 종류가 갚을 만큼 갚고 형상을 회복하여 사람의 세계에 태어나면 글을 잘 하는 무리에 참여하며, 저 아름다운 일을 알리던 종류가 갚을 만큼 갚고 형상을 회복하여 사람의 세계에 태어나면 총명한 무리에 참여하고, 저 계절을 따르던 종류가 갚을 만큼 갚고 형상을 회복하여 사람의 세계에 태어나면 통달하는 무리에 참여하느니라.

아난아, 그들은 다 묵은 빚을 갚았기 때문에 다시 사람의 길을 회복하였으니 모두 시작 없는 과거로부터 업보에 얽혀서 뒤바뀌어 서로 낳고 서로 죽이고 하느니라. 부처님을 만나지 못하거나 바른 법을 듣지 못하여 번뇌 속에서 법이 그렇게 윤전하도록 되어 있나니 그러한 무리를 '가련한 자'라고 이름하느니라.

신선의 세계

아난아, 또 어떤 사람이 바른 깨달음을 의지해서 삼마지를 닦지 아니하고 따로 허망한 생각을 닦아 생각을 보존하고 형체를 견고하게 하여 인적이 미치지 않는 산림으로만 다니는 열 가지 신선이 있느니라.

아난아, 저 모든 중생들이 약을 먹어 견고하게 하기를 쉬지 아니하여 먹는 도가 원만하게 이루어진 이는 '지행선(地行仙)'이라 하고, 풀과 나무를 견고하게 하기를 쉬지 아니하여 약의 도가 원만하게 이루어진 이는 '비행선(飛行仙)'이라고 하느니라.

금석을 견고하게 하기를 쉬지 아니해서 변화하는 도가 원만하게 이루어진 이는 '유행선(遊行仙)'이라고 하고 행동거지를 견고하게 하기를 쉬지 아니해서 기운과 정기가 원만하게 이루어진 이는 '공행선(空行仙)'이라고 하느니라.

신액을 견고하게 하기를 쉬지 아니해서 덕을 윤택하게 하여 원만하게 이루어진 이는 '천행선(天行仙)'이라고 하고, 정색(精色)을 견고하게 하기를 쉬지 아니해서 순수한 기운을 마셔 원만하게 이루어진 이는 '통행선(通行仙)'이라고 하느니라.

주문과 금계를 견고하게 하기를 쉬지 아니해서 술법이 원만하게 이루어진 이는 '도행선(道行仙)'이라고 하고, 생각을 견고하게 하기를 쉬지 아니해서 생각하고 기억하는 것이 원만하게 이루어진 이는 '조행선(照行仙)'이라고 하느니라.

사귀어 어울림을 견고하게 하기를 쉬지 아니해서 감응이 원만하게 이루어진 이는 '정행선(精行仙)'이라고 하고, 변화를 견고하게 하기를 쉬지 아니하여 깨달음이 원만하게 이루어진 이는 '절행선(絶行仙)'이라고 하느니라.

아난아, 이러한 사람은 모두 다 사람들 중에서 마음을 단련하되 바른 깨달음을 닦지 아니하고 따로 장생하는 이치를 터득하여 수명이 천만 세를 사는데 깊은 산 속이나 혹은 큰 바닷가 섬 등의 인적이 이르지 않는 곳에서 산다. 그들도 윤회하는 허망한 생각으로 유전(流轉)하면서 삼매를 닦지 아니하였으므로 과보가 다하면 흩어져서 여러 세계의 부류에 들어가느니라.

천상의 세계

아난아, 모든 세상 사람들이 항상 머물기를 구하지 아니하여서 아내와 첩에 대한 은애를 버리지 못하였다 하더라도 삿된 음욕에는 마음이 흘러 빠져들지 않아서 맑고 고요하여 빛을 발하는 이는 죽은 뒤에 해와 달을 이웃하게 되나니 이와 같은 한 무리는 그 이름을 '사천왕천(四天王天)'이라고 하느니라.

자기 아내에게도 음욕과 애욕이 더욱 엷아져서 깨끗하게 지낼 적에 온전한 재미를 느끼지 못한 이는 죽은 뒤에 해와 달의 밝은 경계를 초월하여 인간의 정상에 살게 되나니 그와 같은 한 무리는 그 이름이 '도리천(忉利天)'이니라.

만나면 애욕에 잠깐 어울리나 떠나면 생각이 없어져서 인간 세상의 일에 동요함은 적고 고요함이 많은 이는 죽은 뒤에 허공 중에서 밝게 편안히 머물러 해와 달의 광명이 올려 비추어도 미치지 못하므로 이 모든 사람들이 스스로 광명이 있나니 그와 같은 한 무리는 '수염마천(須燄摩天)'이라고 하느니라.

모든 시간에는 언제든지 고요했다가도 꼭 접촉해야 할 대상이 오면 이를 거절하지 못하는 이는 죽은 뒤에 위로 올라가 정밀하고 미묘해져서 아래 세계의 사람이나 하늘의 경계에 접하지 아니하며 이 세계가 다하기에 이르더라도 삼재가 미치지 못하는 이러한 한 무리는 '도솔타천(兜率陀天)'이라고 하느니라.

자신은 애욕의 마음이 없되 상대방의 요청에 따라서 행동하므로 무심하게 행동할 적에 그 맛이 밀랍을 씹는 듯한 이는 죽은 뒤에 초월하여 변화하는 곳에 나나니 그와 같은 한 무리는 '낙변화천(樂變化天)'이라고 하느니라.

세상엔 마음이 없으면서도 세상과 함께 일을 행하여서 일을 행하는 어울림에 있어 분명히 초월한 이는 죽은 뒤에 변화가 있고 변화가 없는 데에서 두루 초월하여 벗어나나니 그와 같은 한 무리는 '타화사새천(他化自在天)'이라고 하느니라.

아난아, 이와 같이 여섯 하늘이 형상은 비록 동요하는 데에서 벗어났으나 마음의 자취가 아직은 서로 어울리니 처음부터 여기까지는 '욕계'라고 하느니라."

제9권

 "아난아, 세상에 마음을 닦는 모든 사람이 선나(禪那)를 의지하지 못하여 지혜는 없으나 다만 능히 몸을 단속하여 음욕을 행하지 않아서 다니거나 앉거나간에 생각이 모두 없어지고 애욕의 더러움이 생기지 아니하면 욕계에 머물지 아니하나니 그 사람은 즉시 그 몸이 범천의 무리가 되는데 그와 같은 한 무리를 '범중천(梵衆天)'이라고 하느니라.
 애욕의 습기가 이미 없어져서 애욕을 여읜 마음이 나타나고 모든 계율에 대해 좋아하여 순하게 따르면 이 사람은 즉시 범덕(梵德)을 행할 수 있나니 이와 같은 한 무리를 '범보천(梵輔天)'이라고 하느니라.
 몸과 마음이 오묘하고 원만해서 위의(威儀)에 결함이 없고 금하는 계율을 깨끗하게 지키고 나아가 밝게 깨닫기까지 하면 이 사람은 때를 따라 응하여 범중을 통솔하게 되어서 대범왕이 되나니 이와 같은 한 무리를 '대범천(大梵天)'이라고 하느니라.
 아난아, 이 세 가지 수승한 무리는 어떤 고뇌도 핍박하지 못한다. 비록 참다운 삼마지를 올바로 닦지 못했으나 깨끗한 마음 속에 모든 번뇌가 동요하지 아니하므로 '초선천(初禪天)'이라고 하느니라.

아난아, 그 다음은 범천이 범천 사람을 통솔하고 범행이 원만하게 되어서 맑은 마음이 동요하지 아니하며 고요하고 맑아서 빛을 내는 이와 같은 한 무리를 '소광천(小光天)'이라고 하느니라.

빛과 빛이 서로 어울려서 밝게 비침이 끝이 없으며 시방세계를 두루 비추어 유리와 같이 된 이와 같은 한 무리를 '무량광천(無量光天)'이라고 하느니라.

원만한 광명을 흡수해 가져 교화의 실체를 성취하여 깨끗한 교화를 발휘하여 응용이 다함이 없는 이와 같은 한 무리를 '광음천(光音天)'이라고 하느니라.

아난아, 이 세 가지 수승한 무리는 모든 근심 · 걱정이 핍박할 수가 없나니 비록 참다운 삼마지를 올바로 닦은 것은 아니나 깨끗한 마음 속에 거친 번뇌를 이미 항복 받았으므로 '이선(二禪)'이라고 하느니라.

아난아, 이와 같이 하늘 사람들이 원만한 광명으로 음성을 이루고 그 소리로 묘한 이치를 나타내서 정밀한 행동을 이루고 적멸의 즐거움을 통한 이와 같은 한 무리를 '소정천(少淨天)'이라고 하느니라.

깨끗한 허공이 앞에 나타나 한계가 없이 펼쳐져서 몸과 마음이 가볍고 편안하여 적멸의 즐거움을 이룬 이와 같은 한 무리를 '무량정천(無量淨天)'이라고 하느니라.

세계와 몸과 마음이 모두 원만하고 깨끗해져서 깨끗한 덕이 이룩되어 수승하게 의탁할 만한 곳이 앞에 나타나서 적멸의 즐거움으로 돌아가면 이와 같은 한 무리를 '변정천(遍淨天)'이라고 하느니라.

아난아, 이 세 가지 수승한 무리는 크게 순하게 따름을 갖추어서 몸과 마음이 편안하여 한량없는 즐거움을 얻나니 비록 참다운 삼마지를 올바르게 닦은 것은 아니나 편안한 마음 속에 기쁨이 다 갖추어졌으므로 '삼선(三禪)'이라고 하느니라.

아난아, 또 하늘 사람은 몸과 마음을 핍박하지 아니하여 괴로움의 원인이 이미 다하였으나 즐거움도 항상 머무르지 않는지라 오래 되면 반드시 무너지리니 그 괴롭고 즐거운 두 마음을 한꺼번에 다 버려서 거칠고 무거운 현상이 없어지고 깨끗한 복의 성품이 생긴 이와 같은 한 무리를 '복생천(福生天)'이라고 하느니라.

버리는 마음이 원용해져서 수승한 이해가 깨끗해지고 복이 막힘 없는 가운데 오묘함을 얻어 순하게 따라서 미래제를 다한 이와 같은 한 무리를 '복애천(福愛天)'이라고 하느니라.

아난아, 이 하늘에서부터 두 갈래 길이 있으니 만약 앞의 마음에서 한량없는 깨끗한 광명으로 복덕을 원만하고 밝게 닦아 증득하여 머문 무리를 '광과천(廣果天)'이라고 하느니라.

만약 앞의 마음에서 괴로움과 즐거움을 모두 싫어해서 버리는 마음을 정밀하게 연마하되 끊임없이 계속하여 버리는 길을 원만하게 궁리하면 몸과 마음이 다 없어지며 생각마저 불꺼진 재처럼 엉켜서 오백 겁을 지나게 된다. 이러한 사람은 이미 나고 없어지는 것으로 원인을 삼고 나고 없어지지 않는 성품은 발명할 수 없어서 처음 반 겁은 멸하여 없어지며 뒤의 반 겁은 생기는 이와 같은 한 무리를 '무상천(無想天)'이라고 하느니라.

아난아, 이 네 가지 수승한 무리는 모든 세상의 여러 가지 괴롭고 즐거운 대상들이 움직이게 할 수 없나니 비록 움직이는 작위가 없는 참다운 경지는 못되었다고 하더라도 얻은 것이 있는 마음에 공부의 작용이 순수하게 익숙해졌으므로 '사선(四禪)'이라고 하느니라.

아난아, 이 가운데 또다시 다섯 가지 돌아오지 않는 하늘이 있으니 아래 세계 가운데 구품의 습기를 한꺼번에 끊어 버리고 괴로움과 즐거움을 모두 잊어서 아래 세계에서는 있을 데가 없으므로 버리는 마음이 같은 분수 중에서 있을 곳을 편안히 정립한 것이니라.

아난아, 괴롭고 즐거움이 둘 다 없어져서 다투는 마음이 어울리지 않는 이와 같은 한 무리를 '무번천(無煩天)'이라고 하느니라.

기(機)와 괄(括)이 따로따로 행하여서 서로 상대하는 경지가 없는 이와 같은 한 무리를 '무열천(無熱天)'이라고 하느니라.

시방세계에 오묘하게 보는 것이 원만하게 맑아서 다시 티끌의 형상과 모든 잠긴 때가 없어진 이와 같은 한 무리를 '선견천(善見天)'이라고 하느니라.

정밀하게 보는 것이 앞에 나타나서 무엇을 하든지 걸림이 없는 이와 같은 한 무리를 '선현천(先現天)'이라고 하느니라.

모든 기미[機]를 끝까지 궁리하고 색성(色性)의 성품까지 궁리해서 변제(邊際)가 없는 경지에 들어간 이와 같은 한 무리를

'색구경천(色究竟天)'이라고 하느니라.

아난아, 이 불환천(不還天)은 저 모든 사선천의 네 천왕(天王)들도 유독 공경하여 듣기만 할 뿐 알거나 볼 수 없는 것이다. 마치 지금 세상에 넓은 들과 깊은 산에 있는 성스러운 도량의 터는 모두가 아라한들이 머물러 있는 곳이므로 세상의 추악한 사람들로서는 볼 수가 없는 것과 같다.

아난아, 이 열여덟 하늘은 홀로 행하고 서로 어울림이 없으나 형상의 더러움을 다하지 못하였으므로 여기까지를 '색계(色界)'라고 하느니라.

또 아난아, 그 유정천(有頂天)[139]인 색변제(色邊際)로부터 그 사이에 다시 두 갈래 갈림길이 있으니, 만약 마음을 버려서 지혜를 발명하여 그 지혜의 빛이 원만하게 통하면 곧 티끌세계를 벗어나 아라한을 이루어 보살승(菩薩乘)에 들어가나니, 이와 같은 한 무리를 '마음을 돌이킨 큰 아라한'이라고 하느니라.

가령 마음을 놓아버리는 데 있어서 싫은 것 버리는 것을 성취하여 몸이 장애가 된다는 것을 깨달아서 그 장애를 없애고 허공에 들어간 이와 같은 한 무리를 '공처(空處)'라고 하느니라.

모든 장애가 이미 사라지고 또한 장애가 없어졌다는 그것마저도 없어져서 그 가운데 오직 아리야식(阿梨耶識)만 남고 말나(末那)의 반분 미세한 것만 온전한 이와 같은 한 무리를 '식처(識處)'라고 하느니라.

공과 색이 이미 없어지고 의식하는 마음마저 다 없어져서 시방이 고요해지고 아득히 갈 데가 없는 이와 같은 한 무리를 '무소유처(無所有處)'라고 하느니라.

식성이 움직이지 않거늘 없어지는 것을 끝까지 연구하여 다함이 없는 가운데서 다하는 성품을 발하여 퍼져서 있는 듯하면서도 있는 것이 아니며 다한 듯하면서도 다한 것이 아닌 이와 같은 한 무리를 '비상비비상처(非想非非想處)'라고 하느니라. 이들은 공(空)을 궁구하였으되 공한 이치를 다하지 못하였느니라.

불환천으로부터 성인의 도를 다한 이와 같은 한 무리를 마음을 돌리지 못한 '둔한 아라한'이라고 하고, 만약 무상천의 모든 외도천으로부터 공함을 궁구하고 돌아오지 못하여 번뇌가 있는 데에 미혹하고 들은 것이 없으면 문득 윤회에 들어가느니라.

아난아, 이 모든 천상마다 있는 하늘 사람들은 곧 범부의 업과를 받은 것이므로 그 업보가 끝나면 다시 윤회에 들어가거니와 저 천왕들은 곧 보살로서 삼마지에 노닐면서 점차로 증진해서 성인의 무리로 회향하는 수행의 길이니라.

아난아, 이 네 가지 공한 하늘은 몸과 마음이 다 없어지고 선정의 성품만 앞에 나타나서 업과의 색이 없어진 것이니 여기서부터 끝까지를 '무색계(無色界)'라고 하느니라.

이것은 모두가 오묘한 깨달음의 밝은 마음을 깨닫지 못하고 허망함을 쌓아 그것이 발생하여 허망하게 삼계가 생긴 것이거늘 중간에서 허망하게 칠취를 따라 빠져 들어가는 보특가라(補特伽羅)[140]가 제각기 그 무리를 따르느니라.

아수라의 세계

또 아난아, 이 삼계 가운데 다시 네 가지 아수라의 무리가 있으니 만약 귀신의 길에서 법을 보호한 공덕으로 신통을 얻어 공한 경지에 들어간 이러한 아수라는 알에서 생겨나며 귀신의 세계에 간섭받는다. 만약 하늘 가운데에서 덕이 모자라 아래로 떨어져서 그가 거처하는 곳이 해나 달을 이웃한 이러한 아수라는 태에서 생겨나나니 사람의 세계에 간섭받으며, 어떤 수라왕은 세계를 집착하여 지켜서 힘이 세고 두려움이 없어서 범왕과 제석천과 사천왕과도 세력을 다투나니 이러한 아수라는 변화로 인하여 생겼으므로 하늘의 세계에 간섭받느니라.

아난아, 그 밖에 따로 한 등급 낮은 아수라가 있으니 큰 바닷속에서 생겨나 수혈구(水穴口)에 잠겨 있으면서 아침에는 허공에 돌아다니다가 저녁에는 물로 돌아와서 자곤 한다. 이러한 아수라는 습기로 인해 생겨났으므로 축생의 세계에 간섭받느니라.

아난아, 이와 같이 지옥 · 아귀 · 축생 · 인간 · 신선 · 하늘 · 아수라 등 일곱 세계의 길을 정밀하게 연구해 보면 모두가 어둡고 잠긴 작용이 있는 현상들이다. 허망한 생각으로 생을 받고 허망한 생각으로 업보를 따르지만, 오묘하고 원만하게 밝은 작용이 없는 본래 마음은 모두가 허공의 헛꽃과 같아서 원래 집착할 것이 없고 다만 하나의 허망함뿐이어서 다시 어떠한 근거나 실마리가 없느니라.

아난아, 이 모든 중생들이 본래의 마음을 알지 못하여 이렇게 윤회를 하면서 한량없는 세월을 지내도록 참되고 깨끗함을 증득하지 못하는 것은 모두 살생과 훔치는 일과 사음을 따르기 때문이니 이 세 가지를 범하지 아니하면 또한 살생과 훔치는 일과 사음이 없는 데에 태어난다.

이와 같은 것이 있으면 '귀신의 무리'라고 하고, 없으면 '하늘'이라고 하나니 있고 없는 데를 서로 왔다갔다하면서 윤회하는 성품을 일으킨다. 만약 삼마지를 묘하게 발명할 수 있게 되면 오묘한 성품이 항상 고요해서 있는 데나 없는 데가 모두 없어지고 나아가 없어졌다는 그것마저도 없어지고, 오히려 살생하지 않고 훔치지 않고 사음하지 않는 것까지도 없어질 것이거늘 어찌하여 또다시 사음이나 살생이나 훔치는 것을 따르는 일이 있겠느냐?

아난아, 세 가지 업인을 끊지 못하는 것은 제각기 사사로운 생각이 있기 때문이니 제각기 사사로운 마음이 있으므로 모든 사사로움이 같은 분한에 성해진 곳이 없지 아니하니라. 이는 모두 부질없는 생각으로부터 발생하나니 부질없는 생각이 생기는 것은 원인이 없으므로 찾아서 궁구할 수도 없느니라.

네가 힘써 수행하여 보리를 얻고자 한다면 세 가지 의혹을 끊어야 할지니, 세 가지 의혹을 끊지 못하면 비록 신통을 얻었다고 하더라도 이는 모두가 세상의 작용이 있는 공용(功用)이다. 습기를 없애지 못하면 마구니의 세계에 떨어질 것이다. 비록 그 허망함을 제거하고자 하더라도 허위(虛僞)만 더하게 되나니 부처님께서 가련하다고 말씀하신 것이다. 너의 허망한 것은 네 자신이 지은 것이지 보리의 허물이 아니니라.

이와 같은 말은 바른 말이라 할 것이요, 만약 이와 다르게 말하는 것은 곧 마왕의 말이니라."

오십 가지 마구니의 장난을 설하시다

그때 여래께서 법회를 마치려고 하시다가 사자 모양의 의자에서 칠보의 안석을 잡아당기시어 자금산 같은 몸을 돌려서 다시 기대앉으시고 대중과 아난에게 말씀하셨다.

"너희들 배울 것이 있는 연각과 성문들이 오늘날 생각을 돌이켜 큰 보리인 가장 높고 오묘한 깨달음에 나아가려 하므로 내가 지금 이 참다운 수행의 방법을 말하였거니와 너는 아직도 사마타와 비바사나를 닦을 적에 아주 작은 마구니의 일들이 앞에 나타나는 것을 알지 못하고 있구나. 만약 마구니의 경계가 앞에 나타나는 것을 너희들이 알지 못하면 마음을 닦음이 바르지 못해서 삿된 소견에 떨어지게 되리니, 혹은 너의 오음에서 일어나는 마구니이거나 아니면 혹 천마이거나 또는 귀신이 붙거나 도깨비를 만나게 될 것이다.

마음이 밝지 못하여 도적을 아들인 양 잘못 인정하며, 또는 그 가운데 조그만 것을 얻고는 큰 것을 얻은 양 만족을 느끼면, 마치 제사선천(第四禪天)에서 무문비구(無聞比丘)가 성과를 증득하였다고 거짓말을 하다가 하늘의 과보가 이미 다해서 쇠잔한 모양이 앞에 나타났을 때, 아라한도 다시 몸을 받는 일이 있다고 비방하다가 아비지옥에 떨어진 것과 같나니, 너는 자세히 들어라. 내가 지금 너를 위해 자세하게 분별하여 설명하리라."

아난이 일어나서 그 모임 가운데 더 배워야 할 자들과 함께 기뻐하며 이마를 대어 절하고 삼가 자비하신 가르침을 들었다.

부처님께서 아난과 모든 대중에게 말씀하셨다.

"너희들은 마땅히 알아야 한다. 번뇌가 있는 세계에 열두 종류의 중생들이 오묘하고 밝은 본래 깨달음의 맑고 원만한 마음의 실체는 시방의 모든 부처님과 둘도 아니요 다른 것도 아니건만, 너희들이 허망한 생각으로 말미암아 진리를 미혹하게 한 탓인지라 어리석은 애욕이 발생하고, 그 애욕이 발생함으로 인하여 두루 미혹해지기 때문에 공한 성품이 있게 되었거늘 변화하고 미혹함이 그치지 아니하여 세계가 생긴 것이다.

그렇다면 이 시방의 작은 티끌처럼 많고 많은 국토가 번뇌가 끊기지 않는 이유는 모두가 미혹하고 어리석은 허망한 생각을 편안히 고집하고 있기 때문이니라.

마땅히 알아야 한다. 허공이 너의 마음 속에서 생기는 것이 마치 한 조각 구름이 맑은 하늘에 일어나는 것과 같거늘 더구나 허공 속에 있는 모든 세계야 말할 필요도 없지 않겠느냐?

너희들 중에 어느 한 사람이라도 참다운 것을 발하여 근원으로 되돌아가면 시방의 허공이 모두 다 소멸하리니 어떻게 허공 속에 있는 국토가 찢어지지 않겠느냐?

너희들이 선정을 닦아 삼마지를 장엄하여 시방의 보살들과 번뇌가 끊어진 큰 아라한들로 마음의 정기가 서로 통하고 합해져서 당처(當處)가 고요하고 맑아지면 모든 마왕과 귀신과 모든 범부천(凡夫天: 魔王天)은 그들의 궁전이 까닭 없이 무너지고 큰 땅덩이가 갈라지고 터져서 물이나 육지에 사는 것들과 하늘을 나는 무리들이 놀라 두려워하지 않을 수 없음을 보게 되리라.

마구니들은 어둡고 어두워서 세상이 변천해 가는 것을 느끼지 못하지만 저들은 모두가 다섯 가지 신통을 증득하였고 오직 누진통만 증득하지 못하였으므로 티끌 세상을 그리워하는 것이니 어찌하여 너로 하여금 그들의 처소를 허물어뜨리도록 놓아 두겠는가? 그러므로 귀신과 모든 천마와 도깨비나 요정들이 몰려와서 삼매 속에 들어 있는 너를 괴롭히는 것이니라.

그러나 저 모든 마구니가 비록 크게 성내더라도 저들은 번뇌 속에 살고 있고 너는 오묘한 깨달음 속에 있으므로, 마치 바람이 빛을 불고 칼로 물을 베는 듯하여 조금도 저촉되지 못한다는 것을 깨달아야 할 것이며, 너는 끓는 물과 같고 저들은 꽁꽁 언 얼음과 같아서 더운 기운이 점점 가까이 가면 저 얼음은 곧 녹아 없어질 것이다.

부질없이 신통력만을 믿는다고 하더라도 다만 그것은 객체일 뿐이므로 성취하거나 깨뜨려 어지럽히는 것은 네 마음 속에 있는 오음(五陰)의 주인에게 달려 있느니라.

오음의 주인이 만약 혼미해지면 손님이 그 틈을 노리겠지만, 그때를 당해서 선나를 깨달아 미혹함이 없으면 저 마구니들은 너에게 어떻게 하지 못할 것이다.

오음이 사라지고 밝은 데로 들어가면 곧 저 삿된 무리들은 모두 어두운 기운을 받은 자들이니 밝은 것이 어두운 것을 무너뜨릴 수 있으므로 가까이 가면 저절로 사라질 터인데 어떻게 감히 머물러 있으면서 선정을 어지럽힐 수 있겠느냐?

만약 분명하게 깨닫지 못해서 오음에 미혹되면 너 아난은 반드시 마구니의 자식이 되어서 마구니의 사람이 될 것이다. 마등가 같은 경우는 매우 졸렬한 편이었지만 그는 오직 주문만 가지고서도 너를 홀려서 부처님의 계율을 깨뜨리려고 하였었다. 팔만 가지 행동 가운데 오직 한 가지 계율만 무너뜨리려는 것이었으나, 마음이 깨끗하였으므로 그래도 빠져들지는 아니하였거니와 저 마구니들은 너의 보배로운 깨달은 몸을 무너뜨리기를 마치 재상의 집이 갑자기 가산을 몰수당하여 완전히 무너져내려 구원할 수 없는 지경에 이른 것과 같느니라.

색음(色陰)에서 생겨나는 열 가지 장애

아난아, 마땅히 알아야 한다. 네가 도량에 앉아서 모든 생각이 사라지고 그 생각이 만약 다 끊어진다면 모든 생각을 여의어서 정밀하고 밝아지며 움직임과 고요함이 변하지 않고 기억하고 잊음이 한결같아져서 그러한 경지에 머물러 삼마지에 들어감이 마치 눈 밝은 사람이 매우 어두운 곳에 있는 것과 같아서 정밀한 성품은 오묘하고 깨끗하나 마음은 아직 빛을 발하지 못하는 것과 같으니 이것을 이름하여 '색음의 구역'이라고 하느니라.

만약 눈이 밝고 맑아 시방이 환하게 열리면 다시는 어두워지거나 캄캄해지지 않으리니 그것을 이름하여 '색음이 다 없어졌다'고 할지니 그 사람은 곧 겁탁을 벗어날 수 있으리라. 그 까닭을 살펴보면 견고하고 허망한 생각으로 근본이 되었기 때문이니라.

아난아, 그러한 가운데 있으면서 오묘하고 밝은 성품을 정밀하게 연구하여 사대[地·水·火·風]가 서로 얽히지 않으면 잠깐 동안 몸이 걸림에서 벗어날 수 있으리니 이는 정밀하고 밝은 성품이 앞 경계에 흘러 넘친다고 이름할 것이다. 그러나 이것은 다만 수행의 힘으로 잠시 그렇게 된 것이지 성인이 되었다는 증거는 아니다. 성인이 되었다는 생각을 내지 않으면 훌륭한 경계라고 하겠지만 만약 성인이 되었다는 생각을 하게 되면 곧 많은 마구니들의 유혹을 받게 되리라.

아난아, 또 이러한 마음으로 오묘하고 밝은 성품을 정밀하게 연구하여 그 몸이 안으로 밝게 통하면 이 사람은 홀연히 몸 속에 있는 요충이나 회충을 집어내더라도 몸의 형태는 완연하여 조금도 상처가 나지 않을 것이다. 이것은 정밀하고 밝은 성품이 몸에 넘쳐 흐르기 때문이니, 이는 다만 수행의 힘으로 인하여 잠시 그렇게 된 것이지 성인이 된 증거는 아니다. 성인이 되었다는 생각을 내지 않으면 훌륭한 경계라고 하겠지만 성인이 되었다는 생각을 하게 되면 곧 많은 마구니들의 유혹을 받게 되느니라.

또 이러한 마음으로 안과 밖을 정밀하게 연구하면 그때 혼백과 의지와 정신이 이 몸과 마음을 제외하고는 나머지 모두를 거두어들여 서로 손님이 되기도 하고, 주인이 되기도 하여 홀연히 공중에서 설법하는 소리가 들리기도 하며 혹은 시방에서 은밀한 이치를 말하는 것도 듣게 될 것이다. 이는 정신과 혼백이 번갈아가며 떨어졌다 합쳤다 하면서 착한 종자를 성취시킨 것으로 잠시 그렇게 된 것이지 성인이 된 증거는 아니다. 성인이 되었다는 생각을 하지 않으면 훌륭한 경계라고 하겠지만 성인이 되었다는 생각을 하게 되면 곧 많은 마구니의 유혹을 받게 되느니라.

또 이러한 마음으로 맑게 드러나고 밝게 통하여 안에서 일어난 광명이 발하여 밝아지면 시방세계가 두루 염부단금 빛으로 변하며 모든 종류가 부처님의 모습으로 변화해서 그때 문득 비로자나부처님이 천광대(天光臺)에 앉아 계시고 일천 부처가 주위에 둘러 있으며, 백억의 국토와 연꽃이 동시에 나타나는 모습을 보게 될 것이다. 이는 마음의 영혼이 신령하게 깨달음에 물들어 그 마음의 광명이 밝아져서 모든 세계를 비추는 것인데 잠시 그렇게 된 것이지 성인이 된 증거는 아니다. 성인이 되었다는 마음을 내지 않으면 훌륭한 경계라고 하겠지만 성인이 되었다는 생각을 하게 되면 곧 많은 마구니의 유혹을 받게 되느니라.

또 이러한 마음으로 오묘하고 밝은 성품을 정밀하게 연구해서 끊임없이 관찰하여 잡념을 억제하고 항복 받아 제지[認定]하는 것을 뛰어넘으면 그때 홀연히 시방의 허공이 일곱 가지 보배의 색깔이 되기도 하며 혹은 온갖 보배의 색깔이 동시에 두루 가득하되 서로 걸리지 않아서 푸르고 누렇고 붉고 흰 빛이 각각 순수하게 나타날 것이다. 이는 억제하는 공부의 힘이 분수에 넘친 것으로 잠시 그렇게 된 것이지 성인이 된 증거는 아니다. 성인이 되었다는 마음을 내지 않으면 훌륭한 경계라고 하겠지만 성인이 되었다는 생각을 하게 되면 곧 많은 마구니의 유혹을 받게 되느니라.

또 이러한 마음으로 연구하여 맑고 환하게 밝아져서 정밀한 빛이 산란하지 아니하면 갑자기 밤중에 어두운 방 안에서 갖가지 물건을 보되 대낮과 다르지 않으며 어두운 방 안의 물건들도 없어지지 않으리니, 이것은 마음이 세밀하여 보는 능력이 치밀하게 맑아져서 어두운 데까지 통해 보는 것인데 잠시 그렇게 된 것이지 성인이 된 증거는 아니다. 성인이 되었다는 마음을 내지 않으면 훌륭한 경계라고 하겠지만 성인이 되었다는 마음을 갖게 되면 곧 많은 마구니의 유혹을 받게 되느니라.

또 이러한 마음으로 텅 비고 원융한 데에 원만하게 들어가면 온몸이 홀연히 풀이나 나무와 같아져서 불로 태우거나 칼로 베어내도 조금도 아픔을 느끼지 못하며 또는 불이 태울 수도 없으며 비록 그 살을 깎더라도 마치 나무를 깎는 것과 같으리니, 이것은 정밀하게 수행하여 다섯 가지 대상인 물질을 떨쳐버리고 사대(四大)의 성품을 밀어내서 한결같이 순수한 경지를 향하여 들어간 때문이니 잠시 그렇게 된 것이지 성인이 된 증거는 아니다. 성인이 되었다는 마음을 내지 않으면 훌륭한 경계라고 하겠지만 만약 성인이 되었다는 마음을 내게 되면 곧 많은 마구니의 유혹을 받게 되느니라.

또 이러한 마음으로 깨끗함을 성취하여 마음을 깨끗이 한 공부가 지극하면 문득 큰 땅덩어리와 시방의 산과 강이 모두 다 부처님의 나라를 이루며 일곱 가지 보배를 다 갖추어서 광명이 두루 가득하고 또 항하의 모래같이 많은 부처가 허공에 두루 가득하게 보이거든 누각과 궁전이 화려하며, 아래로는 지옥을 보고 위로는 천궁을 보되 막힘이 없으리니, 이는 좋아하고 싫어하는 생각이 섞여 날로 깊어져서 그 생각이 오래도록 변화되어 이루어진 것인데 잠시 그렇게 된 것이지 성인이 된 증거는 아니다. 성인이 되었다는 마음을 내지 않으면 훌륭한 경계라고 하겠지만 만약 성인이 되었다는 생각을 하게 되면 곧 많은 마구니의 유혹을 받게 되느니라.

또 이러한 마음으로 깊고 넓게 연구하면 문득 밤중에 먼 곳에 있는 시장이나 거리에 산재해 있는 친족이나 권속들을 보기도 하며 혹은 그들이 하는 말을 듣기도 하리니, 이는 마음을 절박하게 한 결과 그 핍박함이 극에 달하여 흘러 나왔기 때문에 막힌 것도 잘 보는 것인데 잠시 그렇게 된 것이지 성인이 된 증거는 아니다. 성인이 되었다는 마음을 내지 않으면 훌륭한 경계라고 하겠지만 만약 성인이 되었다는 마음을 가지게 되면 곧 많은 마구니의 유혹을 받게 되느니라.

또 이러한 마음으로 연구하기를 정밀하고 지극히 하면 선지식의 형체가 변하고 바뀌어서 잠깐 사이에 무단히 여러 가지로 바뀌는 것을 보게 되리니, 이는 삿된 마음으로 인하여 도깨비가 들렸거나 아니면 천마가 그 마음 속에 들어가서 단서 없는 설법을 하되 오묘한 이치를 통달했다고 하는 것인데 잠시 그렇게 된 것이지 성인이 된 증거는 아니다. 성인이 되었다는 마음을 내지 않으면 마구니의 일이 사라지겠지만 만약 성인이 되었다는 마음을 가지게 되면 곧 많은 마구니의 유혹을 받게 되느니라.

아난아, 이와 같이 선나에 나타나는 열 가지 마구니의 경지는 모두 색음에서 작용하는 마음이 서로 얽혀 있기 때문에 나타나는 것이니 중생들이 미련하고 어두워서 스스로 헤아리지 못하고 그러한 인연을 만났을 때에 혼미하여 스스로 깨닫지 못하고 성인의 경지에 올랐다고 말하면서 큰 거짓말을 하게 되어 밑 없는 구덩이[무간지옥]에 떨어지나니 너희들은 반드시 부처님의 말씀을 간직하여 내가 멸도한 뒤 말법세상에 전하여서 여러 중생들로 하여금 이러한 이치를 깨닫게 하고 천마들로 하여금 틈을 얻지 못하게 하여 바른 법을 잘 보호하고 지켜 주어서 최상의 도를 이루게 하라.

수음(受陰)에서 생겨나는 열 가지 장애

아난아, 저 선남자가 삼마지를 닦아서 사마타 가운데 색음이 다 없어진 이는 모두 부처님의 마음을 보는데 마치 거울 속에 비치는 자신의 모습을 보는 것과 같으며, 얻는 것이 있는 듯하면서도 작용할 수가 없는 것이 마치 귀신들린 사람이 손발도 멀쩡하고 보고 듣는 것도 의혹이 없는데 마음이 객귀나 사귀와 접촉되어 움직일 수 없는 것과 같으니 그것을 '수음의 구역'이라고 하느니라.

만약 귀신들린 증세가 사라지면 그 마음은 몸을 떠나 도리어 제 얼굴을 보게 되어서 가고 머무는 행동이 자유로워져서 다시는 걸림이 없으리니, 이를 이름하여 수음이 다 끊어졌다고 하느니라. 사람은 견탁(見濁)[141]에서 벗어나게 되리니 그 까닭을 살펴보면 텅 비고 밝은 허망한 생각으로 근본을 삼았기 때문이니라.

아난아, 저 선남자가 그 가운데 있어서 찬란한 광명이 비침을 보고 마음이 열려서 안으로 억제함이 분수에 지나치면 홀연히 그곳에서 한없이 슬픈 마음이 생겨나서 모기나 등에 따위를 보는 것까지도 마치 어린아이처럼 여기게 되어 연민하는 마음이 생겨나 저도 모르게 눈물을 흘리니, 이는 수행의 작용으로 억제함이 지나친 탓이라 깨달으면 허물이 없어지는 것으로서 성인이 된 증거는 아니다.

오래도록 깨달아 혼미하지 아니하면 저절로 사라질 것이지만, 만약 성인이 되었다는 생각을 내게 되면 슬픔이 지극한 마구니가 그 심장 깊숙히 들어가서 사람만 보면 슬퍼하며 한없이 울 터이니 올바른 느낌을 잃었으므로 마땅히 빠져 떨어지게 되느니라.

아난아, 또 저 선정 가운데에서 모든 선남자가 색음이 사라지고 수음이 명백하여 수승한 모습이 앞에 나타나는 것을 보고서 감격함이 분수에 지나치면 갑자기 그 마음 속에 한없는 용기가 생겨나서 용맹스럽고 날카로워지며 모든 부처님과 같다는 생각을 하게 되며 삼 아승지겁을 한 생각에 초월할 수 있다고 여길 터이니, 이는 수행의 작용으로 업신여기거나 경솔하게 대함이 지나친 탓이니 깨달으면 허물이 없어지는지라 성인이 된 증거는 아니다.

오래도록 분명하게 깨달아서 혼미하지 아니하면 저절로 사라지겠지만 만일 성인이 되었다는 생각을 내게 되면 미친 마구니가 그 마음 깊숙이 들어가서 사람만 보면 자랑을 하면서 비길 데 없을 정도로 아만이 생겨나 위로는 부처님도 보이지 않고 아래로는 사람도 보이지 않을 터이니 올바른 느낌을 잃었으므로 당연히 빠져 떨어지게 되느니라.

또 저 선정 가운데에서 모든 선남자가 색음이 사라지고 수음이 명백함을 보고서 앞으로는 새로 증득할 것이 없고 되돌아오려고 해도 옛날에 처해 있던 곳을 잃어버려서 지혜의 힘이 쇠퇴하고 약해지며 중휴지(中隳地)[142]에 들어가 멀리 보이는 것이 없으면 마음 속에 갑자기 크게 고갈증이 생겨 어느 때나 침울한 생각이 흩어지지 않아서 그것을 가지고 부지런히 정진한 현상이라고 여기리니, 이는 마음을 닦되 지혜가 없어서 스스로 잃어버린 탓이니 깨달으면 허물이 없어지는지라 성인이 된 증거는 아니다.

만약 성인이 되었다는 생각을 내게 되면 기억하는 마구니가 그 마음 깊숙이 들어가서 아침·저녁으로 마음을 움켜쥐고서 한곳에 매달려 있으리니 올바른 느낌을 잃었으므로 당연히 빠져 떨어지게 되느니라.

또 저 선정 가운데 모든 선남자가 색음이 사라지고 수음이 명백함을 보고서 지혜의 힘이 선정보다 지나쳐서 날래고 용맹한 데에 빠져서 여러 가지 훌륭한 성품을 마음 속에 품게 되면 자기 생각에 노사나불인가 의심하게 되어 조금 얻은 것을 가지고 매우 만족하게 여기리니, 이는 마음을 씀에 있어 항상 살피지 못하여 지혜의 소견에 빠진 탓이니 깨달으면 허물이 없어지는지라 성인이 된 증거는 아니다.

만약 성인이 되었다는 생각을 하게 되면 하열한 것으로도 쉽게 만족할 줄 아는 마구니가 그 마음 깊숙이 들어가서 사람만 보면 스스로 말하기를 '나는 비길 데 없는 최상의 진리를 증득했노라'고 하리니 올바른 느낌을 잃었으므로 당연히 빠져 떨어지게 되느니라.

또 저 선정 가운데 모든 선남자가 색음이 사라지고 수음이 명백함을 보고서 새로 증득할 것을 얻지 못하고 옛 마음은 이미 없어져서 예전과 지금을 두루 보고 스스로 어렵다는 생각을 내게 되면 마음에 홀연히 끝없는 근심이 생기는데 마치 바늘 방석에 앉은 것 같고 독약을 마시는 것과 같아서 살고 싶은 마음이 없어져서 항상 사람들에게 자기의 목숨을 끊어주어 빨리 해탈하게 해달라고 애원하리니, 이는 수행중에 방편을 잃은 때문이니 깨달으면 허물이 없어지는지라 성인이 된 증거는 아니다.

만약 성인이 되었다는 생각을 내게 되면 한 부분으로 항상 근심하는 마구니가 그 마음에 깊숙하게 들어가 손에 칼을 잡고 제 살을 깎으면서 죽기를 좋아하기도 하고 더러는 항상 근심하며 산 속 깊숙이 들어가서 사람들을 보려고 하지 않으리니 올바른 느낌을 잃었으므로 당연히 빠져 떨어지게 되느니라.

또 저 선정 가운데 모든 선남자가 색음이 사라지고 수음이 명백함을 보고서 깨끗한 가운데 있으면서 마음이 편안하고 아늑하게 된 다음에는 갑자기 스스로 한량없는 기쁨이 생겨 마음 속에 즐거움을 금할 수 없으리니, 이는 홀가분하고 편안함을 자제할 지혜가 없는 탓이니 깨달으면 허물이 없어지는지라 성인이 된 증거는 아니다.

만약 성인이 되었다는 생각을 내게 되면 한 부분에 기쁨과 즐거움을 좋아하는 마귀가 가슴 깊숙이 들어가서 사람을 보면 웃고 길거리에서 저 혼자 노래하고 춤추며 스스로 거리낌없는 해탈을 얻었다고 하리니 올바른 느낌을 잃었으므로 당연히 빠져 떨어지게 되느니라.

또 저 선정 가운데 모든 선남자가 색음이 사라지고 수음이 명백함을 보고서 스스로 만족하게 여기면 갑자기 무단히 남을 업신여기는 교만한 생각을 일으켜서 이와 같이 수행자를 능멸하는 교만과 겸손한 체하는 교만[過慢]과 자기만이 최고라고 하는 교만[慢過慢]과 진리를 증득했다고 남을 속이는 교만[增上慢]과 열세인 것을 뽐내는 교만[卑劣慢]이 일시에 모두 발동하여 마음 속으로 오히려 시방의 부처까지도 가볍게 여기거늘 더구나 하급 지위의 성문이나 연각을 우습게 여기는 것은 말할 필요가 있겠느냐? 이는 수승한 모습을 보고 스스로 구제할 지혜가 없는 탓이니 깨달으면 허물이 없어지는지라 성인이 된 증거는 아니다.

만약 성인이 되었다는 생각을 내게 되면 한 부분의 매우 교만한 마구니가 그 마음 깊숙히 들어가서 탑묘에 예배하지 않으며 경전이나 불상을 부수어 버리면서 시주하는 사람들에게 말하기를 '이 불상은 금이나 구리로 만든 것이요 혹은 흙이나 나무로 만든 것에 불과하며, 경전은 나뭇잎이거나 헝겊에 불과하며 육신은 참되고 항상한 것이거늘 이것에는 모두가 공경하지 아니하고 흙이나 나무를 숭상하고 있으니 실로 뒤바뀐 짓이다' 라고 하여 신심이 깊은 사람까지도 그 말에 속아 불상이나 탑을 마구 부수어서 땅속에 묻어버리며 중생들을 홀려 무간지옥에 떨어지게 하리니 올바른 느낌을 잃었으므로 당연히 빠져 떨어지게 되느니라.

또 저 선정 가운데 모든 선남자가 색음이 사라지고 수음이 명백함을 보고서 정밀하고 밝은 가운데 정밀한 이치를 원만하게 깨달아서 지나치게 순종하여 따르게 되면 그 마음에 문득 한량없이 홀가분하고 편안한 마음이 생겨나서 스스로 말하기를 '성인이 되었으므로 매우 자재함을 증득했노라'고 하리니, 이는 지혜로 인하여 홀가분하고 깨끗함을 얻었기 때문이니 깨달으면 허물이 없어지는지라 성인이 된 증거는 아니다.

만약 성인이 되었다는 마음을 내게 되면 한 부분에 홀가분하고 깨끗한 깃을 좋아하는 마구니가 그 마음 깊숙이 들어가서 스스로 만족함을 느껴 다시 더 정진하기를 바라지 않으리니 이러한 무리는 대부분 들은 것이 없는 비구가 되어 중생을 의혹으로 그르치거나 무간지옥에 떨어지게 할 터이니 올바른 느낌을 잃었으므로 당연히 빠져 떨어지게 되느니라.

또 저 선정 가운데 모든 선남자가 색음이 사라지고 수음이 명백함을 보고서 밝게 깨달은 가운데 비고 밝은 성품을 얻으면 그 가운데 문득 영원히 없어진다는 생각에 마음이 쏠려 인과도 없다고 하면서 한결같이 허공을 향해 들어가 공한 마음이 앞에 나타나서 마음에 영원히 끊어져 없어졌다는 견해까지 내게 되리니, 깨달으면 허물이 없어지는지라 성인이 된 증거는 아니다.

만약 성인이 되었다는 마음을 내게 되면 공한 마구니가 마음 깊숙이 들어가 계율을 지키는 사람을 소승이라고 비방하며 '보살은 공을 깨달았는데 무슨 계행을 지키고 범함이 있겠는가?'라고 하면서 그 사람이 신심이 있는 시주 앞에서 항상 술 마시고 고기 먹으며 음란한 행위를 마구 행하여도 마구니의 힘에 의지한 것이기 때문에 앞에 있는 사람들을 사로잡아 의혹이나 비방이 생기지 않게 하며 귀신의 마음이 오래도록 들려서 오줌이나 똥 먹기를 술이나 고기같이 생각하면서 한결같이 모두가 공한 것이라고 하며 부처님의 계율을 깨뜨려서 사람을 그르쳐 죄를 짓게 하리니 올바른 느낌을 잃었으므로 당연히 빠져 떨어지게 되느니라.

또 저 선정 가운데 모든 선남자가 색음이 사라지고 수음이 명백함을 보고서 그 텅 비고 밝음에 맞들여서 뼛속 깊이 스며들면 그 마음에 문득 한없는 애욕이 생겨나서 애욕이 극에 달하면 미친 증세가 발동하여 문득 탐욕을 일으키니, 이는 선정의 경지에서 편안하고 순함이 마음에 들어간 것이거늘 스스로 지킬 만한 지혜가 없어서 모든 애욕에 잘못 빠져 들어간 때문이니 깨달으면 허물이 없어지는지라 성인이 된 증거는 아니다.

만약 성인이 되었다는 생각을 내게 되면 곧 음욕의 마구니가 마음 깊숙이 들어가 한결같이 음욕을 행하는 것이 보리의 도라고 말하여 깨끗하게 계율을 지키는 모든 신도들을 유혹하여 골고루 음욕을 행하게 하며 그 음욕을 행하는 자를 가리켜 법왕의 아들을 가지게 되리라고 하니 귀신의 힘으로 이루어지기 때문에 말법세상에 어리석은 범부들을 사로잡아 그 수가 일 백까지 이르며, 이와 같이 나아가 이·삼·사 백 혹은 오륙 백 에서 천·만까지 되기도 한다.

마구니의 마음에 싫증이 생겨 그 사람의 몸에서 떠나버리면 위엄있는 덕이 이미 없어져서 관가의 법난에 빠지며 중생들을 유혹하여 그르쳐서 무간지옥에 떨어지게 하리니 올바른 느낌을 잃었으므로 당연히 빠져 떨어지게 되느니라.

아난아, 이와 같은 열 가지 선나에게 나타나는 현상은 모두가 수음에서 작용하는 마음이 서로 얽히기 때문에 이런 일이 나타나는 것인데 중생들은 미련하고 혼미해서 스스로 헤아려 알지 못하고 그런 인연을 만날 적에 혼미하여 깨닫지 못해서 성인의 경지에 올랐다고 하며 심한 거짓말을 하는데 그러면 무간지옥에 떨어질 것이다.

너희들은 반드시 부처님의 말씀을 간직하여 내가 멸도한 다음 말법세상에 전해 주어서 모든 중생으로 하여금 골고루 이러한 이치를 깨닫게 하고 천마로 하여금 틈을 얻을 수 없게 하여 보호하고 잘 지켜주어서 최상의 도를 이루게 하라.

상음(想陰)에서 생겨나는 열 가지 장애

아난아, 저 선남자가 삼마지를 닦아서 수음이 다 없어진 자는 비록 누진통은 이루지 못하였으나 마음이 그 형체를 여읜 것이 마치 새가 새장에서 벗어난 것과 같아서 이미 큰 신통력을 성취하여 이 범부의 몸에서부터 위로 보살의 육십 가지 거룩한 지위를 지나기까지 마음대로 할 수 있는 몸을 얻어서 가는 곳마다 걸림이 없는 것이 마치 비유하면 어떤 사람이 깊은 잠에 빠져서 잠꼬대를 할 적에 잠꼬대를 하는 사람은 비록 특별히 아는 것이 없으나 그의 말은 이미 또렷한 음성과 분명한 순서가 있어서 자지 않는 자로 하여금 그 말을 다 알아듣게 하는 것과 같으니 이것을 '상음의 구역'이라고 하느니라.

만약 움직이던 생각이 다 끊어져서 부질없는 생각이 사라지면 밝게 깨닫는 마음이 마치 때를 씻어버린 듯하여 한 차례 나고 죽는 시작과 끝을 원만하게 비추리니 이를 이름하여 상음이 다 없어졌다고 한다. 이 사람은 번뇌탁(煩惱濁)[143]에서 벗어날 수가 있으리니 그 원인을 관찰하면 원융하게 통한 허망한 생각으로 그 근본을 삼기 때문이니라.

아난아, 저 선남자가 수음이 비고 오묘해져서 삿된 생각을 만나지 아니하고 원만한 선정이 환하게 열린 삼마지 가운데 마음으로 원만하게 밝음을 사랑해서 그 정밀한 생각을 날카롭게 하여 훌륭한 기교를 탐하고 구하면 그때 천마가 그 틈을 기다렸다가 정기를 날려 수행하는 사람에게 붙어서 경전의 이치를 말하게 하리니, 그 사람이 처음에는 마구니가 붙은 줄을 알지 못하고 스스로 '최상의 열반을 증득했다'고 말하면서 훌륭한 기교를 구하는 선남자가 있는 곳에 와서 자리를 펴고 설법할 적에 그 모습이 잠깐 사이에 비구가 되어서 저 사람으로 하여금 보게 하며, 혹은 제석(帝釋)이 되기도 하고 혹은 부녀자가 되기도 하며, 혹은 비구니가 되기도 하고, 혹은 어두운 방에서 잠을 잘 적에 몸에서 광명을 발하기도 하면 사람들은 어리석고 혼미하여 보살이 된 걸로 착각하고 그 교화를 믿으며 마음이 흔들려 방탕해져서 부처님의 계율을 깨뜨리고 몰래 탐욕을 행할 것이다.

입으로 재앙과 상서로움과 변하여 달라지는 것을 말하기 좋아해서 더러는 부처님이 어느 곳에 나타났다고 말하기도 하고 더러는 겁화가 일어난다고도 하며, 혹은 난리가 일어난다고도 해서 사람을 두렵게 만들어 그 집의 재산을 까닭 없이 흩어지게 하리라.

이를 괴이한 귀신이라고 이름하나니 나이 들어 마구니가 되어서 사람들을 괴롭히다가 싫증이 나서 그 사람의 몸을 떠나면 제자와 스승이 함께 관청 옥사에 빠지게 되리니, 네가 마땅히 먼저 깨달으면 윤회에 들어가지 않겠지만 미혹하여 알지 못하면 무간지옥에 떨어질 것이다.

이난이, 또 저 선남자기 수음이 비고 오묘해져서 삿된 생각을 만나지 아니하고 원만한 선정이 환하게 열린 삼마지 가운데 마음 속으로 방탕하게 놀기를 좋아하여 정밀한 생각을 날려 사방 돌아다니기를 탐하고 구하면, 그때 천마가 그 틈을 기다리고 있다가 정기를 날려 사람에게 붙어서 경전의 이치를 설하게 하리니, 그 사람은 혼미하여 마구니가 붙은 줄은 전연 알지 못하고 스스로 '최상의 열반을 얻었다'고 말하며, 놀기를 구하는 선남자에게 와서 자리를 펴고 설법할 적에 자신의 모습은 변함이 없으나 그 설법을 듣는 사람에게는 문득 자신이 보배로운 연꽃에 앉아서 온몸이 자금광 덩어리로 변화하는 것을 보이면 온 청중이 각각 그렇게 여겨 일찍이 없었던 일을 얻었다고 하리니, 이 사람이 어리석고 혼미해서 보살인 줄 착각하고 그 마음이 음일하게 되어서 부처님의 계율을 깨뜨리고 몰래 탐욕을 행할 것이다.

입으로 모든 부처님이 세상에 응화하였다고 말하기를 좋아하되 어느 곳의 아무개는 어느 부처님의 화신으로 이 세상에 온 것이며, 아무개는 보살이 인간으로 변화하여 왔다고 하면 그 사람이 직접 보았기 때문에 애타게 쏠리는 마음이 생겨서 삿된 소견을 가만히 일으켜서 지혜의 씨앗마저 사라지게 되리라.

이를 가뭄 귀신이라고 이름하나니 나이 들어 마구니가 되어서 그 사람을 괴롭히다가 싫증이 나서 그 사람의 몸을 떠나면 제자와 스승이 함께 관청의 옥사에 걸려들게 되리니, 네가 마땅히 먼저 깨달으면 윤회에 빠져들지 않겠지만 미혹하여 깨닫지 못하면 무간지옥에 떨어질 것이다.

또 선남자가 수음이 비고 오묘해져서 삿된 생각을 만나지 아니하여 원만한 선정이 환하게 열린 삼마지 가운데 마음이 은밀하게 계합하기를 좋아하고 그 정밀한 생각을 맑혀서 계합하기를 탐내고 구하면, 그때 천마가 그 틈을 기다렸다가 정기를 날려보내 사람에게 붙어서 입으로 경전의 법을 설하게 하리니, 그 사람은 정말로 마구니가 붙은 줄은 알지 못하고 또한 스스로 '최상의 열반을 얻었다'고 말하면서 계합하기를 구하는 선남자의 처소에 와서 자리를 펴고 설법을 하되 자신의 모습과 설법을 듣는 사람이 겉으로는 형체가 변함이 없으나, 듣는 이로 하여금 법을 듣기도 전에 마음이 스스로 열리게 하여 생각마다

달라지고 변해서 혹은 숙명통(宿命通)을 얻기도 하고 때로는 타심통(他心通)을 얻기도 하며, 혹은 지옥을 보기도 하고 혹은 인간의 좋고 나쁜 모든 일들을 미리 알기도 하며, 혹은 입으로 게송을 읊기도 하고 경전을 외우기도 하면서 각각 즐거워하여 일찍이 없던 처음 있는 일을 얻었다고 할 것이니, 그 사람은 어리석고 혼미하여 보살인 양 착각해서 마음에 애착이 생겨나 부처님의 계율을 깨뜨리고 몰래 탐욕을 행하느니라.

입으로 부처님도 크고 작은 것이 있으니 어느 부처는 앞에 태어난 부처이고 어느 부처는 뒤에 태어난 부처이며, 그 중에도 진짜 부처와 가짜 부처가 있고 남자 부처와 여자 부처가 있으며, 보살도 이와 마찬가지라고 하면 그 사람은 직접 보았기 때문에 본심을 씻어버리고 삿된 깨달음으로 쉽게 빠져들게 되리라.

이를 매귀(魅鬼, 도깨비)라 이름하나니 나이 들어 마구니가 되어서 이 사람을 괴롭히다가 싫증이 나서 그 사람의 몸을 떠나면 제자와 스승이 함께 관청의 옥사에 빠지리니 네가 마땅히 먼저 깨달으면 윤회에 들어가지 않겠지만 미혹하여 깨닫지 못하면 무간지옥에 떨어질 것이다.

또 선남자가 수음이 비고 오묘해져서 삿된 생각을 만나지 아니하여 원만한 선정이 환하게 열린 삼마지 가운데 마음으로 근본을 사랑하여 만물이 변화하는 성품의 시작과 끝을 궁구해 보고 그 마음이 정밀하고 상쾌해져서 분별하고 분석하기를 탐내고 구하면, 그때 천마가 그 틈을 기다렸다가 정기를 날려 사람에게 붙어서 입으로 경전의 진리를 설법하게 하리니, 그 사람은 먼저 마구니가 붙은 줄은 깨닫지 못하고 스스로 '최상의 열반을 얻었다'고 말하면서 근원을 추구하는 선남자의 처소에 와서 자리를 펴고 설법을 하되, 몸에 위엄과 신통력이 갖추어져 있어서 근본을 추구하는 이를 굴복시키며 그 자리 아래 있는 사람들로 하여금 비록 법은 듣지 못하였더라도 자연 마음으로 복종하게 하리라. 그곳에 모인 여러 사람들이 부처님의 열반과 보리와 법신을 가리켜서 이는 곧 앞에 나타난 우리의 육신에서 일어나는 일이라고 하며 아버지와 아들이 번갈아 서로 태어나는 것이 곧 이 법신이 항상 머물러서 없어지지 않는 것이라고 하면서 모두들 현재를 가리켜서 이것이 곧 부처님 세상이지 또 다른 깨끗한 거처와 금색의 형상이 없다고 하리라.

그들은 그것을 믿고 받아들여 먼저의 마음은 잊어버리고 몸과 목숨을 다 바쳐 귀의하여 일찍이 없었던 처음 있는 일을 얻었다고 하리니, 그 사람은 어리석고 혼미하여 보살인 양 착각하고 그 마음을 추구해서 부처님의 계율을 깨뜨리고 몰래 탐욕을 행하느니라.

입으로 말하기를 좋아하되 '눈과 귀와 혀가 모두 정토이며 남근과 여근이 곧 보리와 열반의 참된 곳'이라고 하면 저 무지한 자들은 이러한 더러운 말을 믿으리라.

이를 고독(蠱毒)과 염승(魘勝)이라 이름하나니 나이 들어 마구니가 되어 그 사람을 괴롭히다가 싫증이 나서 그 사람의 몸을 떠나면 제자와 스승이 함께 관청의 옥사에 빠지리니 네가 마땅히 먼저 깨달으면 윤회에 들어가지 않겠지만 미혹하여 깨닫지 못하면 무간지옥에 떨어질 것이다.

또 선남자가 수음이 비어지고 오묘해져서 삿된 생각을 만나지 아니하여 원만한 선정이 환하게 열린 삼마지 가운데 마음속으로 미리 감응하기를 좋아하여 두루 돌아다니며 정밀하게 연구하여 남몰래 감응하기를 탐하여 구하면, 그때 천마가 그 틈을 기다렸다가 정기를 날려보내 사람에게 붙어서 경전의 진리를 설법하게 하리니, 그 사람은 본래 마구니가 붙은 줄은 깨닫지 못하고 스스로 '최상의 열반을 얻었다'고 말하면서 감응하기를 구하는 선남자의 처소에 와서 자리를 펴고 설법할 적에 듣는 사람들로 하여금 잠깐 동안 그 몸이 백년·천년이나 된 것처럼 보이게 하면 마음은 더러움을 좋아해서 버리거나 여의지 못하며, 그 몸이 종이 되어서 네 가지 일로 공양하되 피로를 느끼지 않으며 그 자리에 있는 사람들의 마음으로 하여금 과거세의 스승이거나 본래의 선지식인 줄로 착각하게 할 뿐만 아니라, 특별히 법을 사랑하는 마음을 내어 아교처럼 달라붙어서 일찍이 없었던 저음 있는 일을 얻었다고 하리니, 그 사람은 어리석고 혼미하여 보살인 양 착각하고 그 마음을 친근히 하여 부처님의 계율을 깨뜨리고 몰래 탐욕을 행하느니라.

입으로 말하기를 좋아하되 '나는 전세에 어느 생에서 먼저 아무개를 제도하였는데 당시에 나의 처첩과 형제였으나 지금에 이르러서 또 서로를 제도하여 너와 더불어 나를 따라다니게 하나니 어느 세계에 가서 어느 부처님을 공양할 것이다'라고 예언하고 또 '따로이 대광명천이 있으니 부처님이 거기에 계시는데 모든 부처가 쉬고 계시는 곳'이라고 말하기도 하면 저 무지한 사람들은 그와 같은 허황된 거짓말을 믿고 본래의 마음을 잃어버리리라.

이를 여귀라 이름하나니 나이 들어 마구니가 되어서 그 사람을 괴롭히다가 싫증이 나서 그 사람의 몸을 떠나면 제자와 스승이 함께 관청의 옥사에 빠질 것이다. 네가 마땅히 먼저 깨달으면 윤회에 들어가지 않겠지만 미혹하여 알지 못하면 무간지옥에 떨어질 것이다.

또 선남자가 수음이 비어지고 오묘해져서 삿된 생각을 만나지 아니하여 원만한 선정이 환하게 열린 삼마지 가운데 마음으로 깊이 들어가기를 좋아하여 제 마음을 억제하고 부지런히 애써서 은밀하고 고요한 곳에 있기를 좋아하고 고요한 데 빠지기를 탐하고 구하면, 그때 천마가 그 틈을 기다렸다가 정기를 날려 사람에게 붙어서 입으로 경전의 진리를 설하게 하리니, 그 사람은 본래 마구니가 붙은 줄은 알지 못하고서 스스로 '최상의 열반을 얻었다'고 말하면서 저 음침한 곳을 구하는 선남자의 처소에 와서 자리를 펴고 설법할 적에 그 말을 듣는 사람으로 하여금 제각기 본래의 직업을 알게 하며, 혹은 그곳에서 어떤 사람에게 말하기를 '너는 지금 죽기도 전에 벌써 축생이 되었다' 하고, 다른 사람을 시켜 뒤에 가서 꼬리를 밟게 해서 갑자기 그 사람으로 하여금 일어나지 못하게 하면, 그때 모든 대중이 마음을 다해 공경하고 복종하며, 어떤 사람이 마음먹으면 벌써 그것을 먼저 알며 부처님의 계율보다 더 정밀하고 까다로운 일을 시키면서 비구를 비방하고 대중을 꾸짖으며 남의 비밀스런 일을 들추어내어 비방과 혐의를 피하지 못하게 하느니라.

입으로 미래의 재앙과 복에 대하여 말하기를 좋아하되 그

때에 이르면 조금도 틀림이 없으리니 이를 대력귀라 이름하나니 나이 들어 마구니가 되어서 그 사람을 괴롭히다가 싫증이 나서 그 사람의 몸을 떠나면 제자와 스승이 함께 관가의 옥사에 빠지리니 네가 마땅히 먼저 깨달으면 윤회에 들어가지 않겠지만 미혹하여 알지 못하면 무간지옥에 떨어질 것이다.

또 선남자가 수음이 비어지고 오묘해져서 삿된 생각을 만나지 아니하여 원만한 선정이 환하게 열린 삼마지 가운데 마음으로 알고 보기를 좋아하고 부지런히 연구해서 숙명을 탐하여 구하면, 그때 천마가 그 틈을 기다렸다가 정기를 날려 사람에게 붙어서 입으로 경전의 진리를 설하게 하리니, 그 사람이 마구니가 붙은 줄을 깨닫지 못하고 스스로 '최상의 열반을 얻었다'고 말하면서 알기를 구하는 선남자의 처소에 와서 자리를 펴고 설법할 적에 그 사람이 까닭 없이 설법하는 곳에서 보배의 구슬을 얻기도 하며, 그 마구니가 때로는 축생으로 변하여 입으로 그 구슬과 갖가지 보배와 문서와 인장 등 기이한 물건들을 가져다가 먼저 그 사람에게 주고 뒤에 그의 몸에 붙기도 하며 혹은 듣는 사람을 유혹하여 땅 속에 숨겨두게 하고 밝은 달빛 같은 구슬을 가지고 그 곳을 비추게 하면 이 말을 듣는 모든 이들이 일찍이 없었던 처음 있는 일을 얻었다고 환호하며 약초만 많이 먹고 좋은 음식도 먹지 않으며, 혹 때로는 하루에 삼씨 한 알과 보리 한 알만 먹어도 그 몸은 살이 찌리니 이는 마귀의 힘으로 유지되는 것이므로 비구를 비방하고 대중을 꾸짖되 비방과 혐의를 피하지 못하느니라.

입으로 다른 곳에 감춰져 있는 보배와 시방의 성현들이 숨어 있는 곳에 대하여 말하기를 좋아하면, 그 뒤를 따르는 사람들이 가끔 기이한 사람을 볼 수 있으리니 이는 산림이나 토지 또는 성황당이나 산천의 귀신이니 나이 들어 마구니가 되어서 혹은 음행을 하여 부처님의 계율을 깨뜨리고 일을 계승한 자와 더불어 몰래 오욕을 행하기도 하며, 혹은 정진하면서 순수하게 풀과 나무껍질만을 먹고 일정하게 하는 일도 없이 그 사람을 괴롭히다가 싫증이 나서 그 사람의 몸을 떠나면 제자와 스승이 함께 관청의 옥사에 빠지게 되리니 네가 마땅히 먼저 깨달으면 윤회에 들어가지 않겠지만 미혹하여 알지 못하면 무간지옥에 떨어질 것이다.

 또 선남자가 수음이 비어지고 오묘해져서 삿된 생각을 만나지 아니하여 원만한 선정이 환하게 열린 삼마지 가운데 마음으로 신통함과 갖가지 변화를 좋아해서 변화의 원리를 연구하고 신비한 힘을 탐내어 얻으려고 하면, 그때 천마가 그 틈을 기다리고 있다가 정기를 날려 사람에게 붙어서 입으로 경전의 진리를 말하게 하리니, 그 사람은 진실로 마구니가 붙은 줄을 깨닫지 못하고서 스스로 '최상의 열반을 얻었다'고 말하면서 신통을 구하는 선남자의 처소에 와서 자리를 펴고 설법할 적에 그 사람이 혹은 손으로 불길을 잡기도 하고 또 그 빛을 움켜쥐고 와서 설법을 듣고 있는 사부대중의 머리 위에 올려놓으면 모든 청중의 이마 위에 불빛이 몇 자씩 뻗어나가되 뜨겁지도 않고 타지도 않으며, 혹은 물 위에 다니기를 평지같이 하며, 혹은 공중에서 평안히 앉아 움직이지 않기도 하며, 혹은 병 속에 들어가거나 주머니 속에 들어가기도 하며 들창으로 나가고 담을 뚫고 나가되 걸림이 없겠지만 오직 칼이나 창 같은 무기에 대해서는 스스로 해결하지 못하리니 자신이 부처라고 말하면서 몸에 흰 옷을 입고 비구에게 예배를 받으며 참선하는 사람과 계율 지키는 사람을 비방하고 대중들을 꾸짖되, 남의 비밀스러운 일을 들추어내어 비방과 혐의를 피하지 못하게 하느니라.

　입으로 항상 신통 자재함을 말하며 때로는 사람으로 하여금 불국토를 엿보게 하리니 이는 귀신의 힘으로 사람을 현혹시키는 것이지 진실한 것이 아니니라.

　음란한 행동을 찬탄하고 추잡한 행동도 탓하지 않으며 음란하고 더러운 행위를 가지고 법을 전한다고 하리니 이는 천지간에 큰 힘을 가진 산의 정기와 바다의 정기이거나, 바람의 정기 혹은 강의 정기와 흙의 정기이거나 모든 풀·나무 등의 여러 겁 동안 쌓아온 정기로 뭉쳐진 도깨비이거나 또는 용도깨비이거나 수명이 끝난 신선이 다시 살아나 도깨비가 되었거나 신선이 기한이 찼는데 그 형체가 변하지 아니하여 다른 요괴가 붙은 것이니, 나이 들어 마구니가 되어서 그 사람을 괴롭히다가 싫증이 나서 그 사람의 몸을 떠나면 제자와 스승이 함께 관청의 옥사에 빠지게 될 터이니 네가 마땅히 먼저 깨달으면 윤회에 들어가지 않겠지만 미혹하여 알지 못하면 무간지옥에 떨어질 것이다.

　또 선남자가 수음이 비어지고 오묘해져서 삿된 생각을 만나지 아니하여 원만한 선정이 환하게 열린 삼마지 가운데 마음이 적멸에 들어가기를 좋아하고 변화하는 성품을 연구하여 깊이 빈 것을 탐하고 구하면, 그때 천마가 그 틈을 기다렸다가 정기를 날려 사람에게 붙어서 경전의 진리를 설하게 하리니, 그 사람은 오히려 마구니가 붙은 줄을 깨닫지 못하고 스스로 '최상의 열반을 얻었다'고 말하면서 공(空)을 탐구하는 선남자의 처소에 와서 자리를 펴고 설법할 적에 대중 가운데서 그 형체가 홀연히 비게 되어 대중들이 볼 수 없었다가 다시 허공으로부터 갑자기 나타나서 없어졌다가는 다시 나타나는 등 행동이 자유자재하거나, 혹은 그 몸이 유리처럼 환하게 보이도록 나타나기도 하며, 혹은 손발을 내밀면 전단향 냄새가 나기도 하며, 혹은 대소변이 두터운 석밀과 같게도 하리니 출가하여 계율을 범하지 않는 이를 가볍게 여기느니라.

입으로 항상 말하기를 '원인도 없고 결과도 없으며 한 번 죽으면 아주 없어져서 죽은 뒤엔 다시 사람의 몸을 받는 일도 없고 범부와 성인이 따로 없다'고 한다.

비록 비고 고요함을 얻었다고는 하나 남몰래 탐욕을 행하면 그 탐욕을 받은 자도 텅 빈 마음을 얻어서 인과가 없다고 하리니, 이는 일식이나 월식의 정기나 금이나 옥 또는 지초나 기린·봉황·거북·학 등 천만 년을 지나도록 죽지 않는 영물이 되어 국토에 나는 것이니 나이 들어 마구니가 되어서 사람을 괴롭히다가 싫증이 나서 그 사람의 몸을 떠나면 제자와 스승이 함께 관청의 옥사에 빠지리니 네가 마땅히 먼저 깨달으면 윤회에 들어가지 않겠지만 미혹하여 알지 못하면 무간지옥에 떨어질 것이다.

또 선남자가 수음이 비어지고 오묘해져서 삿된 생각을 만나지 아니하여 원만한 선정이 환하게 열린 삼마지 가운데 마음으로 오래 살기를 좋아하여 애써 기미를 연구하고 영생을 탐구해서 분단생사(分段生死)[144]를 버리고 변역생사(變易生死)[145]를 희망하고 미세한 생각으로 항상 머물기를 구하면, 그때 천마가 틈을 기다리다가 정기를 날려 사람에게 붙어서 입으로 경전의 진리를 설하게 하리니, 그 사람은 마침내 마구니가 붙은 줄을 깨닫지 못하고 스스로 '최상의 열반을 얻었다'고 말하면서 오래 살기를 구하는 선남자의 처소에 와서 자리를 펴고 설법할 적에 '다른 세계에도 걸림 없이 왕래한다'고 말하며 혹은 만리 밖을 순식간에 갔다가 다시 돌아오면서 번번이 그 지방의 특산물을 가지고 오기도 하고 혹은 다른 사람과 같은 곳이나 같은 집안에 있으면서 두어 걸음쯤 되는 거리인데 다른 사람을 시켜서 동쪽 벽에서 서쪽 벽으로 가보라고 하면 그 사람이 아무리 빨리 걸어도 몇 년이 걸려도 이르지 못하게 한다. 그러면 그들은 그로 인해 마음에 믿음이 생겨 부처님이 세상에 나타났다고 의심하리라.

입으로 항상 말하기를 '시방의 중생들이 모두 나의 아들이며 내가 모든 부처님을 냈으며 내가 세계를 만들었으며 내가 원래 부처였는데 자연히 세상을 초월한 것이지 닦아서 얻은 것이 아니다'라고 하리니 이는 세상에 머무는 자재천 마구니가 그의 권속인 차문다(遮文茶)와 사천왕의 비사동자(毘舍童子)로서 발심하지 못한 자를 시켜서 비고 밝음을 이용하여 그의 정기를 먹게 하며 때로는 스승이 없이 수행하는 사람이 친히 보되 금강을 잡았다고 하면서 너를 오래 살도록 해 주겠다고 하고 미녀의 몸으로 나타나서 탐욕을 크게 부리도록 하고 일 년도 못가서 간과 뇌가 메마르게 하며 입으로 혼잣말을 하면 마치 도깨비 소리처럼 들려서 앞에 있는 사람도 자세히 알지 못하나니, 이들은 흔히 관청의 옥사에 빠져서 형벌도 받기 전에 먼저 말라 죽는다.

결국 그 사람을 괴롭혀서 죽음에 이르게 하리니 네가 마땅히 먼저 깨달으면 윤회에 들어가지 않겠지만 미혹하여 알지 못하면 무간지옥에 떨어질 것이다.

아난아, 마땅히 알아야 한다. 이 열 가지 마구니가 말법세상에 나의 법망 속에 있으면서 출가하여 도를 닦으며 혹은 사람의 몸에 붙기도 하고 혹은 스스로 형체를 나타내기도 하여 바르고 두루한 지혜와 깨달음을 이미 이루었다고 말하면서 음욕을 찬탄하고 부처님의 계율을 깨뜨려서 먼저 스승과 악한 마귀가 붙은 제자가 음욕과 음욕을 서로 전하며 이와 같은 삿된 정기가 그 마음과 장부를 매혹시키되 가까우면 아홉 생 동안이고 오래면 백 생을 훨씬 넘겨서 참되게 수행하는 이로 하여금 마구니의 권속에 되게 하여 바르고 두루한 지혜를 잃게 하여 무간지옥에 떨어지게 할 것이다.

너는 지금 먼저 적멸을 취하지 말아야 하리니 비록 배울 것이 없게 되었다 하더라도 서원을 세워서 저 말법세상에 들어가서 큰 자비심을 내어 바른 마음으로 깊이 믿는 중생들을 제도하여 마구니가 붙지 못하게 하고 바르고 두루한 지혜를 얻게 하라. 내가 이제 너를 제도하여 이미 생사를 벗어나게 하였으니 네가 부처님의 말씀을 따르면 부처님의 은혜에 보답한다고 할 것이다.

아난아, 이와 같은 열 가지 선나의 경지가 나타나는 것은 모두가 상음에서 작용하는 마음이 서로 어울리기 때문에 그런 일이 나타나는 것이거늘 중생들은 미련하고 혼미해서 스스로 생각하여 헤아리지 못하고, 이런 인연을 만나서 혼미하게 되어 스스로 깨닫지 못하며, 성인의 경지에 올랐다고 말하는 등 크게 거짓말을 하면 무간지옥에 떨어지리니, 너희들은 반드시 부처님의 말씀을 가지고 내가 멸도한 뒤 말법세상에 전해 주어서 널리 중생들로 하여금 이러한 이치를 깨닫게 하고 천마로 하여금 그 틈을 얻지 못하게 하고 잘 보호하고 지켜 주어서 최상의 도를 이루게 하라."

제10권

행음(行陰)에서 생겨나는 열 가지 장애

"아난아, 저 선남자가 삼마지를 닦아서 상음이 다 없어지면 그 사람은 평상시에 꿈과 생각이 사라져서 깨어 있거나 잠자거나 항상 한결같이 밝은 깨달음이 비고 고요하여 마치 맑게 개인 허공과 같아서 다시는 앞에 나타나는 거칠고 무거운 그림자 같은 일들이 자취를 감추며 세간의 큰 땅덩어리나 산과 강을 보되 마치 거울에 물건이 비치듯 하여 와도 달라붙지 않고 가도 종적이 없어서 걸림 없이 받아들여 비침에 따라서 묵은 습기는 분명하게 없어지고 오직 유일한 참된 정기만 있을 뿐이다.

나고 없어지는 근원이 이로부터 드러나서 시방에 흩어져 있는 열두 종류의 중생을 모조리 보게 되리니 비록 그들 각각의 생명에 대한 내역까지는 낱낱이 통하지 못했다 하더라도 함께 생겨나는 근본이 마치 아지랑이[野馬]가 아른거리고 반짝이는 것과 같아서 허무한 감각기관이나 그 대상인 물질의 궁극적인 이치를 깨닫게 될 것이니 이것을 '행음의 구역'이라고 하느니라.

만일 이렇게 아른거리고 반짝이는 원래의 성품이 본래 맑은 데[識陰]로 들어가서 본래의 습기[行陰種子]가 한 번 맑아지면 마치 파도가 가라앉아서 맑은 물로 변화되는 것과 같으니 이를 이름하여 '행음이 다 없어진 경지'라고 한다. 이 사람은 중생탁(衆生濁)[146]에서 벗어날 수 있으리니 그 원인을 관찰해 보면 깊이 숨어 있는 허망한 생각이 그 근본이 되느니라.

아난아, 마땅히 알아야 한다. 삼마지 가운데서 올바른 지혜를 증득한 모든 선남자가 옳은 마음이 굳게 엉켜서 열 가지 천마가 틈을 노리지 못하리니 비로소 정밀하게 연구해서 생겨나는 종류[行陰]의 근본을 다 알아내어 그 본래 종류 가운데 생겨나는 근본[行陰]이 환하게 드러나나니, 저 그윽이 맑고 원만하게 동요하는 근원을 관찰하고 그 원만한 근원 가운데 계산하여 헤아리는 마음을 일으키면 그 사람은 두 가지 원인이 없다는 논리에 떨어지느니라.

첫째는 이 사람이 '본래 원인이 없다'고 보는 것이다. 왜냐하면 이 사람은 이미 생겨나는 기미[行陰]를 완전하게 깨뜨리고 안근의 팔백 공덕을 의지해서 팔만 겁 동안에 살고 있던 중생들의 업보의 흐름에 굽이쳐 돌아 여기서 죽으면 저기에 태어나는 모습만을 보나니, 다만 중생이 그곳에서 윤회하는 것만 보고 팔만 겁 밖의 일은 캄캄하여 볼 수가 없기 때문에 문득 '세간의 시방중생들이 팔만 겁 이전에는 아무 원인도 없이 저절로 생겼다'고 생각하게 된다. 그렇게 생각함으로써 올바르고 원만한 지혜를 잃고 외도에 떨어져서 보리의 성품을 현혹시키느니라.

둘째는 이 사람이 뒤[末]에도 원인이 없다고 보는 것이다.

왜냐하면 사람이 생겨남에 대해서 이미 그 근본[本]을 보고 나면 사람은 사람을 낳고 새는 새를 낳으며 까마귀는 본래부터 검고 따오기는 본래 희기 때문이며, 사람과 하늘은 본래 서서 다니고 축생은 본래 기어다니며, 흰 것은 씻어서 희어진 것이 아니요 검은 것은 물들여서 검게 된 것이지 변한 것이 아니기 때문이다.

팔만 겁 동안에 한 번도 변한 것이 없음을 알고 있기 때문에 이제 이 형체가 다 없어지더라도 역시 그러하리라고 생각하여 내가 본래 보리를 본 적이 없으니 어찌 또 보리를 이루는 일이 있겠는가? 그러므로 오늘날 모든 물질의 형상이 모두 본래 원인이 없으니 뒤에도 분명 원인이 없음을 알 수 있다고 한다.

이로 말미암아 헤아리므로 올바르게 두루 아는 소견을 잃어버리고 외도에 떨어져 보리의 성품을 현혹하리니 이것을 이름하여 제일 외도가 주장하는 '원인이 없다'는 논리이니라.

아난아, 이 삼마지 가운데 모든 선남자가 올바른 마음을 굳게 하면 마구니가 틈을 탈 수 없게 되리니 태어남이 있는 무리들의 근본을 추구하여 저 그윽이 맑고 항상 흔들리는 근원을 관찰하다가 원만하고 항상한 가운데 헤아리는 마음을 일으키면 그 사람은 '네 가지 두루하고 항상하다는 논리'에 빠지게 되느니라.

첫째는 이 사람이 마음과 그 대상의 성질이 두 곳에 모두 원인이 없음을 추구해서 이를 닦고 익혀서 이만 겁 동안에 시방세계에 나고 죽음이 있는 것은 모두 순환하는 것이어서 일찍이 흩어지지 않는다고 생각하여 항상한 것이라고 여기느니라.

둘째는 이 사람이 사대의 근원을 추구하여 네 가지 성질이 항상 머문다고 생각해서 이를 닦아 익혀 능히 사만 겁 동안 시방중생들의 나고 죽는 본래 모습이 '모두 그 본체는 항상한 것으로서 일찍이 흩어져 사라짐이 없는 것이다'라고 하여 항상한 것이라고 생각하느니라.

셋째는 이 사람이 여섯 가지 감각기관과 말나식(末那識, 七識)[147]과 집수(執受)[148]를 추구하여 심의식(心意識) 가운데 근원이 말미암은 곳은 그 성품이 항상하다고 생각하므로 이를 닦아 익혀서 팔만 겁 가운데 모든 중생들이 업력을 따라 한없이 순환하므로 잃어버리는 것이 없으며 본래부터 항상 머무는 줄로 알고는 잃어버리지 않는 성품을 궁구하였으므로 항상하다고 생각하느니라.

넷째는 이 사람이 이미 생각의 근원〔想陰〕이 다 없어졌으니 나는 이치로 다시 흐르거나 그치는 작용이 없다고 생각하여 '나고 죽는 부질없는 마음이 지금 이미 다 없어졌으니 그런 이치 가운데 저절로 나고 죽지 않음을 이루었다'고 생각하여 그 마음이 헤아리는 것을 따라 항상하다고 생각하느니라.

이러한 견해로 말미암아 항상하다고 생각하므로 올바르고 두루한 지혜를 잃어버리고 외도에 떨어져서 보리의 성품을 미혹하게 하나니 이것이 제이 외도가 주장하는 '원만하고 항상하다'는 논리이다.

또 삼마지 가운데 모든 선남자가 바른 마음을 굳게 하면 마구니가 틈을 얻을 수 없게 되리니 생겨나는 종류의 근본을 궁구하여 저 그윽이 맑고 항상 요동하는 근원을 관찰하다가 자기나 남 가운데 계산하여 헤아리는 마음을 일으키면 그 사람은 한 부분은 항상하지 않은 것이고 한 부분은 항상하다고 주장하는 '네 가지 뒤바뀐 논리'에 떨어지게 되느니라.

첫째는 이 사람이 오묘하고 밝은 마음이 시방세계에 두루한 것을 보고는 맑고 고요한 것을 가지고 '마지막 경지의 신비한 자기'라고 생각하여 그로부터 헤아리기를 '나는 시방세계에 두루하여 밝음이 뭉쳐서 흔들리지 않으면 모든 중생이 나의 마음 속에서 저절로 생겨났다가는 죽고 하나니 곧 내 심성(心性)은 항상한 것이요, 이 마음 속에 나고 죽는 성품은 항상함이 없는 것'이라고 하느니라.

둘째는 이 사람이 그 마음은 살피지 못하고 시방세계에 항하의 모래같이 많은 국토만을 두루 살펴보고서 오랜 세월 동안에 무너지는 곳을 보고 '궁극적으로는 항상함이 없는 성품이다'라고 하고 오랜 세월 동안에 무너지지 않는 곳을 보고는 '궁극적으로는 항상하다'고 하느니라.

셋째는 이 사람이 각별히 관찰하되 '나의 마음은 정밀하고 미묘하며, 세밀하기가 마치 작은 먼지 같아서 시방세계에 흘러다녀도 그 성품은 변함이 없으나 이 몸은 나고 죽게 한다'고 생각하나니 저 무너지지 않는 성품은 나의 항상한 성품이요, 나로부터 흘러나온 나고 죽는 모든 것은 항상하지 못한 성품이라고 하느니라.

넷째는 이 사람이 상음이 다 없어진 것을 알고 나서 행음이 유전함을 보고는 행음이 항상 유전하는 것을 항상한 성품이라고 생각하고 색음과 수음과 상음 등은 이미 다 없어졌으므로 항상하지 못한 것이라고 하느니라.

  이로 말미암아 일부분은 항상함이 없고 일부분은 항상하다고 분별하기 때문에 외도에 떨어져서 보리의 성품을 현혹하리니 이것이 제삼 외도가 주장하는 '한 부분만 항상하다'는 논리이니라.

  또 삼마지 가운데 모든 선남자들이 바른 마음을 굳게 응집시키면 마구니가 틈을 탈 수 없게 되리니 생겨나는 종류의 근본을 궁구하여 그윽이 맑고 항상 요동하는 근원을 관찰하다가 나누어진 위치 속에서 헤아리는 마음을 일으키면 그 사람은 '네 가지 유변론(有邊論)'에 빠지느니라.

  첫째는 이 사람의 마음에 생겨나는 근원이 끊임없이 흘러서 쉬지 않는다고 생각하여 '과거와 미래는 한계가 있다'고 생각하고 '서로 계속하는 현재의 마음은 한계가 없다'고 생각하느니라.

  둘째는 이 사람이 팔만 겁까지는 중생을 관찰할 수 있으나 팔만 겁 이전은 고요하여 듣고 볼 수가 없으므로 듣고 볼 수가 없는 곳은 '한계가 없다'고 하고 중생이 있는 것이 보이는 곳은 '한계가 있다'고 하느니라.

  셋째는 이 사람이 '나는 두루 앎으로 한계가 없는 성품을 얻었다'고 생각하고, 다른 모든 사람들은 '내가 알 만한 곳에 나타나되 나는 그가 아는 성품을 알 수 없으므로 저들은 오직 한계가 없는 마음을 얻지 못하였고 다만 한계가 있는 성품만 지녔다'고 생각하느니라.

  넷째는 그 사람이 행음은 본래 빈 것이라는 것을 궁구하다가 그가 본 마음으로 헤아려 생각하기를, '모든 중생의 몸 가운데 본래 반은 나는 것이고 반은 죽는 것'이라고 생각하여 그 세계의 모든 것들도 '반은 한계가 있는 것이고 반은 한계가 없는 것'이라고 생각하느니라.

　이렇게 한계가 있는 것과 한계가 없는 것이라고 헤아려 생각하기 때문에 그로 인하여 외도에 떨어져서 보리의 성품을 현혹하나니 이것이 제사 외도가 주장하는 '한계가 있다'는 논리이니라.

　또 주장하는 가운데 모든 선남자들이 바른 마음을 굳게 응집시키면 마구니가 틈을 얻을 수 없게 되리니 생겨나는 종류의 근본을 궁구하고 저 그윽이 맑고 항상 요동하는 근원을 관찰하다가 느끼고 본 가운데 헤아리는 마음을 일으키면 그 사람은 '네 가지 뒤바뀐 생각으로 죽지 않는다'고 생각하여 혼란을 일으키는 허황된 논리에 빠지느니라.

　첫째는 이 사람이 변화하는 근원을 관찰하다가 변천하여 흐르는 곳을 보고는 '변하는 것'이라 하고 서로 연속되는 것을 보고는 '항상한 것'이라고 하며, 보이는 곳을 보고는 '나는 것'이라고 하고 보아야 할 곳이 보이지 않으면 '없는 것'이라고 하며, 서로 계속되는 원인의 성품이 끊기지 않는 곳을 '늘어나는 것'이라고 하고 서로 계속되는 가운데 중간이 떨어진 곳을 '줄어드는 것'이라고 하며, 각각 생기는 곳을 '있는 것'이라고 하고 서로서로 없어지는 곳을 '없는 것'이라고 하여 이치로는 한꺼번에 보면서도 마음으로는 별개의 것으로 보아서 법을 구하는 사람이 와서 그 이치를 물으면 대답하기를 '나는 지금 나기도 하고 죽기도 하며, 있기도 하고 없기도 하며, 늘어나기도 하고 덜어지기도 한다'고 하면서 언제나 그 말을 어지럽게 횡설수설 늘어놓아서 저 앞사람으로 하여금 이치를 잃어버리게 하느니라.

둘째는 이 사람은 그 마음이 서로서로 없는 곳을 자세히 관찰하고는 없는 곳을 인하여 증득하였다고 생각하므로 어떤 사람이 와서 물으면 오직 한 마디로 다만 '무(無)'라고만 말하고 '무' 밖에 다른 것은 말할 것이 없다고 하느니라.

셋째는 이 사람이 그 마음의 각각 있는 곳을 자세히 관찰하고서 있는 것을 인하여 증득하였다고 생각하므로 어떤 사람이 와서 물으면 오직 한 마디로 다만 '시(是, 그렇다)'라고만 말하고 '시' 밖에 다른 것은 말할 것이 없다고 하느니라.

넷째는 이 사람이 있는 것과 없는 것을 한꺼번에 보고서 그 대상이 두 갈래이기 때문에 그 마음이 어지러워져서 어떤 사람이 와서 물으면 대답하기를 '있는 것이 곧 없는 것이지만, 또한 없는 가운데 있는 것이 아니다'라고 하여 모두가 혼란해져서 끝까시 따질 수 없게 하느니라.

이렇게 교란함을 허무하게 헤아리다가 허무해져서 외도에 떨어져 보리의 성품을 미혹하나니 이것이 제오 외도가 주장하는 '네 가지 뒤바뀐 생각으로 죽지 않는다'고 생각하며 혼란을 일으키는 허황된 논리이니라.

또 삼마지 가운데 모든 선남자들이 바른 마음을 굳게 응집시키면 마구니가 틈을 얻지 못하리니 생겨나는 종류의 근본을 궁구하여 저 그윽이 맑고 항상 요동하는 근원을 관찰하다가 끝없는 흐름에서 헤아리는 마음을 일으키면 그 사람은 '죽은 뒤에도 일정한 모습이 있다'는 뒤바뀐 마음에 떨어질 것이다.

제10권

혹 스스로 색신을 고집하여 '색신이 곧 나다'라고 하기도 하고 혹은 '나는 원만해서 국토를 두루 함유하고 있다'고 생각하여 '나는 색을 지닌 존재'라 하기도 하며, 혹은 저 앞에서 일어나는 인연들이 나를 따라 회복하기 때문에 '색신이 내게 속하였다'고 하며, 혹은 내가 행동하는 것에 의지하여 끊임없이 흐르고 있으니 '내가 색신 속에 있는 존재'라고 하여 모두를 자신이 헤아리는 생각에 따라 말하되 '죽은 뒤에도 일정한 모습이 있다'고 생각하나니 그렇게 돌고 돌아서 열여섯 가지 현상이 있게 되느니라.

이로부터 혹 생각하기를 '번뇌는 어디까지나 번뇌이고 보리는 어디까지나 보리이므로 이 두 성품이 서로 받아들이지 않는다'고 하느니라.

이로 말미암아 '죽은 뒤에도 일정한 모습이 있다'고 생각하므로 외도에 떨어져서 보리의 성품을 미혹하리니 이것이 제육 외도가 주장하는 '오음 가운데 죽은 뒤에도 일정한 모습이 있다'고 생각하는 마음이 뒤바뀐 논리이니라.

또 삼마지 가운데 모든 선남자들이 바른 마음을 굳게 응집시키면 마구니가 틈을 얻지 못하리니 생겨나는 종류의 근본을 궁구하여 저 그윽이 맑고 항상 요동하는 근원을 관찰하다가 앞에서 제거해 없앤 색음과 수음과 상음 가운데 헤아리는 마음을 일으키면 그 사람은 죽은 뒤에는 아무런 모습도 없다고 하는 뒤바뀐 마음에 떨어질 것이다.

저 색음이 없어진 것을 보고 나서 '형체는 본래 원인이 없는 것'이라고 하고 상음이 없어진 것을 보고 나서 '마음은 본래 얽매인 데가 없는 것'이라고 하며, 수음이 없어진 것을 알고 나서 또 '몸과 마음은 서로 관련될 수 없다'고 생각하며, 따라서 '음의 성품[陰性]이 사라졌으므로 비록 다시 태어나는 이치가 있다고 하더라도 수음과 상음이 없어졌기에 마치 풀이나 나무와 같아서 그 형체가 앞에 나타나도 오히려 얻을 수가 없는 것이거늘 죽은 뒤에 어떻게 다시 실상이 있겠느냐?'고 하면서 그로 인하여 헤아려 생각하기를 '죽은 뒤에는 실상이 없어서 그렇게 돌고 돌아 여덟 가지 아무런 실체 모습이 없다'는 데 빠지게 되느니라.

이를 좇아 혹 생각하기를 '열반의 원인과 결과도 모두 빈[空] 것이므로 부질없는 이름만 있을 뿐이지 마침내는 없어지는 것'이라고 단정하느니라.

이로 말미암아 '죽은 뒤에는 아무것도 없다'고 생각하므로 외도에 떨어져서 보리의 성품을 미혹하리니 이를 제칠 외도가 주장하는 '오음 가운데 죽은 뒤에는 실상이 없다'고 하는 마음이 뒤바뀐 논리이니라.

또 삼마지 가운데 모든 선남자들이 바른 마음을 굳게 응집시키면 마구니가 틈을 얻지 못하게 되리니 생겨나는 종류의 근본을 궁구하여 저 그윽이 맑고 항상 요동하는 근원을 관찰하다가 행음이 남아 있는 가운데 수음과 상음이 모두 없어졌으므로 남아 있는 것과 사라져 없어진 것을 번갈아 생각하여 자체를 서로 무너뜨린다고 하나니 이 사람은 '죽은 뒤에는 모두가 생겨나지 않는다'고 생각하는 뒤바뀐 논리에 떨어지느니라.

색음과 수음과 상음 가운데 있는 것을 보더라도 있는 것이 아니며 행음이 변천하여 흐르는 속에 없는 것을 보더라도 없는 것이 아니라고 생각하여 그렇게 돌고 돌아 음계의 여덟 가지가 모두 아니라는 현상을 궁구하여 '한 가지 인연을 얻음에 따라 모두 죽은 뒤에도 실상이 있는 것이며 또한 실상이 없는 것'이라고 주장하느니라.

또 생각하기를 '모든 작용은 성품이 변천하는 것이기 때문에 마음 속에 깨달아 통했다는 생각을 일으켜서 있는 것도 없는 것도 모두 아니다'라고 생각하여 허(虛)와 실(實)을 분간하지 못하느니라.

이로 말미암아 '죽은 뒤에는 모두가 아니다'라고 생각하여 뒷세상이 어둡고 아득해서 말할 수가 없게 되므로 외도에 떨어져서 보리의 성품을 미혹하게 하리니 이는 제팔 외도가 주장하는 '오음 가운데 죽은 뒤에는 모두가 아니다'라고 하는 마음의 뒤바뀐 논리이니라.

또 삼마지 가운데 선남자들이 바른 마음을 굳게 응집하면 마구니가 틈을 얻지 못하리니 태어나는 종류의 근본을 궁구하여 저 그윽이 맑고 항상 요동하는 근원을 관찰하다가 죽고 난 뒤 그 다음 세상에 대하여 아무것도 없다고 억측하여 생각하면 그 사람은 일곱 가지 끊겨 없어진다는 논리에 떨어지느니라.

혹 생각하기를 몸[欲界人天]은 없어지는 것이며, 혹 탐욕이 다 끊어진 곳[初禪]도 없어지는 것이며, 혹 괴로움을 다한 곳[二禪]도 없어지는 것이며, 혹 지극히 즐거운 곳[三禪]도 없어지는 것이며, 혹 다 버린 곳[四禪·無色界]도 없어지는 것이라고 여겨서 이와 같이 돌고 돌아 일곱 군데를 다 궁구해서

'현재 눈앞에서 없어진 다음에는 다시는 회복되지 않는다'고 생각하느니라.

이로 말미암아 '죽은 뒤에는 끊겨 없어진다'고 생각하므로 외도에 떨어져서 보리의 성품을 미혹하리니 이를 제구 외도가 주장하는 '오음 가운데 죽은 뒤에는 끊겨 없어진다'고 하는 마음이 뒤바뀐 논리이니라.

또 삼마지 가운데 선남자들이 바른 마음을 굳게 응집하면 마구니가 틈을 얻지 못하게 되리니 태어나는 종류의 근본을 궁구하여 저 그윽이 맑고 항상 요동하는 근원을 관찰하다가 죽은 뒤 다음 세상에 대해 있다는 견해를 일으키면 그 사람은 다섯 가지 열반 논리에 빠지느니라.

혹은 욕계천으로 죽고 난 뒤에 의지할 곳이라고 생각하기도 하니 이는 원만하게 밝음을 보고 애모하기 때문이며, 혹은 초선이라고 하기도 하나니 이는 성품에 근심이 없기 때문이여, 혹은 이선천(二禪天)이라고 하니 이는 마음에 괴로움이 없기 때문이며, 혹은 삼선천이라고 하니 이는 지나친 기쁨이 따르기 때문이며, 혹은 사선천이라고 하니 이는 괴로움과 즐거움이 다 없어져서 나고 죽음에 윤회하는 성품을 받지 않기 때문이다.

번뇌가 있는 하늘임을 모르고 '작용이 없는 경지'라고 생각을 내어 '다섯 곳의 편안한 곳을 수승하고 깨끗한 의지처'라고 생각하면서 이와 같이 돌고 돌아 다섯 곳을 최상의 경지라고 주장하느니라.

이로 말미암아 '다섯 곳이 바로 현재의 열반'이라고 생각하므로 외도에 떨어져 보리의 성품을 미혹하리니 이를 제십 외도가 주장하는 '오음 가운데 다섯 곳이 바로 현재의 열반이다'라고 하는 마음이 뒤바뀐 논리이니라.

아난아, 이와 같이 열 가지 선나에 대해 잘못 이해하는 것은 모두가 행음에서 작용하는 마음이 서로 얽히고 섥켰기 때문에 이러한 생각이 나타나는 것이거늘 중생들이 미련하고 혼미해서 스스로 헤아려 알지 못하고 이렇게 앞에 나타난 형상을 만날 적마다 혼미한 것을 잘못 이해해서 스스로 성인의 경지에 올랐다고 생각하여 큰 거짓말을 하게 되면 무간지옥에 떨어지느니라.

너희들은 반드시 부처님의 말씀을 가지고 내가 열반에 든 뒤에 말법세상에 전해 보여서 널리 중생들로 하여금 이 이치를 깨닫도록 하고, 마음의 마구니로 하여금 스스로 깊은 재앙을 일으킴이 없도록 하여 보호해 지켜서 삿된 소견을 소멸시키고 그 몸과 마음으로 하여금 참다운 이치를 깨달아서 최상의 도에 대해 갈림길로 나아가지 않게 하며 마음이 바라는 것으로 하여금 적게 얻은 것을 만족하게 여기지 말게 하고 대각왕(大覺王)의 깨끗한 지표가 되게 하라.

식음(識陰)에서 생겨나는 열 가지 장애

아난아, 저 선남자가 삼마지를 닦아 행음이 다 없어진 이는 모든 세간에 그윽이 맑고 요동하는 같은 분업끼리 생겨나는 근본[行陰]의 깊고 미세한 기강이 홀연히 무너져 내리고, 업보를 따라 움직이는 보특가라의 깊은 맥락에서 감응하는 것이 아주 끊어져서 열반의 하늘에 장차 크고 밝게 깨달으려 함이 마치 닭이 두번째 운 뒤에 동쪽을 돌아보면 이미 은밀한 빛이 나타나는 것과 같아서 여섯 가지 감각기관이 비고 고요해지고 전과 같이 분주하게 치달리지 않아서 안과 밖이 맑고 밝아 들어가도 들어갈 데가 없어서 시방에 열두 종류의 생명을 받게 된 근본 이유를 깊이 통달해서, 그 이유를 살펴보고 근원을 고집하여 모든 종류와 휩쓸리지 않아 시방세계에서 이미 동일함을 얻고 정밀한 빛을 잃지 아니하여 그윽하고 신비함을 발하여 나타내리니 이를 '식음의 구역'이라고 하느니라.

만약 여러 무리가 생겨나는 데에서 이미 동일함을 얻은 가운데 여섯 가지 문을 소멸시켜서 합하여 열림을 성취하면 보고 들음이 이웃처럼 통해서 서로 작용함이 깨끗해지게 되고 시방세계와 몸과 마음이 마치 수정[吠琉璃]처럼 안팎이 환하게 통할 것이니, 이를 이름하여 '식음이 다 없어진 경지'라고 하나니 그 사람은 명탁(命濁)[149]을 초월할 수 있을 것이다. 그 까닭을 관찰하면 형상이 없이 허무하게 뒤바뀐 허망한 생각으로 근본이 되었기 때문이니라.

아난아, 마땅히 알아야 한다. 이 선남자가 행음이 비었음을 궁구하여 식음의 근원으로 돌아가면 이미 나고 죽음이 없어졌으나 적멸(寂滅)의 정밀하고 오묘한 경지에 대해서는 원만하지 못하나 자기 몸의 막힌 감각기관으로 하여금 합하고 열리게 하며 시방의 모든 중생들과 더불어 깨달아 아는 것이 서로 통하고 합해지면 원만한 근원[識陰]에 들어갈 수 있으리라.

만약 돌아갈 데에 참되고 항상하다는 원인을 세워 뛰어난 견해를 내면 이 사람은 원인할 만한 것을 원인했다는 집착에 떨어져서 명제(冥諦)를 목적으로 하는 사비가라외도와 짝이 되어 부처님의 보리를 미혹하고 지혜롭게 보는 능력을 잃어버리는데 이것이 제일의 '얻었다는 마음을 내어 돌아가야 할 최상의 과위〔果〕를 성취했다'고 생각하는 것이니 원만하게 통한 경지를 어기고 열반의 성을 저버려서 외도의 종자에 태어나느니라.

아난아, 또 선남자가 모든 행음의 빈 것을 궁구하여 이미 나고 죽음이 없어졌으나 적멸에 대해서는 정밀하고 오묘함이 원만하지 못하니 만약 돌아갈 곳에 대해서 그것들이 자기 몸이라고 여겨 허공세계의 열두 종류에 속하는 모든 중생들이 모두 내 몸 속의 한 부분이 흘러나온 것이라고 하여 뛰어나다는 견해를 내면 이 사람은 능하지도 못한 것을 능하다고 하는 집착에 떨어져서 마혜수라와 같이 한량없는 몸을 나타내는 자들과 짝이 되어 부처님의 보리를 미혹하고 지혜로운 견해를 잃어버리는데 이것이 제이의 '무엇이든 할 수 있다는 마음을 내어 훌륭하게 일의 결과를 이루었다'고 생각하는 것이니 원만하게 통한 경지를 어기고 열반성을 저버려서 매우 거만한 하늘에 내가 두루 원만하다고 생각하는 종류로 태어나느니라.

또 선남자가 행음이 빈 것을 궁구하여 이미 나고 죽음이 없어졌으나 적멸에 대해서는 정밀하고 오묘함이 원만하지 못하니 만약 돌아갈 적에 돌아가 의지할 곳이 있다고 생각하여 자기의 몸과 마음도 거기에서 흘러 나왔다고 의심하며 시방의 허공도 모두 거기서 생겨났다고 여겨서 곧 생겨나는 모든 것이 퍼져 흐르는 곳에 대해 참되고 항상한 몸은 나고 죽음이 없다는 견해를 내나니 나고 죽는 가운데 있으면서 항상 머무는 것인 줄로 미리 생각하여 이미 나지 않는다는 데에 현혹되고 나고 죽는 이치까지도 모를 뿐만 아니라 혼미한 곳에 편안히 머물면서 수승하다는 견해를 내면 그 사람은 항상하지 못한 것을 항상하다고 생각하는 집착에 떨어져서 자재천 하늘과 짝이 되어 보리를 혼미하게 하고 지혜로운 견해까지도 잃어버리는데 이것이 제삼의 '의지하는 마음으로 인하여 허망하게 생각하는 결과를 이루었다'고 생각하는 것이니 원만하게 통한 경지를 어기고 열반성을 저버려서 뒤바뀐 원만한 종자로 태어나느니라.

또 선남자가 행음이 다 끊겨 비어져서[卒] 이미 나고 죽음이 없어졌으나 적멸에 대해서는 정밀하고 오묘한 경지가 원만하게 성취된 것은 아니니 만약 아는 것에 대해 그 아는 것이 두루 원만하다 하여 저 아는 것으로 인해 견해를 일으키고 시방의 풀이나 나무들도 모두가 정이 있어서 사람과 다를 것이 없다고 생각하여 '풀이나 나무가 죽어서 사람이 되고 사람이 죽어 다시 시방의 풀·나무가 된다'고 하며 가릴 것 없이 모든 사물이 두루 안다고 고집하여 수승하다는 견해를 내면 이 사람은 곧 아는 것이 없는 것을 안다고 하는 집착에 떨어져 바타(婆吒)·선니(霰尼, 先尼)와 같이 모든 것이 느낌이 있다고 고집하는 이와 짝이 되어서 부처님의 보리를 혼미하게 하고 지견을 잃어버리는데 이것이 제사의 '원만한 지혜의 마음을 헤아려 허망하고 잘못된 과(果)를 이루었다'고 하는 것이니 원만하게 통함을 어기고 열반성을 등지게 되어 뒤바뀐 지혜종자에 태어나느니라.

또 선남자가 행음이 다 끊겨 비어져서 이미 나고 죽음이 없어졌으나 적멸에 대해서는 정밀하고 오묘함이 원만하게 성취된 것은 아니니 만약 원용해진 모든 감각기관이 서로 작용하는 가운데 이미 마음대로 순하게 따를 수 있는 능력을 얻으면 문득 원용하게 변화하는 데서 모든 것이 발생한다고 생각하여 불의 광명을 찾고 물의 깨끗함을 좋아하며 바람이 두루 흐름을 사랑하게 된다. 모든 물질이 성취된 이치를 관찰해서 각각 숭상하고 섬기면서 이 많은 물질을 만들어 내는 근본 원인이라고 하여 항상 머물러 있다는 견해를 내면 이 사람은 곧 생겨나게 할 수 없는 것을 생겨나게 한다는 집착에 떨어져서 가섭파와 바라문과 같이 몸과 마음을 괴롭혀가면서 불을 섬기고 물을 숭상하며 나고 죽음에서 벗어나기를 구하는 이와 짝이 되어 부처님의 보리를 혼미하게 하고 깨달음의 지혜를 잃어버리는데 이것이 제오의 '숭상하고 섬기는 데 집착하여 마음을 혼미하게 하고 사물을 따르면서 부질없이 구하는 원인을 성립하여 부질없이 희망하는 결과를 구한다'고 하는 것이니 원만하게 통한 경지를 어기고 열반성을 저버려서 뒤바뀌어 변화하는 종류에 나느니라.

또 선남자가 행음이 다 끊겨 비어져서 이미 나고 죽음이 없어졌으나 적멸에 대해서는 정밀하고 오묘함이 원만하게 성취된 것은 아니니 만약 원만하게 밝은 데서 밝은 속은 비었다고 생각하여 변화하는 모든 것은 없어지지 않는다고 하며 영원히 없어지는 것으로써 돌아가 의지할 곳이라고 생각하여 수승한 견해를 내면 이 사람은 돌아갈 곳이 없는 데를 돌아갈 곳이라고 집착하게 되어 무상천 가운데 순야다들과 짝이 되어 부처님의 보리를 혼미하게 하고 지견을 잃어버리는데 이것이 제육의 '원만하게 비어 없어진 마음으로 비어 없어진 결과를 이룬다'고 하는 것이니 원만하게 통한 경지를 어기고 열반성을 저버려서 끊어 없애는 종류에 나느니라.

또 선남자가 행음이 다 끊겨 비어져서 이미 나고 죽음이 없어졌으나 적멸에 대해서는 정밀하고 오묘함이 원만하게 성취된 것은 아니니 만약 원만하게 항상한 데에 견고하게 항상 머물기를 바라면서 정밀하고 원만한 데 맞추어 영원히 죽지 않으려는 수승한 견해를 내면 그 사람은 탐해서는 안 될 것을 탐하는 집착에 떨어져 오래 살기를 구하는 아사타들과 짝이 되어 부처님의 보리를 미혹하게 하고 지견을 잃어버리는데 이것이 제칠의 '목숨의 근원에 집착하여 견고하게 하려는 부질없는 원인을 세워 길이 수고로운 결과에 나아가다'고 하는 것이니 원만하게 통한 경지를 어기고 열반성을 저버려서 부질없이 목숨이나 연장하려는 종류에 나느니라.

또 선남자가 행음이 다 끊겨 비어져서 이미 나고 죽음이 없어졌으나 적멸에 대해서는 정밀하고 오묘함이 원만하게 성취된 것은 아니니 목숨이 서로 통하는 이치를 관찰해서 문득 번뇌를 머물러 두려는 생각이 일어나면, 사라져 없어질까 염려하여 문득 이때 연화궁(蓮華宮)에 앉아 일곱 가지 보배를 널리 변화시켜 예쁜 여인을 많이 모아 마음대로 즐기면서 수승한 견해를 내나니 이 사람은 참되지 못한 것을 참된 것이라고 하는 집착에 떨어져 타지가라(吒枳迦羅)들과 짝이 되어 부처님의 보리를 미혹하게 하고 지견을 잃어버리는데 이것이 제팔의 '삿된 것을 생각하는 원인을 일으켜 치솟는 번뇌의 과업을 세운다'고 하는 것이니 원만하게 통한 경지를 어기고 열반성을 저버려서 천마의 종자에 나느니라.

또 선남자가 행음이 다하여 비어져서 이미 나고 죽음이 없어졌으나 적멸에 대해서는 정밀하고 오묘함이 원만하게 성취된 것은 아니니 목숨의 근원이 밝아진 가운데 정밀하고 거친 것을 분별하며 진실함과 거짓됨을 판단해서 원인과 결과가 서로 관련이 있다고 해서 오직 느껴 감응하기만을 구하고 깨끗한 도를 저버리나니 이른바 괴로움을 보고 괴로움의 원인을 끊으며 적멸해지기를 희망하여 적멸하게 되는 방법을 닦아 적멸해진 경지에 만족하여 다시 전진하지 아니하고 수승한 견해를 내면 그 사람은 정성성문(定性聲聞)[150]에 떨어져 더 들으려고 하지 않는 자로서 증상만(增上慢)에 빠진 무리들과 짝이 되어 부처님의 보리를 미혹하게 하고 지견을 잃어버리는데 이것이 제구의 '정밀하게 감응하는 마음을 원만히 하여 적멸의 결과에 취향함을 이루었다'고 하는 것이니 원만하게 통한 경지를 어기고 열반성을 저버려서 허공에 속박되는 종류에 태어나느니라.

또 선남자가 행음이 다하여 비어져서 이미 나고 죽음이 없어졌으나 적멸에 대해서는 정밀하고 오묘함이 원만하게 성취된 것은 아니니 만약 원융하고 깨끗한 밝은 깨달음에 대해 깊고 오묘한 이치를 연구하여 밝혀내고는 이것을 열반이라고 주장하며 더 전진하지 않으면서 수승한 견해를 일으키면 이 사람은 정성벽지(定性辟支)에 떨어져 마음을 돌이키지 못하는 연각이나 독각들과 짝이 되어 부처님의 보리를 미혹하게 하고 지견을 잃어버리는데 이것이 제십의 '원만하게 깨달아 합해진 마음으로 맑고 고요하고 밝은 결과를 이루었다'고 하는 것이니 원만하게 통한 경지를 어기고 열반성을 저버려서 깨달음이 원만하게 밝아지고 변화하지 않는 원만한 종류에 태어나느니라.

아난아, 이러한 열 가지 선나가 중도에서 잘못된 견해를 이루어서 미혹함에 의지함으로 인해 만족하지 못한 가운데 만족하게 증득했다는 생각을 내는 것은 모두 식음에서 작용하는 마음이 서로 얽히고 설키기 때문에 이 지위에 생겨나거늘 중생들이 미련하고 혼미하여 스스로 헤아리지 못하고 이렇게 앞에 나타나는 현상을 만날 적마다 각각 옛날부터 좋아했던 습관으로 마음을 미혹하게 하여 스스로 쉬어 그쳐서 '언젠가는 돌아가 편안히 쉴 곳'이라고 생각하며 스스로 말하기를 '최상의 보리를 깨달았노라'고 하면서 크게 거짓말을 하면 외도와 삿된 마구니는 감응하여 받은 업보가 끝나면 무간지옥에 떨어지고 성문과 벽지는 더 전진하지 못할 것이다.

너희들은 마음에 새겨 두었다가 부처님의 도를 받들어 이 법문을 가지고 내가 멸도한 뒤 말법세상에 전하여서 널리 중생들로 하여금 이 뜻을 분명히 깨닫게 하고 잘못된 견해를 가지고 있는 마구니로 하여금 스스로 깊은 죄를 짓지 않게 하며 편안하게 보호하고 자비로운 마음으로 구제해서 삿된 인연이 사라지게 하여 그 몸과 마음으로 하여금 부처님의 지견(知見)에 들어가서 처음부터 끝까지 어려운 갈림길을 만나지 않게 하라.

이러한 법문은 앞선 과거세상에 항하의 모래와 같이 무수한 겁을 지내오면서 모든 부처님께서도 이를 의지하여 마음이 열려서 최상의 도를 증득하셨으니 식음이 만약 다 없어지면 네 앞에 나타나는 모든 감각기관이 서로 작용하리라. 서로 작용하는 가운데 보살의 금강간혜(金剛乾慧)에 들어가 원만하게 밝고 정밀한 마음이 그 가운데에서 발하여 변화됨이 마치 맑은 유리 속에 보배의 달을 넣은 것과 같아지리라.

이와 같이 십신(十信)·십주(十住)·십행(十行)·십회향(十廻向)·사가행(四加行)의 마음과 보살이 수행하는 금강십지(金剛十地)를 초월하여 등각(等覺)이 원만하게 밝아져서 부처님의 오묘하고 장엄한 바다에 들어가 보리를 원만히 이루고 더 이상 증득할 것이 없는 데로 돌아가리라.

이는 과거에 먼저 태어나셨던 부처님께서 사마타 가운데 비바사나로 깨달아 밝아진 것을 분석하신 미세한 마구니의 일이니 마구니의 경계가 앞에 나타나면 네가 이를 잘 알아서 마음의 때를 씻어버리고 삿된 견해에 떨어지지 아니하면 음마(陰魔)가 소멸하고 천마가 부서지며 큰 힘을 가진 귀신이 넋을 잃고 도망하여 산도깨비와 무도깨비들이 다시는 나오지 못할 것이며 곧바로 보리에 이르러서 모자라거나 비열함을 막론하고 더욱 정진하여 큰 열반에 대해 마음이 어두워지지 않으리라.

만약 말법세상에 어리석고 우둔한 중생이 선나를 알지 못하며, 설법할 줄을 모르되 삼매 닦기를 좋아하지만 네가 볼 때 삿되게 될까 두렵거든 일심으로 권유하여 나의 불정다라니주(佛頂陀羅尼呪)를 지니게 하라. 만약 외울 수 없거든 공부하는 방에 써 두거나 혹 몸에 지니거나 하면 일체의 마구니가 조금도 동요할 수 없으리니 너는 마땅히 시방 부처님께서 최후의 경지까지 닦아 나아가는 마지막 가르쳐 주신 법을 공경히 받들어야 하리라"라고 하셨다.

오음의 근본

아난이 자리에서 일어나 부처님의 가르침을 듣자옵고 이마를 대어 절하며 받들어 기억하여 잃어버림이 없이 대중 가운데서 다시 부처님께 아뢰었다.

"부처님의 말씀과 같이 오음의 현상 가운데 다섯 가지 부질없이 생각하는 마음이 근본이 되었다고 하시니 저희들은 평상시에 부처님의 미세한 데까지 열어 보이심을 듣지 못하였습니다.

그러면 이 오음은 한꺼번에 사라지는 것입니까, 차례로 없어지는 것입니까? 이와 같이 다섯 겹으로 쌓인 것은 어디까지가 경계입니까? 원컨대 부처님께서는 큰 자비를 펴시어 이 대중들을 위해서 마음의 눈을 맑고 밝게 하시며 말세의 모든 중생들을 위하여 장래의 눈이 되게 하소서."

부처님께서 아난에게 말씀하셨다.

"정밀하고 참되고 오묘하고 밝은 본각이 원만하고 깨끗해져서 나고 죽는 것과 온갖 티끌과 나아가 허공까지도 머물러 있는 것이 아니건만 모두가 부질없는 생각으로 인하여 생긴 것이니 이는 원래 본각으로서 오묘하고 밝고 참되고 정밀한 것인데 허망하게 온 세상을 발생시키는 것이 마치 연야달다가 제 머리를 모르고 그림자로 잘못 인정한 것과 같느니라.

 허망한 것은 본래 원인이 없는 것이거늘 부질없는 생각 속에 인연의 성품이 성립되는 것이다. 인연을 모르는 이는 자연이라고 하는데 그 허공의 성품도 오히려 환상으로 생긴 것이므로 인연과 자연이라 함은 모두가 중생들이 허망한 마음으로 헤아려 생각한 것이니라.

 아난아, 허망한 것이 생긴 이유를 알면 허망한 인연을 말할 수 있으려니와 만약 허망한 것이 원래 없는 것이라면 허망한 인연을 말하려고 하여도 원래 있는 것이 아니거늘 더구나 알지도 못하면서 자연이라고 미루어 생각할 수 있겠느냐?

 그러므로 여래께서 너에게 발기토록 하여 밝히시되 오음의 근본 원인이 다 부질없는 생각이라고 하느니라.

 너의 몸이 처음엔 부모를 생각함으로 인하여 생긴 것이니 네 마음이 만약 생각이 아니었다면 생각 가운데 와서 생명을 전하지 못하였을 것이다. 이는 마치 내가 먼저 말하기를 '마음으로 신맛을 생각하면 입에 침이 생기고 마음으로 높은 데 오르는 것을 생각하면 발바닥이 저려온다'고 한 것과 같느니라. 그러나 높은 절벽이 참으로 있는 것이 아니며 신 물건이 이른 것도 아니니, 네 몸이 반드시 허망한 것이 아니라면 어떻게 신 물건을 이야기하는 것으로 인하여 입에 침이 생기겠느냐? 그러므로 마땅히 알아야 하나니, 이것을 너의 현재 색신이 견고한 제1의 허망한 생각이라고 하느니라.

여기서 말한 바 높은 데 오를 것을 생각하는 마음이 네 몸으로 하여금 참으로 시거나 발바닥이 저린 것 같은 느낌을 받게 하나니 수음이 생기므로 인하여 색신을 움직일 수 있게 되는 것이다. 지금 너의 앞에 나타나는 순하면 유익하고 거스르면 해로운 두 가지로 치달리는 것을 비고 밝은 제2의 허망한 생각이라고 하느니라.

네 생각으로 말미암아 너의 색신을 부리나니 몸은 생각과 같지 않거늘 네 몸은 무슨 까닭으로 생각을 따라 부림을 당해서 갖가지 형상을 취해 마음이 생각을 일으키면 몸은 취하여서 생각과 서로 내응하느냐? 깨면 생각하는 마음이요, 자면 모두가 꿈이니 네 생각으로 요동하는 허망한 정을 이름하여 융통하는 제3의 허망한 생각이라고 하느니라.

변화하는 이치 때문에 머물러 있지 않아서 쉬지 않고 은밀하게 옮겨가서 손톱과 발톱이 자라고 모발이 나며 기운이 사라지고 얼굴이 쭈그러서서 밤낮으로 서로 교대하는데도 일찍이 깨닫지 못하느니라.

아난아, 이것이 만약 네가 아니라면 어찌하여 몸이 변하여 달라지며 만일 반드시 진실한 너라면 어찌하여 너는 깨닫지 못하느냐? 너의 모든 작용이 잠시도 머물지 않는 것을 이름하여 그윽하고 은밀한 제4의 허망한 생각이라고 하느니라.

또 네가 정밀하고 밝으며 맑고 고요하여 흔들리지 않는 곳을 항상한 것이라고 한다면 몸에 보고 듣고 느껴서 아는 것이 생기지 않을 것이다.

만약 참으로 정밀하고 진실한 것이라면 허망한 것 익히는 일을 용납하지 않을 것이니 무슨 까닭으로 너희들이 옛날에 어떤 기이한 물건을 보고 여러 해를 지내면서도 기억하고 있는지 잊었는지 알 수 없다가, 뒤에 홀연히 앞에 것과 다른 것을 보면 기억이 완연하여 조금도 잊어버리지 않느냐? 이것이 정밀하고 밝고 맑아 요동하지 않는 가운데 생각마다 훈습(熏習)함을 어찌 헤아릴 수 있겠느냐?

아난아, 마땅히 알아야 한다. 그 맑고 고요함이 참된 것이 아니라 마치 급히 흐르는 물과 같아서 고요한 듯 보이나 빠르게 흐르는 것이라 볼 수 없는 것일 뿐 흐르지 않는 것은 아니다. 만약 생각의 근원이 아니라면 어찌하여 부질없는 습기를 받아들이겠느냐? 너의 여섯 개의 감각기관을 서로 작용하여 합하거나 열리지 아니하면 그 허망한 생각이 언젠가는 없어질 것이다.

그러므로 네가 현재에 보고 듣고 깨닫고 알고 하는 습관의 기미이니 이것을 맑고 또렷한 가운데 형상이 없어 허무한 제5의 뒤바뀐 미세하고 정밀한 생각이라고 하느니라.

아난아, 이 다섯 가지 쌓인 음은 다섯 가지 망상으로 이루어진 것이니라. 네가 지금 인계(因界)의 깊고 얕음을 알고자 하면 색질과 빈 것은 색음의 변제(邊際)이고 접촉하고 떨어지는 것은 수음의 변제이고 기억하고 잊음은 상음의 변제이고 없어지고 생겨나는 것은 행음의 변제이고 맑고 고요한 데 들어가서 〔識陰中의 有爲〕 맑고 고요함과 어울리면 〔識陰中의 無爲〕 식음의 변제로 돌아가느니라.

이 오음의 근원이 겹겹이 쌓여서 생긴 것이라서 식음으로 인해 생겨나고 색신을 따라 없어지나니 이치인즉 단번에 깨달을 수 있는지라 깨달음에 의지하여 모두 사라지지만 그 일은 단박에 없어지는 것이 아니므로 차례를 따라서 하나하나 없어지느니라. 내가 이미 너에게 겁바라수건으로 매듭짓는 것을 보여 주었거늘 무엇이 분명치 않아서 다시 묻느냐?

너는 마땅히 이 망상의 근원을 통달해서 미래 말법세계 속에서 수행하는 모든 자들에게 전해 주어라. 그리하여 허망함을 깨닫게 하여 스스로 싫증을 내어서 열반이 있음을 알고 삼계에 연연하지 않게 하라.

이 경을 아난에게 부촉하다

아난아, 만약 어떤 사람이 시방에 가득하고 허공에 꽉 차 있는 일곱 가지 보배를 가지고 작은 먼지같이 많은 모든 부처님을 받들어 모시고 공양을 드리며 마음으로 부질없는 생각을 하지 않는다면 너는 어떻게 생각하느냐? 그 사람이 그렇게 부처님께 보시한 인연으로 복을 많이 받겠느냐? 그렇지 않겠느냐?"

아난이 대답하였다.

"허공이 다함이 없으며 보배도 한량이 없사오니 옛적에 어떤 중생이 부처님께 돈 일곱 푼을 보시하고서도 죽은 뒤에 전륜왕이 되었거늘 더구나 현재 무한한 허공과 부처님의 세계에 가득한 보배로 보시함이겠습니까? 겁이 다하도록 생각하더라도 오히려 미칠 수가 없을 터이니 그 복이 어찌 한계가 있겠습니까?"

부처님께서 아난에게 말씀하셨다.

"모든 부처님께서는 부질없는 거짓말을 하지 않느니라. 만약 어떤 사람이 몸으로 네 가지 중죄(음행·살생·도적질·거짓말)와 열 가지 바라이죄를 범하여 순식간에 이곳 저곳의 아비지옥을 돌아다니며 시방의 무간지옥까지 빠짐 없이 다 돌아다녀야 할 터인데도 능히 한 생각으로 이 법문을 가져다가 말법세계 속에 수행하는 사람들에게 열어 보이면 이 사람의 죄와 업장이 생각을 따라 소멸되어서 저렇게 받아야 할 지옥의 괴로운 원인이 변하여 안락한 나라가 될 것이요, 복을 얻음이 앞서 보시한 사람보다 백배·천배·만배·억배나 더할 것이며, 이와 같이 숫자로 계산하거나 어떠한 비유로도 미칠 수 없게 될 것이다.

아난아, 어떤 중생이 경전을 외우고 이 주문을 받아 지니면 내가 말한 것과 같이 겁이 끝나도록 다할 수 없으리니 나의 가르침에 의지하여 법대로 수련하면 곧 보리를 이루어서 다시는 마구니의 업장이 없으리라."

세존께서 이 경전을 말씀하여 마치시니 비구·비구니·우바새·우바이와 모든 세간의 하늘과 사람과 아수라와 다른 곳의 보살들과 이승(성각·연각)과 성선동자(聖仙童子)와 처음 발심한 큰 힘을 지닌 귀신들이 모두들 크게 기뻐하여 절하고 물러갔다.

역주와 해설

역 주

1) 시라벌성(室羅閥城) : 시라벌은 사위(舍衛)・시라벌실저(室羅筏悉底)・시라바제(室羅婆提)라고도 음역하며, 중인도 고살라국의 도성임.
2) 기환정사(祇桓精舍) : 기원정사(祇園精舍)라고도 하며 중인도 사위성 남쪽 기수급고독원에 지은 절.
3) 응신(應身) : 중생을 교화하기 위하여 중생이 바라는 바에 따라 여러 가지의 몸을 나타내는 것.
4) 벽지불(辟支佛) : 연각(緣覺)・독각(獨覺)이라고도 번역하며 스승 없이 혼자 깨달은 이.
5) 아라한[無學] : 모든 것을 다 배우고 깨달았기 때문에 더 배울 것이 없다고 하여 아라한을 무학(無學)이라고 한다. 소승불교에서는 아라한을 최고의 성자(聖者)로 여긴다.
6) 가릉빈가(迦陵頻伽) : 소리가 매우 아름다운 새로 극락조라고도 하며 정토・만다라 등에서는 사람의 머리에 이 새의 몸을 그린다. 인도에만 산다고 한다.
7) 찰제리(刹帝利) : 인도의 4성(姓) 계급 중 제2위로서 국정에 종사하는 종족.
8) 전다라(旃陀羅) : 백정・노예 등에 속하는 인도의 최하층 계급.
9) 마등가(摩登伽) : 작악업(作惡業)・소가종(小家種)이라 번역. 인도의 천한 계급인데 어머니의 이름이다. 그 딸은 발길라(鉢吉羅)이니, 음란한 여자로서 아난을 보고 반하여 어미 마등가를 졸라서 아난을 홀리게 하였다.
10) 사비가라(娑毘迦羅) : 겁비라(劫毘羅)・가비라(迦毘羅)라고 음역하며, 그 뜻은 누런 머리칼 또는 금색머리로 번역되는데 수론외도(數論外道)의 시조.
11) 선범천주(先梵天呪) : 과거 범천(梵天)이 외운 진언이란 뜻이나 진정한 범천의 진언이 아니고 외도들이 외우던 진언임.
12) 사마타(奢摩他) : 적정(寂靜)・능멸(能滅)이라 번역하며 우리의 마음 속에서 일어나는 망념을 끊어 산란함을 없애는 것.

13) 삼마바리(三摩鉢哩) : 모든 법은 허깨비와 같음을 관하여 바른 선정을 닦아 수행하는 것.

14) 선나(禪那) : 적관(寂觀). 모든 생각이 일어남과 사라짐을 잊는 것.

15) 보리(菩提) : 최상의 정등정각으로 위로는 부처님의 혜명을 구하고 아래로는 중생들과 조화를 이루어 반야지혜로 바라밀을 행하는 것.

16) 열 가지 다른 중생 : 다른 중생은 본래 12종인데 여기서는 토목(土木)과 허공에 흩어져 있는 두 가지를 제외한 태생(胎生)·난생(卵生)·습생(濕生)·화생(化生)·유색(有色)·무색(無色)·유상(有想)·무상(無想)·비유상(非有想)·비무상(非無想)이다.

17) 네 가지 요소 : 흙[地]·물[水]·불[火]·바람[風]을 말함.

18) 삼마제(三摩提) : 바른 선정을 닦는 터전. 모든 생각을 버리고 마음을 가다듬어 동요하거나 흩어지지 않게 하는 곳.

19) 도라면(兜羅綿) : 그 빛은 눈처럼 희고 부드럽고 깨끗한 솜.

20) 육부(六腑) : 사람의 인체 속에 있는 밥통·대장·소장·쓸개·방광·삼초를 말함.

21) 십구계(十九界) : 모든 존재는 6근(根)·6진(塵)·6식(識)의 18계(界)뿐이고 19계는 없다. 여기서 19계라고 말함은 이름만 있을 뿐 실체가 없음을 비유한 것이다.

22) 칠진(十塵) : 이름만 있고 실체가 없음을 비유한 말.

23) 천제(闡提) : 착한 인연의 뿌리가 끊어져서 바른 법을 믿지 않는 사람.

24) 여섯 가지 진동 : 여섯 가지로 진동한 것은 6식(識) 무명으로 맺어진 허망한 경계를 파괴하려는 것을 드러낸 것이다.

25) 악차(惡叉) : 인도 말레이반도 등에 나는 교목인데 이 나무의 열매는 세 개의 씨가 한 곳에 모여 있다고 한다.

26) 성문(聲聞) : 부처님의 설법을 듣고 수행하나 대승법을 깨닫지 못하고 소승의 견해에 머물러 있는 이.

27) 연각(緣覺) : 부처님이 가르쳐주신 법에 의하지 않고 홀로 수행하여 깨달은 성자. 독각이라고 함.

28) 식정(識精) : 중생의 진심, 즉 정밀하고 밝은 지식.

29) 두 가지 장애[二障] : 열반에 이르지 못하게 하는 번뇌의 장애[煩惱障]와 앎의 장애[所知障]를 두 가지 장애라고 한다.

30) 법 깃발 : 삿된 것을 깨뜨리고 바른 법을 나타내는 상징적 표현. 진리의 깃발.
31) 염부단금(閻浮檀金) : 강에서 난다는 붉은 색깔의 최상품의 금(金).
32) 객진번뇌(客塵煩惱) : 본래부터 있던 것이 아니므로 객(客)이라 하고 미세하여 수없이 많으므로 진(塵)이라 한다.
33) 일기(一紀) : 12년을 한 단위로 하여 일컫는 말이나 여기서는 10년을 단위로 한 것 같다.
34) 기바천(耆婆天) : 장수천(長壽天)이라 의역하며 이 하늘에 기도하면 오래도록 무병장수한다고 함.
35) 말가리(末伽梨) : 말가리구사리(末伽梨拘賖梨)의 준말로 외도육사(外道六師)의 한 사람.
36) 모다라(母陀羅) : 인수(印手)라고 하며, 32가지 부처님의 상호로 서원을 표시하는 결인(結印).
37) 해조음(海潮音) : 중생을 교화할 시기를 놓치지 않음이 마치 어김없이 찾아드는 조수와 같다고 하여 부처님 말씀을 해조음이라 한다.
38) 6진(塵)의 형상을 여의었으므로 물질도 아니고 또한 유한(幽閒)하고 미세한 경계가 있으므로 공(空)도 아니다.
39) 구사리(拘舍離) : 외도 6사의 한 사람.
40) 명제(冥諦) : 수론외도(數論外道)가 주장하는 25제(諦)의 하나, 즉 물질의 본체를 말함.
41) 초선천(初禪天) : 색계 4선천(禪天) 중의 첫번째 하늘.
42) 염부제(閻浮提) : 원래는 염부수(閻浮樹)를 가리키는 말인데 제(提)란 주(洲)라는 뜻이며 이 말이 변하여 한 세계를 가리키는 말로 쓰여지고 있다. 남섬부주, 즉 우리가 살고 있는 이 사바세계를 염부제라고 한다.
43) 가람(伽藍) : 승가람마(僧伽藍摩)의 준말로서 절을 가리킴.
44) 여여(如如) : 바른 지혜에 계합하는 변함없는 이체(理體). 만법의 이체는 동일하므로 여(如)라 하며 여의 뜻이 하나만이 아니므로 여여(如如)라 함.
45) 각연(覺緣) : 진감(眞鑑)선사는 각(覺)은 참다운 성품이고 연(緣)은 모든 법이라고 풀이하였고, 능엄경에 대한 주해를 붙인 계환(戒環)은 각성(覺性)이 변연(遍緣)이라고 풀이하여 각의 반연으로 해석하였다.
46) 범지(梵志) : 정예(淨裔)·정행(淨行)이라 번역하며 모든 외도의 통칭이다.

47) 투회(投灰) : 고행(苦行)하는 외도.
48) 제일의(第一義) : 성인의 지혜로서 스스로 깨달아서 얻어지는 최상의 진리.
49) 동분(同分) : 여러 물질 가운데 타고난 인연이나 근본이 같은 것. 이를테면 사람은 사람끼리 원숭이는 원숭이끼리 저절로 비슷한 것처럼 서로 같은 것은 모두 이 동분으로 인해서이다.
50) 장악(瘴惡) : 장(瘴)은 산천에서 생기는 나쁜 기운인데, 허망하게 보는 것에 의하여 상서롭지 못한 세계를 보는 것은 모두 장악으로 생기는 것이다.
51) 여래장(如來藏) : 중생의 마음 속에 깨달음을 이룰 수 있는 씨앗, 즉 여래가 은장(隱藏)되어 있다 하여 여래장이라 함.
52) 오음(五陰) : 색질[色]·느낌[受]·생각[想]·작용[行]·식별[識] 등의 다섯 가지를 말하는데 이 다섯 가지가 밝은 성품을 덮어 가리기 때문에 중생이 고통의 세계를 유전한다고 한다.
53) 색음(色陰) : 색질이 근간이 된 현상적인 것.
54) 수음(受陰) : 정신작용의 하나로서 느끼고 받아들이는 것.
55) 상음(想陰) : 밖의 물건을 마음 속에 받아들이고 그것을 상상하여 보는 마음의 작용.
56) 행음(行陰) : 행동을 일으키는 힘, 즉 의지(意志)를 말함.
57) 빈가병(頻伽甁) : 가릉빈가라는 아름다운 새 모양으로 만든 병인데 그 용도를 자세하게 말하지 않았다.
58) 식음(識陰) : 인식하고 분별하는 것.
59) 육입(六入) : 입(入)이란 사물을 거두어들인다는 뜻이며, 빛깔·소리·냄새·맛·접촉·법의 여섯 가지를 가리킨다.
60) 내진(內塵) : 의식의 대상. 눈·귀·코·혀·몸의 다섯 가지 감각기관의 대상들.
61) 십이처(十二處) : 눈·귀·코·혀·몸·뜻의 여섯 가지 감각기관과 빛깔·소리·냄새·맛·접촉·법의 여섯 가지 대상 물질을 합한 것.
62) 수락(酥酪) : 소젖을 정제하여 만든 것이 수(酥)요, 이 수를 다시 정제하여 만든 것이 낙(酪)이다.
63) 제호(醍醐) : 우유를 잘 정제하여 만든 음식의 한 가지.
64) 흑석밀(黑石蜜) : 사탕과 같은 것으로 단단하기가 돌과 같기 때문에 석밀(石蜜)이라 한다.

65) 십팔계(十八界) : 위의 12처에 6식인 안식(眼識)·이식(耳識)·비식(鼻識)·설식(舌識)·신식(身識)·의식(意識)을 합한 것.
66) 제일의제(第一義諦) : 가장 뛰어난 진리. 최후의 진리.
67) 사대(四大) : 흙[地]·물[水]·불[火]·바람[風]을 말함.
68) 인허진(隣虛塵) : 가장 작은 물질을 가리킴. 먼지의 작은 것을 미(微)라 하고 그보다 더 작은 것을 극미(極微)라 하며 극미보다 더 작은 것을 인허(隣虛)라고 한다.
69) 양수(陽燧) : 구리로 만든 것으로 거울과 같으며 복판이 오목하여 햇빛을 받으면 불이 일어나는 지금의 볼록렌즈와 같은 물건이다.
70) 가비라(迦毘羅) : 외도의 이름.
71) 작가라(斫迦羅) : 환술하는 외도의 이름.
72) 발두마(鉢頭摩) : 환술하는 외도의 이름.
73) 하살다(訶薩多) : 외도의 이름.
74) 방저(方諸) : 옥돌로 된 술잔 모양의 도구. 닦아서 뜨겁게 하여 달을 향하면 진액이 생겨 물이 흐른다고 한다.
75) 비사(毘舍) : 인도의 4성계급 중 무사(武士)·왕족(王族).
76) 수타(首陀) : 인도의 4성계급 중 상공업에 종사하는 평민 계급.
77) 파라타(頗羅墮) : 바라문의 6성 중의 하나.
78) 아련야(阿練若) : 시끄럽지 않고 한적한 곳으로서 수행하기에 적당한 곳을 말함.
79) 갈라람(羯羅藍) : 입태(入胎) 후 7일 동안의 상태.
80) 알포담(遏蒲曇) : 입태 후 14일 동안의 상태.
81) 취락(聚落) : 시골의 시장 안을 가리키는 말로써 성분(性分)을 비유한 것이다.
82) 삼유(三有) : 욕유(欲有)·색유(色有)·무색유(無色有)를 말하는데 이는 곧 삼계(三界)를 말한다.
83) 공후(箜篌) : 악기의 한 가지. 서양의 하프와 비슷한 악기.
84) 연야달다(演若達多) : 하늘에 기도하여 낳은 아들이라는 뜻으로 사람 이름.
85) 십이부경(十二部經) : 부처님께서 설하신 가르침을 성격과 형식으로 구분하여 12로 나눈 것. 즉 수다라·기야·수기·가타·우타나·니타나·아파타나·이제왈다가·사타가·비불략·아부타달마·우바예사의 경전을 말함.
86) 무여열반(無餘涅槃) : 지혜와 몸이 모두 멸진한 열반.

87) 근본무명(根本無明) : 무명은 모든 번뇌 망상과 악업의 근본이 되므로 근본무명이라 한다.
88) 보살승(菩薩乘) : 승(乘)은 싣고 옮겨 간다는 뜻으로 보살로 하여금 번뇌를 끊고 불과(佛果)에 이르게 함을 말한다.
89) 수다원과(須陀洹果) : 성문(聲聞)이 닦아 얻는 네 가지 과위 중 첫번째 과위로 번뇌를 끊고 도에 처음 들어간 지위를 말하는 것이다.
90) 견도위(見道位) : 소승의 견도위는 수다원이며 여기에서는 88가지 사(使 : 번뇌)를 끊는다.
91) 수도위(修道位) : 사다함과와 아나함과이며 여기에서는 81가지의 의혹을 끊는다.
92) 권이(卷耳) : 풀 이름. 씀바귀의 일종.
93) 멸진정(滅盡定) : 모든 심상(心想)을 다 없애고 적정(寂靜)해지기를 바라면서 닦는 선정.
94) 아비달마(阿毘達磨) : 경・률・론 삼장 중에 논부를 통틀어 일컫는 말.
95) 기야(祇夜) : 응송(應頌)・중송(重頌)이라고 하며, 산문으로 서술했던 것을 다시 운문체로 바꾸어 서술하는 것.
96) 가타(伽陀) : 게(偈) 또는 게송. 산문으로 서술한 경문 끝에 읊은 운문.
97) 열반승(涅槃僧) : 속옷을 말함.
98) 승가리(僧伽梨) : 대의(大衣)・중의(重衣)라 하며, 큰 가사를 말함.
99) 겁바라천(劫波羅天) : 야마천(夜摩天)의 다른 이름.
100) 첩화건(疊華巾) : 인도의 특수한 비단 수건.
101) 무생법인(無生法忍) : 나지도 멸하지도 않는 진여의 법성. 그것을 깨달아 거기에 머무는 것.
102) 계원(鷄園) : 중인도 마갈타국 파타리자성에 있던 절.
103) 사제(四諦) : 괴로움[苦]・괴로움의 원인[集]・깨달을 목표, 즉 이상[滅]・괴로움을 끊는 방법[道], 이 네 가지를 말한다.
104) 아야다(阿若多) : 최초로 부처님의 교화를 받은 아야교진여의 이칭(異稱).
105) 개사(開士) : 보살을 번역한 이름.
106) 낙견조명금강삼매(樂見照明金剛三昧) : 낙견(樂見)은 보는 것을 돌이켜 대상 물질을 잊는 것이고, 조명(照明)은 본래의 밝음을 발생하는 것이니 이는 천안통을 얻는 선정이고, 금강삼매는 마음의 눈이 앞에 나타나면 금강처럼

견고하여 무너지지 아니함을 뜻하는 것이다.

107) 보명공해(寶明空海) : 일진법계(一眞法界), 즉 제일의제(第一義諦)로서 가장 높은 경지.

108) 음성륜(音聲輪) : 부처님은 몸·입·뜻의 삼륜(三輪)으로 중생을 교화시키는데 음성륜은 구륜(口輪)을 말하는 것이다.

109) 사자후(獅子吼) : 부처님의 설법을 사자의 효후(哮吼)에 비유하여 일컫는 말.

110) 성업(性業) : 음행·살생·도적질 등 성품을 근본으로 해서 짓는 업.

111) 차업(遮業) : 지말적인 과실, 업.

112) 화광삼매(火光三昧) : 화광정(火光定), 즉 불을 내는 선정.

113) 부당왕찰(浮幢王刹) : 세계 밖의 향수해의 통칭임.

114) 의타(依他) : 의타기성(依他起性)을 생략한 것. 자기의 원인만으로는 나기 어렵고 반드시 다른 인연을 기다려서 나는 것.

115) 변계집(遍計執) : 변계는 이리저리 억측하고 헤아리는 것. 집(執)은 자기의 감정과 욕망으로 모든 선악을 일으켜서 집착하는 것이니, 즉 허망한 분별을 일으켜서 이리저리 헤아리고 집착을 하는 것을 말함. 변계소집성(遍計所執性)의 준말.

116) 비앙(悲仰) : 비(悲)는 고통을 덜어주기를 구하는 것이고, 앙(仰)은 즐거움을 주기를 희망하는 것이다.

117) 대원경(大圓鏡) : 마치 거울이 한 점의 티끌도 없이 삼라만상을 그대로 비추어 모자람이 없는 것과 같이 원만하고 분명한 지혜.

118) 공여래장(空如來藏) : 모든 부처님이 증득한 청정법신(淸淨法身)의 실체. 이 체는 여래의 한량없는 덕을 지니고 있으므로 여래장이라 하고 번뇌와 상응하지 않으므로 공(空)이라 한다.

119) 천룡팔부(天龍八部) : 부처님의 법을 옹호하는 신으로 천신·용·야차·아수라·가루라·건달바·긴나라·마후라가를 말한다.

120) 이승(二乘) : 성문승(聲聞乘)과 연각승(緣覺乘).

121) 파순(波旬) : 욕계 제6천[他化自在天]의 왕인 마왕의 이름.

122) 다섯 가지 깨끗한 고기 : 능이(稜栮)·포이(抱栮)·송이(松栮)·유이(柳栮)·석이(石栮) 등의 다섯 가지 버섯을 말한다. 그런데 세간에서는 이 다섯 가지 깨끗한 고기를 두고 지금 먹는 고기로 잘못 해석하고 있으니 개탄스러운 일이 아닐 수 없다.

123) 애견(愛見) : 애(愛)는 자기 자신만을 위한 것이고, 견(見)은 삿된 견해이다.
124) 일전가(一顚迦) : 성불할 근기가 단절된 사람.
125) 다라나무[多羅木] : 패다라나무를 말하는 것이며 이 나무는 한 번 자르면 다시는 싹이 트지 않으므로, 비구가 4바라이죄를 범했을 때 비유해서 말한다.
126) 결계(結界) : 일정한 장소에 거처함을 가리킨 것으로 부처님의 도를 수행하는 데 장애를 없애기 위하여 비구의 의식주를 제한하는 것을 말함.
127) 눈 덮인 산 : 동진(童眞) 출가한 사람을 비유한 것.
128) 대력백우(大力白牛) : 욕계의 보통 소를 가리킨 것이 아니고 수행의 근본이 되는 부처가 될 종자를 비유한 것.
129) 다섯 자 : 색·수·상·행·식의 오온을 비유한 것.
130) 전단향·침수향……계설향 : 십중대계(十重大戒), 즉 음행·살생·도적질·망어·기어·악구·양설·탐·진·치를 비유한 것.
131) 정기(精祇) : 정(精)은 하늘의 영(靈)이고, 기(祇)는 땅의 영이다.
132) 염고(厭蠱) : 염(厭)은 푸닥거리를 하여 저주하는 것이고, 고(蠱)는 독약으로 몰래 사람을 해치려고 하는 것이다.
133) 사기·팔기(四棄八棄) : 사기(四棄)는 비구가 네 가지 중죄, 즉 음행·살생·도적질·거짓말을 범하면 추방되어 함께 살 수 없게 되는 것이고, 팔기(八棄)는 비구니가 8가지 중죄, 즉 네 가지 중죄 외에 남자와 접촉하거나, 은밀한 곳으로 끌어들이거나, 죄를 덮어주거나, 남자를 따라가는 죄를 지으면 버림을 받아 추방당하게 되는 것이다.
134) 전의호(轉依號) : 번뇌를 굴려 보리가 되게 하고 생사를 굴려 열반에 이르게 하므로 보리와 열반, 두 가지를 그렇게 말한 것이다.
135) 폐시(蔽尸) : 연한 살로 이루어진 것을 뜻한다.
136) 정성(正性) : 탐·진·치 삼독(三毒)을 말함.
137) 오역죄(五逆罪) : 첫째, 절이나 탑, 경전이나 불상을 불사르며 삼보의 재물을 훔치는 것. 둘째, 삼승법을 비방하거나 성인의 가르침을 대수롭지 않게 여기는 것. 셋째, 스님들을 욕하는 것. 넷째, 소승의 오욕죄를 범하는 것. 다섯째, 인과의 진리를 믿지 않고 선업을 행하지 않는 것.
138) 구징(咎徵) : 흉한 징조이니, 상양(商羊)이 물에서 춤추고 박쥐가 사람을 부르는 따위이다.
139) 유정천(有頂天) : 비상비비상천(非想非非想天)의 이명(異名)으로 이 하늘은

무색계에서도 최고 꼭대기에 있는 하늘이다.

140) 보특가라(補特伽羅) : 삭취취(數取趣)라고도 하며, 중생의 아(我)를 말함. 중생은 번뇌와 업의 인연으로 자주 6취에 왕래하므로 이렇게 부르는 것이다. 여기서 삭(數)은 자주 '삭'으로 해석한다.

141) 견탁(見濁) : 옳지 못한 견해가 진리를 흐리게 하는 것.

142) 중휴지(中𡫸地) : 중간의 허탈한 경지. 선정은 강하고 지혜는 미약하여 의지할 곳이 없으므로 중휴지라고 한다.

143) 번뇌탁(煩惱濁) : 기억하고 인식하고 외우고 익혀서 지혜를 말하고 번뇌를 나타내는 것.

144) 분단생사(分段生死) : 분이란 한계이고 단이란 차별을 뜻함이니 6도에 윤회하는 몸이 그 업에 따라 수명에 한계가 있고 형체의 차별이 있음을 말하는 것으로 즉 생사에서 벗어나지 못한 범부의 몸을 말한다.

145) 변역생사(變易生死) : 변역이란 과거의 형상과 달리 딴 모양을 받는다는 뜻으로 삼계에 나고 죽는 몸을 벗어난 뒤로 성불하기까지의 성인이 받는 삼계 밖의 생사.

146) 중생탁(衆生濁) : 거칠고 혼탁한 업인과 업보가 되풀이되고 생멸의 파도가 그치지 않는 것.

147) 말나식(末那識) : 제7식이라고도 한다. 말나가 곧 식으로서 제6의식과 구별하기 위하여 말나식이라 한다〔意識〕.

148) 집수(執受) : 바른 경계를 접촉할 때 그것을 받아들여 잃어버리지 않고 고락(苦樂) 등의 감각을 내는 것.

149) 명탁(命濁) : 목숨이 줄어드는 것을 말함.

150) 정성성문(定性聲聞) : 대승으로 전향할 줄 모르는 굳어진 소승.

해 설

능엄경의 가르침과 내용

《수능엄경(首楞嚴經)》전10권의 구체적인 명칭은 《대불정여래밀인수증요의제보살만행수능엄경(大佛頂如來密因修證了義諸菩薩萬行首楞嚴經)》이며 줄여서 《수능엄경》, 또는 《능엄경》이라고 한다.

중국 송대(宋代)의 능엄경 주석가인 장수자선(長水子璿, 965~1038) 스님의 해석에 의하면 '대불정(大佛頂)' 3자는 이 경의 법체(法體)이며 '여래밀인수증요의(如來密因修證了義)' 8자는 불과(佛果)를 나타내며 스스로 깊은 수행의 성과로써 법을 설해 중생을 이익케 한다는 의미이며, '제보살만행수능엄(諸菩薩萬行首楞嚴)'은 성불의 행(行)을 널리 닦아 자타의 수행을 구족한다는 뜻이라고 한다.

또 경의 제목인 '수능엄(首楞嚴)'은 범어 Śūraṃgama의 역어로서 모든 미세한 번뇌를 단절하며 절대로 부서지지 않는 것을 의미한다.

능엄경은 원돈(圓頓)의 가르침을 가장 잘 나타내준 경전의 하나이다.

부처님께서 설하신 경전의 순서를 살펴보면 가장 먼저 화엄경을 설하여 근본을 정립하셨고, 다음엔 아함경과 방등경, 반야경을 설하여 사람들로 하여금 근기에 맞추어 수행하도록 하셨고, 마지막으로 법화경을 설하여 실상을 나타내 보이셨다.

그러면 이 능엄경은 언제 설해진 것인가? 경전의 내용으로 보아 반야와 법화 중간에 설해진 것으로 '여래의 밀인(密因)'과 '보살의 만행(萬行)'이라고 할 수 있는, 즉 수행하여 깨닫는 법을 가장 자세하게 나타내준 경으로 대승의 극치를 설한 경전이다. 따라서 이 능엄경은 실수행에 있어서 어느 경전보다도 가장 중요한 역할을 담당하고 있는 것으로 높이 평가될 수 있다.

지금부터 본 능엄경 전 10권의 내용과 사상에 대해서 알아보자.

제1권에서는 부처님의 제자 아난존자가 걸식수행 도중 마등가녀(摩登伽女)의 환술(幻術)에 이끌려 계율을 잊고 애욕에 빠져들 뻔한 문제를 제시한 다음, 그 애욕의 번뇌와 업에서 벗어나는 길을 설하는 부처님의 가르침으로부터 시작된다.

부처님은 아난존자에게 항상 머물러 있는 참다운 마음[常住眞心]과 본성의 본래 청정한 실상[性淨明體]을 일깨워 주기 위해 마음의 존재에 관한 7문 7답을 전개한다. 이것이 유명한 재내(在內)·재외(在外)·잠근(潛根)·장암(藏暗)·수합(隨合)·중간(中間)·무착(無着)의 칠처징심(七處徵心)이다. 이 칠처징심의 문답은 주객내외의 집착에 의해서 마음을 고정적으로 파악하는 상념을 타파하는 법문이다.

즉 능엄경은 중생의 마음 깊숙이 자리잡고 있는 번뇌의 근본을 추구하고 일체 모든 것은 오직 마음의 작용임을 설하고 이 청정한 본체를 체득하지 못하면 비록 일체의 보고 듣고 느끼는 것[見聞覺知]을 멸했더라도 법이니 번뇌니 하는 분별[法塵分別]의 그림자에서 벗어나지 못한다고 설하고 있는 것이다.

제2권에서는 각성(覺性)을 밝혀 깨달음의 길로 나아가는 과정을 설명한다.

아난과 바사닉왕을 비롯한 대중들은 지금까지 바깥 경계에 이끌려 번뇌의 환영(幻影)에 집착해 온 것을 반성하고 신심(身心)의 진망(眞妄)과 허실(虛實), 생멸(生滅)과 불생멸(不生滅)의 관계에 대해서 부처님께 여쭙는다. 여기서 부처님은 항하(恒河)의 비유를 들어 현상계는 생멸변화하지 않는 것이 없지만 현상을 보는 마음 그 자체는 불생불멸임을 설하신다. 아난과 대중들은 "색신(色身)에서 산하대지에 이르기까지 모든 것은 묘하게 밝은 진심(眞心) 중의 물(物)이다"라고 설하시는 부처님의 말씀을 듣고 의혹이 사라진다.

부처님께서는 마지막으로 오음(五陰)은 허망하여 인연(因緣)도 자연(自然)도 아님을 말씀하신다.

제3권은 육입(六入)·십이처(十二處)·십팔계(十八界)·칠대만법(七大萬法：地大·火大·水大·風大·空大·見大·識大)이 모두 여래장묘진여성(如來藏妙眞如性)이라는 부처님의 설법을 듣고 아난과 대중들은 몸과 마음이 평안하고 번뇌가 없는 경지를 얻어 각자 마음이 시방에 두루함을 깨닫는다.

즉 시방세계의 모든 것이 마치 손바닥에 한 물건을 올려놓고 보는 것과 같아서 일체 세간의 모든 물상이 곧 일체중생의 청정한 본래 마음임을 깨닫고 게송을 지어 부처님의 깊은 법은(法恩)을 찬탄한다.

제4권에서는 "여래장묘진여성(如來藏妙眞如性)이 본래 청정하거늘 어찌하여 산하대지와 같은 유위상(有爲相)이 생겨났는가? 또한 지(地)·수(水)·화(火)·풍(風)의 사대(四大)가 각각 시방에 두루하다면 어찌하여 서로 떨어짐이 없이 포용하고 있는가?"라는 부루나존자의 의문에 대하여 부처님은 모든 세계와 중생 그리고 업과(業果)가 서로 상속(相續)하고 있음을 말씀하시고, 중생들이 미혹에 덮여 있는 이유에 대하여, 미망(迷妄)과 공화(空華)의 비유로써 말씀하신다.

즉 각성(覺性)은 원래 주관과 객관이 끊어진 것이나 망념에 의해서 주관과 객관이 성립되고, 여기서 전개되는 객관세계는 지(地)·수(水)·화(火)·풍(風)이 서로 작용하면서 갖가지 원인을 발생시키고 세계가 서로 이어진다는 것이다. 따라서 이 세계가 상속되면서 태(胎)·난(卵)·습(濕)·화(化)의 4생에 의한 중생이 생겨나고 탐욕이 일어나 살생·도둑질·사음 등이 윤회의 근본이 된다는 것이다.

여기에서는 유명한 미치광이 연야달다가 '머리를 두고 머리를 찾는 비유'가 나온다. 이는 중생이 깨달음을 등지고 번뇌를 추구하는 모순되고 허망한 마음을 일으키는 것에 비유된다.

제5권에서는 거친 번뇌와 미세한 번뇌를 영원히 끊는 방법을 설하시고 생사윤회의 근본도 우리들의 육근(六根)이며 해탈열반의 원인도 우리들의 육근에 있다고 말씀하신다. 그러므로 근진(根塵)이 같은 근원이며 속박과 벗어남이 둘이 아니라고 설하신다.

또한 육근의 미혹에서 벗어나는 방법을 매듭의 얽힘과 푸는 일에 비유한다. 즉 육근에 비유되고 있는 여섯 개의 매듭을 모두 풀고 마침내는 매듭의 바탕이 되는 하나의 수건까지도 없는 경지에 이르러야 비로소 해탈의 경계라고 한다.

또한 부처님은 아난으로부터 말세의 수행자가 닦아야 할 원통법문(圓通法門)에 관해 질문을 받는다. 그러나 부처님은 직접 설법하시지 않고 법회에 모인 여러 대비구와 보살들에게 각기 깨닫게 된 수행방편을 말하게 한다. 이것이 바로 능엄경의 25원통이다. 이 25원통은 육근·육진·육식·칠대를 종합하고 각각의 수행방편을 설한 것이다.

제6권에서는 25원통 중 마지막 원통인 관세음보살의 이근원통(耳根圓通)에 관해서 설한다.

관세음보살은 자신의 수행방편인 이근원통에 대해 밝히면서 항하시겁 전에 출현하신 관세음 여래로부터 문(聞)·사(思)·수(修) 삼혜(三慧)를 닦으라는 가르침을 받고 수행한 결과 위로는 시방제불의 본각묘심과 합일된 자력(慈力)을 얻었으며 아래로는 시방의 일체 육도중생(六道衆生)을 모두 평등한 자비로써 구원한다고 한다. 이에 부처님께서는 문수보살의 25원통은 우열과 전후 차별이 본래 없지만 사바세계에서는 귀를 통하여 듣지 않으면 안 되므로 관세음보살의 이근원통이 가장 적절한 수행방편이라고 대답했다. 이에 부처님께서는 문수보살의 견해를 인정하셨다.

또한 아난이 마음 닦는 법칙에 대해 질문하자 부처님께서는 내섭(內攝)과 외섭(外攝)으로써 구분하시고 내섭에 있어서는 섭심(攝心)으로 계(戒)를 삼고 계를 바탕으로 선정이 일어나고 선정을 바탕으로 지혜가 생기므로 이 삼학(三學)을 고루 닦아야 한다고 설하셨다.

제7권에서는 중생의 깊은 숙업을 멸하기 위해서는 신주(神呪)를 독송해야 함을 강조하고 능엄주를 외우는 도량의 작법(作法)과 행사의 순서를 설한다. 여기서 설해지는 신주를 능엄주(楞嚴呪)라고 하며 이 능엄주를 지송하는 공덕을 열거한 후 아무리 무거운 죄업을 지었거나 어려움을 만나더라도 수없는 금강장왕보살의 가호를 받을 수 있다고 한다.

제8권에서는 불삼매(佛三昧)를 성취하기 위한 삼점차(三漸次: 除其助因·刳其正性·違其現業)와 초간혜지(初乾慧地)·십신(十信)·십주(十住)·십행(十行)·십회향(十廻向)·사가행(四加行)·십지(十地)·등각(等覺)·금강묘혜(金剛妙慧)·묘각(妙覺) 등 57위를 밝히고 본 경의 다섯 가지 명칭을 설하고 있다. 또한 부처님은 아난이 지옥에 대해서 묻자 상세히 답변하고 있다.

제9권과 10권에서는 중생이 업력에 따라 태어나는 색계(色界) 18천(天)과 무색계에 대해서 설하신다. 또한 중생의 수행과정 중의 바르고 그름을 알려주기 위해서 오음(五陰)이 녹아질 때 나타나는 50가지의 마경(魔境)을 밝히고 있다. 이를 50변마장(辨魔章)이라고 한다. 끝으로 이 경을 수지 해설하는 공덕을 설하면서 능엄경의 전체를 끝맺고 있다.

능엄경 전 10권의 내용을 간략히 살펴본 바와 같이 본 경에서 설명되는 교법(敎法)·도리(道理)·수행(修行)·불과(佛果)의 근간이 되고 있는 사상은 여래장(如來藏)사상이다.

여래장이란 범어 tathāgata-garbha로서 '여래의 씨앗을 갈무리하고 있는 창고'를 의미한다. 즉 일체중생에게는 깨달음을 이룰 수 있는 불성이 갖추어져 있으므로, 본연의 자성청정심을 가리고 있는 객진번뇌(客塵煩惱)의 망념을 제거하면 바로 청정한 자성이 나타난다는 인간 긍정의 사상이다.

인간이 갖고 있는 삶과 죽음, 미혹과 깨달음, 진여와 번뇌는 그것이 바로 여래장 불성이며, 자성청정심이며, 바로 우리들의 실존적인 근원인 것이다. 그러나 우리는 망념과 번뇌를 일으켜서 여래장의 진여묘심(眞如妙心)을 깨닫지 못하고 또한 발휘하지 못하고 있는 것이다.

그러므로 능엄경에서는 아난존자가 계율을 잊고 마등가녀의 유혹에 빠져들 뻔한 일을 발단으로, 인간의 마음에 깊숙이 숨어있는 망념의 심각성과 중층성(重層性)을 응시하고 그 회복 가능성을 여래장진심(如來藏眞心)의 발현에서 구하고 있는 것이다.

또 한 가지 밝혀두어야 할 점은 본 경이 여래장사상을 기조로 삼고 있지만, 다른 한편으로는 427구의 진언을 싣고 있다는 점이다. 이 장문의 능엄주는 예로부터 한국·중국 등의 선종에서 중시되어 일상적으로 독송되어 온 역사를 갖고 있다.

오늘날 이 경이 밀교계(密敎系) 경전으로 분류되고 있는 이유도 이 능엄주의 유행과 무관하지 않으리라고 생각하며 여래장사상과 밀주(密呪)라는 두 가지 개성적인 교의가 조화를 이루며, 한 권의 경전에 수록되어 있다는 사실을 다시 한 번 숙

고해야 할 것이다.

능엄경의 번역과 역사

능엄경은 당(唐)의 신룡(神龍) 원년(705) 중국에 도착한 중천축(中天竺)의 사문 반랄밀제(般刺蜜帝)가 범본(梵本)을 한역(漢譯)하였다.

본 경은 경전성립사적(經典成立史的)으로 위경(僞經)이라는 논란이 있지만, 중국 당대(唐代)의 규봉종밀(圭峰宗密)이 찬술한 《원각경대소》에서 능엄경을 중시한 이래, 영명연수(永明延壽)는 100권에 이르는 그의 방대한 저서 《종경록》에서 광범위하게 인용하고 있어서 능엄경의 교학사적(敎學史的) 위치를 잘 보여주고 있다. 명말청초(明末淸初)의 학자 전겸익(錢謙益)은 영명연수의 종경록을 평하면서 다음과 같이 말하고 있다.

"연수(延壽)선사는 3종(宗)의 학자를 모아서 대승의 여러 경론과 제종(諸宗)의 어록을 집록하여 종경록(宗鏡錄) 100권을 편찬하여 법문을 절충하고 심요(心要)를 회귀(會歸)할 때 능엄경에서 많은 근거를 취하였다."(《楞嚴經疏解蒙鈔》卷之一)

종밀, 연수의 계통을 이어서 화엄학의 입장에서 《능엄경의소주경(楞嚴經義疏注經)》 20권을 완성한 장수자선(長水子璿)은 '능엄대사(楞嚴大師)'라는 존칭을 듣고 있기도 하다. 또한 명대(明代)의 영각원현(永覺元賢)은 "능엄 일경(一經)은 삼경(三經 : 楞伽經・金剛經・般若心經)의 종지를 모두 갖추고 있다. 그러므로 이 경을 정연(精研)하면 다른 세 경전은 대나무를 쪼개듯 쉽다"라고 하여 능엄경의 내용을 절찬하고 있다. 특히 능엄경은 명대 중엽 이후 주자(朱子)를 중심으로 하는 신유교의 발흥과 인간 존재의 원점과 절대지혜를 추구하려는 많은 학자들에 의해서 애독되어 왔다.

우리나라에서도 능엄경은 매우 중시되어 고려의 보환(普幻)스님은 《능엄경환해산보기(楞嚴經環解刪補記)》(1265)를 저술하였으며, 조선조 때의 연담(蓮潭)스님과 인악(仁嶽)스님은 《능엄경사기(楞嚴經私記)》를 각각 저술하여 능엄경 연구에 많은 역할을 하였다. 뿐만 아니라 조선시대에 간행된 많은 불전 가운데 본 경은 다수 간행된 불전에 속하며 조선 세조는 1462년 간경도감에 명하여 본 경을 계환소(戒環疏)까지 언해하여 간행하기도 하였다.

한국불교에서 능엄경은 화엄경·법화경·금강경과 더불어 많이 독송·간행되었다. 그만큼 교리적 신앙적으로 한국불교인들의 정서에 깊숙이 자리잡고 있는 경전으로서, 계율을 지켜 청정한 수행을 닦지 않으면, 비록 일시적으로 깨달았다고 하더라도 다시 망념에 사로잡히게 된다는 것을 역설하고 있는 경전으로서, 우리의 허망한 마음[妄心]을 없애고 참된 마음[眞心]을 닦아 선정에 이르게 하고 있다. 또한 그 풍부한 교리적 내용과 교리의 치밀한 전개 방식이 돋보이는 능엄경은 지난 수백 년 간 우리나라 스님들의 교학 형성에 지대한 영향을 주어왔다. 그리하여 능엄경은 현재까지 전통강원의 주요교재로 널리 학습되고 있는 것이다.

역자소개 : 김 두 재

동국대학교 역경원
편집부 역임

불교경전 ❺

능 엄 경

1994년 10월 25일 초판 1쇄 발행
2024년 9월 1일 초판 17쇄 발행

역 자 — 김 두 재
발행인 — 윤 재 승
ⓒ발행처 — 민 족 사
등록 제1-149호, 1980. 5. 9.
서울 종로구 수송동 58 두산위브파빌리온 1131호
전화 (02) 732-2403~4, 팩스 (02) 739-7565
홈페이지 // www.minjoksa.org
E-mail / minjoksabook@naver.com

값 18,000원

ISBN 978-89-7009-176-1 04220

• 경전은 부처님의 말씀입니다.
• 경전을 소중히 합시다.